La vie en bleu

Philippe Tournon

La vie en bleu

Albin Michel

À Élisabeth, à Nicolas, à Émilie
mon trio de cœur

Avant-propos

Ne vous méprenez pas. Je ne suis ni policier, ni juge d'instruction, ni historien et je n'ai aucun compte à régler. Dans tout ce que je vais vous raconter, il m'arrivera certainement de pécher par omission ou par imprécision. Les censeurs et les coupeurs de cheveux en quatre vont pouvoir s'en donner à cœur joie. Avant tout, ce sont des émotions que je veux vous faire partager, des rencontres que je souhaite vous faire vivre, des anecdotes que j'ai envie de vous livrer.

L'équipe de France sera le fil rouge de ce récit, on y reviendra toujours, mais je lui ferai des infidélités pour évoquer les mille et une facettes d'un football fascinant et ceux qui en sont les acteurs. Leurs bons côtés, mais aussi leurs moins bons.

Je n'ai d'autre ambition que de raconter « mon football », celui que j'ai vécu, que j'ai aimé. Raconter « mes Bleus ». Je ne vous accablerai pas de considérations techniques ou de schémas tactiques, pas plus que je ne vous entraînerai dans ce football-fiction dont semblent se délecter aujourd'hui nombre d'analystes, refaisant les matchs et réécrivant l'histoire au gré de leurs lubies. Parce qu'au-dessus de tout cela il y a l'humain, les hommes et l'infini de leurs inventions, de leurs aspirations et de leurs affinités. Qui font plus sûrement le résultat qu'un plan de jeu, aussi élaboré soit-il. Un plan de jeu n'a jamais fait la différence s'il n'est pas porté par une forte ambition collective et une volonté partagée et farouche d'aller chercher le résultat.

PREMIÈRE PARTIE

DU BRICOLAGE AUX ANNÉES PLATINI (1958-1984)

« Je serai journaliste à *L'Équipe.* »

Difficile de dire pourquoi et comment, dans une famille de six enfants où personne n'avait eu de véritables activités sportives en dehors de l'école, et où la télévision n'est apparue qu'à la fin des années 1960, je suis tombé dans la marmite du football.

En cherchant bien, il se pourrait que le déclic se soit produit dans la cour de l'école Notre-Dame, à Boulogne-Billancourt, où j'allais faire toute ma scolarité, lorsqu'un pensionnaire me demanda un jour, puisque je rentrais déjeuner chez moi, de lui acheter *France Football.* Je n'avais, bien sûr, jamais entendu parler de cet hebdomadaire qui est devenu, depuis, un incontournable de mes mardis. Mais, en bon camarade, je m'acquittai du service demandé, non sans avoir le réflexe, après le déjeuner en famille, et avant de regagner l'école, de jeter un coup d'œil sur le magazine.

Que s'est-il passé ce jour-là ? Ma rétine a-t-elle découvert et imprimé les noms de Kopa, Fontaine, Pelé, Yachine, Di Stefano et de tant d'autres, au point d'inoculer en moi et pour toujours une espèce particulièrement tenace de virus du football ? Toujours est-il qu'à dater de cette découverte, la curiosité pour tout ce qui touche au foot, non seulement ne m'a jamais quitté, mais a guidé mon long parcours professionnel. J'ai même organisé, illico, pendant la pause du déjeuner, des matchs interclasses où s'affrontaient les élèves de seconde, première et terminale, dont je rédigeais le compte-rendu dans l'heure qui suivait la reprise des cours de l'après-midi.

Autant en faire l'aveu tout de suite, j'étais un très, très médiocre pratiquant. Le genre de gars qu'on choisit toujours en dernier quand on compose les équipes pour les petits matchs entre copains. J'étais affecté le plus souvent à un poste très flou d'arrière latéral où mes insuffisances techniques notoires et mes maladresses répétées, s'ajoutant à un essoufflement rapide et constant dû à un petit souffle au cœur congénital, étaient censées pénaliser le moins le rendement de l'équipe qui avait eu le malheur de m'accueillir.

Bref, l'idée que je puisse trouver, dans la pratique du jeu, les satisfactions fortes auxquelles ma passion toute fraîche me portait a été abandonnée très vite ! Est-ce à partir de ce constat lucide qu'a grandi et mûri en moi l'ambition de trouver dans le journalisme une forme de compensation à mes rêves de jeu ? Toujours est-il, et la chronique familiale en atteste, que je n'avais pas 16 ans lorsque l'audace me poussa, un jour où il devait être question d'orientation scolaire et de mon avenir, à dire : « Papa, je serai journaliste à *L'Équipe* ! » J'aurais dit que je voulais être pape ou président de la République, l'effet aurait sans doute été le même. Mon père se contenta d'un catégorique : « Mon petit garçon, ce n'est pas un métier sérieux. Passe ton bac d'abord, fais des études, et on verra après. »

C'était encore l'époque où l'on respectait à peu près l'autorité et la voix des parents, et je me retrouvai donc, un beau jour, aux inscriptions de la fac de droit de la rue d'Assas. La plaisanterie dura à peine plus d'un an où je passai certainement plus de temps dans les bars et les cinémas du Quartier latin que sur les bancs des amphis. Jusqu'à ce que je prenne mon courage à deux mains et que je dise à mon père : « Je pars faire mon service militaire, et après je fais du journalisme ! » Devant ma détermination, le veto paternel fut levé.

Après des classes à Chartres, j'espérais voir du pays, ayant demandé une affectation outre-mer, mais je fus envoyé à la base aérienne 107 de Villacoublay, à côté de chez moi !

Me voilà donc fin 1965 à la veille de ma libération, face à mes premières vraies responsabilités. Sans aucune idée de ce qu'est vraiment le métier, sans aucune relation dans le milieu de la presse, je dois passer à l'acte. Je n'avais pas exclu d'intégrer l'école de journalisme de la rue du Louvre, mais le prochain concours d'entrée était à horizon d'au moins huit mois et je ne pouvais pas rester les bras croisés jusque-là. Alors, j'ai relevé dans l'annuaire les adresses de tous les quotidiens parisiens (bien plus nombreux à l'époque qu'aujourd'hui), j'ai pris ma plus belle plume pour expliquer aux « responsables de la rubrique sportive », dont j'ignorais même le nom, que j'étais à la recherche d'un petit boulot pour quelques mois, histoire de me mettre le pied à l'étrier, avant d'intégrer l'école de journalisme. Et j'ai lancé mes petites bouteilles à la mer.

C'est à ce moment-là que j'ai commencé à croire que quelques bonnes fées avaient bien voulu se pencher sur mon berceau, le jour de ma naissance, le 19 août 1943 à Montauban. Car, j'allais recevoir deux réponses et pas n'importe lesquelles. La première était signée de Félix Lévitan, codirecteur du Tour de France, personnage emblématique du *Parisien libéré*. Le service des sports recherchait des pigistes pour les pages sportives des éditions départementales de l'Oise et de Seine-et-Marne. L'autre réponse était signée Jacques Ferran, directeur de *France Football*. Il était en quête d'un pigiste le dimanche soir pour traiter toute la partie statistique de la division 2.

Autour de ces deux mains tendues allait s'organiser ma petite vie au sortir de l'armée en février 1966. Du lundi au vendredi, dès 16 heures, au 124, rue Réaumur, dans l'immeuble historique du *Parisien* avant son déménagement à Saint-Ouen, à apprendre le b.a.-ba du métier, développer des brèves, réduire de longs papiers, prendre un contact pour vérifier une information ou faire un titre.

Et, le dimanche soir, à partir de 18 heures, à quelques pas de là, au mythique 10, rue du Faubourg-Montmartre, à attendre que les correspondants de *France Football* envoient leurs papiers et leurs fameuses étoiles, ces notes de 1 à 6, attribuées aux joueurs, avant de mettre tout cela en forme et de faire les inévitables classements et statistiques sur les meilleurs buteurs, les meilleurs attaquants, etc. Mon travail terminé, il m'arrivait de passer encore une heure ou deux au journal, seulement pour le plaisir, pour observer la vie trépidante d'une rédaction au moment du bouclage. J'aimais particulièrement traîner dans la salle des téléscripteurs où les gros engins de l'AFP, de United Press International et de Reuters crachaient à jet continu leurs dépêches venant du monde entier. Cela me fascinait, littéralement, de voir toute l'actualité de la planète, pas seulement sportive, déferler ainsi, sur papier, en temps réel, et d'en être le destinataire, sinon exclusif, du moins prioritaire ! J'ai sans doute attrapé là cette passion de l'info, qui ne m'a jamais quitté et me pousse toujours, où que je sois, à rester en contact avec l'actualité du monde entier.

Le printemps venu, je m'apprêtai à remplir le dossier d'inscription au concours d'entrée du Centre de formation des journalistes de la rue du Louvre, quand Jacques Ferran m'appela dans son bureau pour m'annoncer l'incroyable nouvelle : un jeune journaliste de la rubrique football de *L'Équipe*, Christian Vella, partait faire son service militaire et on me proposait de le remplacer à partir du 1er novembre 1966. Visiblement, ma bonne fée ne m'avait pas oublié...

Football champagne

La vie du football français tout au long de la décennie 1950-1960 est largement dominée, qu'il s'agisse des clubs ou de la sélection nationale, par le Stade de Reims. L'équipe – présidée par Henri Germain, un jovial producteur de champagne, et dirigée par Albert Batteux, technicien de haut rang au service d'un football... champagne – truste les titres de champion de France sans oublier de s'illustrer dans la toute nouvelle Coupe des clubs champions européens dont elle disputera et perdra les finales 56 et 59 contre le grand Real Madrid, vainqueur des cinq premières éditions. J'en serai un supporter ébloui et inconditionnel, allant prendre ma carte et la renouveler au Petit Moine, un café proche de la gare de l'Est.

Le Stade de Reims disputait ses matchs de Coupe d'Europe au Parc des Princes, et pour assister à un Reims-Burnley, un Reims-Austria Vienne ou un Reims-Standard de Liège et trouver un précieux billet, on devait s'organiser. Il m'arrivera, ainsi, de faire la queue toute la nuit pour être sûr d'avoir mon sésame. Vers 21 heures, on prenait place avec mon petit frère, Pierre, dans la file en train de se former rue Dalayrac, dans le 15e arrondissement de Paris où se trouvait le bureau de location, et on tuait le temps et le froid comme on pouvait avec des incursions alternées dans un café voisin opportunément ouvert vingt-quatre heures sur vingt-quatre pour l'occasion. À l'ouverture des guichets, à 8 heures, on était parmi les premiers servis et, les précieux tickets en poche, on filait directement à l'école.

L'étoile de ce Reims-là s'appelait Raymond Kopa, qui devait disputer la finale européenne de 56 côté français, et celle de 59 côté espagnol, après son transfert au Real Madrid pour la somme fabuleuse à l'époque de 52 millions d'anciens francs.

Raymond Kopa, je n'avais jamais eu l'occasion de l'approcher, de le voir « en vrai », comme disent les gamins, sinon depuis les tribunes du Parc. Cette opportunité allait survenir, de façon tout à fait inattendue, à la fin des années soixante, à la faveur d'un match amateur à Abbeville, qu'on m'avait envoyé couvrir pour *L'Équipe*, et au terme duquel je devais remettre au club picard le « Challenge *France Football* », un trophée récompensant chaque année le club amateur allant le plus loin en Coupe de France. Une cérémonie toute simple pour laquelle j'avais préparé un petit discours de trois minutes. Le match terminé, on s'était rendu dans une petite salle des fêtes à côté du stade, et au moment de monter sur la scène, on m'apprit qu'il y aurait un invité exceptionnel, du nom de… Raymond Kopa ! Vous ne pouvez pas imaginer mon émotion en apprenant que j'allais, pour la première fois de ma vie, me trouver en face de ce joueur vénéré dont j'avais collectionné les photos et les posters ! Heureusement que j'avais gardé dans ma poche le brouillon de mon petit *speech*, sinon j'aurais été bien incapable d'aligner trois mots, tant j'étais dans un état second devant l'idole de mon adolescence.

La guerre d'Algérie brouille les cartes

Kopa allait s'avérer un acteur majeur de la Coupe du monde 58. Mais la France était alors plongée en pleine guerre d'Algérie, et il me faut faire mention d'un événement qui allait marquer toute ma génération. Ce moment appartient à l'histoire du football et à l'histoire de notre pays. Alors qu'il doit se rendre à Paris pour y disputer un match amical avec l'équipe de France contre la Suisse, le 16 avril 1958, dans le cadre de la préparation à la Coupe du monde, le défenseur monégasque Mustapha Zitouni rejoint San Remo avec quatre de ses camarades nîmois et monégasques, comme le Front de libération national (FLN), entré en guerre contre la puissance coloniale, le leur a demandé. Rachid Mekhloufi, joueur vedette de l'AS Saint-Étienne, militaire au bataillon de Joinville et qui a, lui aussi, des chances réelles d'être dans les 22 pour la Suède, quitte à son tour clandestinement la France le lendemain. Une douzaine d'Algériens, évoluant dans notre championnat, vont « prendre le maquis » et constituer, avec d'autres footballeurs de même origine jouant en Belgique, en Suisse et en Italie, une équipe du FLN qui disputera pendant quatre ans – jusqu'à l'indépendance en 1962 – plus de quatre-vingts matchs à travers le monde contre des sélections de « pays frères ».

La cote de l'équipe de France, lorsqu'elle embarque pour la Suède, n'est pas très haute, et le dernier match de préparation disputé au Parc des Princes la veille de son départ contre une sélection parisienne Racing-Stade français n'a pas remonté le moral des supporters, qui l'ont copieusement sifflée et s'en sont même pris au car de l'équipe nationale stationné rue du Commandant-Guilbaud, à la sortie du vestiaire.

À Kopparberg où ils vont se préparer, les Bleus, qu'on n'appelle d'ailleurs pas encore les Bleus, sont accueillis par une grande banderole : « Nous salutons [*sic*] l'équipe de France. » Maryan Wisniewski, l'ailier droit de notre ligne d'attaque magique, s'en souvient très bien, lui qui a failli ne pas être du voyage, après l'état d'urgence proclamé en métropole en lien avec les événements d'Algérie, et qui consignait tous les appelés, dont il faisait partie, dans les casernes. Il revient pour nous sur cette Coupe du monde 58 :

« C'est vrai qu'après ce match du Parc des Princes, pas vraiment rassurant, on avait plutôt le moral dans les chaussettes en débarquant en Suède. À tel point que notre coach, monsieur Batteux, nous avait dit : "Je vous laisse tranquilles quelques jours, reposez-vous, détendez-vous, faites ce que vous voulez, on travaillera plus tard !" On n'attendait pas du tout un discours de ce genre, et nos tauliers, Jonquet, Penverne et Marcel, sont allés le trouver pour lui dire qu'on avait envie de se mettre au travail tout de suite, qu'il fallait attaquer sans tarder notre préparation à la Coupe du monde.

« À partir de là, un groupe solide s'est constitué, la confiance est allée crescendo à la faveur de petites oppositions contre des équipes locales auxquelles on passait dix, quinze, ou vingt buts. Si bien que quand on a abordé le premier match contre le Paraguay, on avait un moral d'acier. On ne disait pas qu'on allait être champion du monde, mais on n'avait peur de personne.

« Ce que je retiens, soixante ans plus tard, surtout quand on voit l'énorme machinerie d'une Coupe du monde moderne, c'est la décontraction, presque le côté colonie de vacances de notre délégation. D'abord cette délégation était vraiment minimaliste. Avec les 22 joueurs, un directeur, Paul Nicolas, un coach, Albert Batteux, épaulé par Jean Snella, un médecin, le docteur Copin, et un kiné, qu'on n'appelait d'ailleurs pas "kiné" mais "masseur", Louis Hainaut. Je crois que c'est tout.

« Chaque matin, au petit déjeuner, Batteux nous fixait le rendez-vous pour l'entraînement du jour, des fois le matin, des fois l'après-midi, et le reste du temps c'était quartier libre ! On avait presque tous acheté des cannes à pêche et on allait à la pêche… Dans le village, il y avait un Polonais qui avait fui la Pologne, et quand il avait su que j'étais là et que je parlais polonais, il était venu me voir et on avait sympathisé. Un jour, il me propose de venir déjeuner chez lui ! Ni une ni deux, je demande à monsieur Nicolas si je peux y aller et, sans aucun problème, il me donne la permission ! Vous imaginez ça aujourd'hui, Pogba ou Matuidi demandant à Deschamps s'ils peuvent aller déjeuner chez un copain pendant un stage de Coupe du monde ! »

« Faites-moi plaisir, battez les boches ! »

Maryan Wisniewski poursuit : « Voilà, on vivait bien, sans pression médiatique, on prenait du bon temps mais, le match venu, on était de vrais lions. Et c'est comme ça qu'on se retrouve en demi-finale contre le Brésil. Croyez-le ou pas, mais si on n'avait pas perdu Bob Jonquet, fracture tibia-péroné à la demi-heure de jeu, et sans remplacement à l'époque, on aurait pu passer !

« Le jour du match de classement contre l'Allemagne, c'est l'anniversaire de Paul Nicolas. Avant le match on lui remet un petit cadeau et, en nous remerciant, de sa grosse voix, il nous lâche : “Le plus beau cadeau que vous puissiez me faire aujourd'hui, c'est de battre les Boches !” On l'a fait et bien fait, six à trois, dont trois buts de Justo.

« Mais pour moi, la Coupe du monde 58 va voir quelques prolongements assez cocasses. De retour en France, disons que je prends un peu de bon temps à Paris, en oubliant que je suis sous les drapeaux et que je dois regagner le bataillon de Joinville au plus tôt. Et quand je me décide à réintégrer la caserne, j'ai été porté “déserteur” et c'est direct les arrêts ! Oui, à peine rentré de la Coupe du monde, je me retrouve en prison… Je n'en suis sorti que pour le défilé du 14 Juillet, ce qui m'a permis d'approcher le général de Gaulle. Et aussitôt après, départ pour l'Algérie. J'obtiens difficilement une petite permission pour aller dire au revoir à mes parents à Lens, je pars en voiture avec un copain, et quand j'arrive, mes parents ne sont pas là. Il faisait beau, ils étaient partis passer le week-end au bord de la mer !

« Donc, direction Algérie. C'est dur. Ça chauffait là-bas... Et puis, le 30 septembre, de retour de patrouille, le capitaine m'interpelle : "Maryan, dépêche-toi, laisse tout ton barda, monte dans la jeep, elle t'emmène à Alger et tu prends l'avion pour Paris !" Je ne comprends pas grand-chose à ce qui se passe jusqu'à ce qu'on m'explique que les vingt-deux joueurs de la Coupe du monde en Suède vont être présentés au public parisien à la faveur du France-Grèce disputé au Parc des Princes le 1er octobre. C'est comme ça que je me suis retrouvé tout seul dans un avion avec les deux pilotes, et que j'ai regagné la métropole. Quelle aventure... »

Cette Coupe du monde suédoise sera la première des cinq remportées par le Brésil (1958, 1962, 1970, 1994, 2002). Elle sera surtout celle de la révélation au monde d'un jeune prodige que beaucoup considèrent toujours comme le meilleur joueur de tous les temps, Edson Arantes do Nascimento, dit Pelé. À 17 ans et 249 jours, il est toujours le plus jeune joueur à avoir disputé et remporté une finale de Coupe du monde, devant l'Italien Bergomi en 1982 et le Français Mbappé en 2018. Un Pelé dont Albert Batteux, admiratif, dira : « Il a tout pour lui. Il contrôle, dévie, dribble, feinte, marque et travaille d'une façon étourdissante. »

À cette période, j'allais régulièrement – enfin autant que mes moyens me le permettaient – au Parc des Princes voir les matchs du Racing ou du Stade français ; je lisais *France Football* de la première à la dernière page, et j'avais souvent l'oreille collée au petit transistor que mon grand frère, Jean, parti étudier à Berkeley, m'avait envoyé de Californie. J'y écoutais, le dimanche après-midi, le multiplex de l'ORTF dans une émission qui avait pour joli nom *Sports et musique*, et dont le générique était chanté par André Dassary.

Mais je suis dans les tribunes du Parc des Princes le 17 décembre 1959, pour un match de bienfaisance organisé au profit des victimes et des sinistrés de la catastrophe de Fréjus. Le barrage de Malpasset avait cédé au début du mois, provoquant la mort de 423 personnes, et la FFF avait mis sur pied un match contre l'Espagne. J'étais l'un des 38 622 spectateurs qui avaient bravé le froid très vif à l'approche de Noël, et j'allais assister à un mini-événement puisqu'il concernait l'un des personnages les plus emblématiques, les plus aimés aussi du football français de l'époque, Roger Marche.

Un rugueux défenseur, au crâne déjà très dégarni, joliment surnommé, en raison de ses origines, « le sanglier des Ardennes », et qui disputait là, très certainement, à bientôt 36 ans et soixante-trois sélections, record de l'époque, son dernier match en équipe nationale. Il n'était même pas titulaire, et il fallut la blessure de Kaelbel pour qu'il fasse son entrée en jeu, et qu'aussitôt montent des tribunes des « Roger, ton but ! » Cet arrière latéral n'avait, bien sûr, jamais marqué le moindre but au cours de ses soixante-deux précédentes apparitions sous le maillot bleu, surtout que les latéraux n'avaient pas les marges de manœuvre offensives dont peuvent bénéficier aujourd'hui les Pavard et les Hernandez. Et tout indiquait qu'il terminerait là sa carrière, sans avoir jamais marqué « son but », ce but qu'un public chambreur continuait de lui réclamer sans se lasser.

Après l'heure de jeu, voilà notre Roger qui échange un ballon anodin avec Justo Fontaine au niveau de la ligne médiane. Il s'avance, s'avance encore, regarde à gauche, regarde à droite, ne voit pas de partenaire démarqué et, pour finir, avant d'entrer dans la surface de réparation espagnole, balance, presque à l'aveugle et en désespoir de cause, un de ces tirs saucissonnés, pour tout le monde et pour personne à la fois… Le ballon, à la stupéfaction générale, et sans doute à la sienne pour commencer, s'en va terminer sa course lobée dans la lucarne opposée du grand Ramallets, le gardien de Barcelone !

Vous imaginez le charivari sur le terrain et dans les tribunes… Roger vient de marquer « son but » en équipe de France, et en plus, c'est le but du 4-3, le but de la victoire. Roger Marche, habile et coquin, essaiera ensuite d'entretenir l'illusion que ce but venu de nulle part ne devait rien au hasard et tout à une maîtrise technique parfaitement contrôlée, mais il n'abusera pas grand monde. Dans le bar-tabac de Mohon où il se retira, il dut pendant des années et des années, raconter et raconter encore à clients et amis « son but » du 17 décembre 1959.

Trois buts en quatre minutes

C'est dans ce même Parc des Princes qu'allait se dérouler, six mois plus tard, la finale du premier Championnat d'Europe des nations. Cette première édition avait été plutôt confidentielle avec seulement dix-sept nations engagées, et la France avait été chargée d'organiser à Marseille et à Paris le tournoi final à quatre, après des huitièmes et des quarts par matchs aller-retour. Étaient donc au rendez-vous, outre la France, la Yougoslavie, la Tchécoslovaquie et l'URSS.

J'avais réussi, pour la première fois depuis que le virus du football m'avait gravement atteint, à convaincre mon père de m'accompagner au stade voir la demi-finale France-Yougoslavie. Le football ne lui était pas totalement étranger, il avait même traîné ses crampons, dans sa jeunesse, sur les terrains de la Vache-Noire, près de la porte d'Orléans, sous le maillot du Patronage Olier, mais ses responsabilités professionnelles, familiales et associatives l'avaient depuis longtemps détourné du chemin des stades.

Nous allions assister à un match fou, à l'un de ces renversements de situation impossibles à imaginer, et sans doute sans équivalent aujourd'hui encore à ce niveau. Songez que l'équipe de France menait 4-2 à la 74e minute et qu'elle allait se retrouver menée 4-5 à la 78e ! Oui, une défense et un gardien français à la dérive avaient encaissé trois buts en quatre minutes ! Les images de notre pauvre gardien Georges Lamia, en plein cauchemar, à quatre pattes devant sa ligne de but, en quête d'un ballon insaisissable, ne m'ont jamais quitté.

Traumatisée – et on le serait à moins –, l'équipe de France abandonnera même le match de classement de Marseille à la Tchécoslovaquie tandis que l'Union soviétique devenait la première à inscrire son nom au palmarès du tout nouveau Championnat d'Europe des nations, après avoir disposé de la Yougoslavie en finale, dans un Parc des Princes qui n'avait même pas réussi à attirer vingt mille spectateurs.

La longue nuit de l'équipe de France

On ne le savait pas encore mais l'équipe de France venait d'entrer dans une longue nuit. Elle ne sera pas de la Coupe du monde 62 au Chili, pas plus que du tournoi final de l'Euro 64. Sa participation à la Coupe du monde de 66 relèvera plus de l'anecdote que de la performance, et il faudra attendre 1978 pour la retrouver en phase finale d'une grande compétition internationale. Dix-huit ans à manger du pain noir, dix-huit ans de pénitence et d'espoirs sans cesse déçus. C'est aussi le temps qu'il faudra aux têtes pensantes du football français pour tirer les leçons de ces échecs répétés, et engager enfin le premier sport de France sur la voie des réformes et du renouveau.

L'équipe de France s'était donc invitée à la huitième Coupe du monde de l'histoire, en Angleterre, au pays qui avait inventé le football. Elle avait validé son billet pour franchir la Manche le 9 octobre 1965, lorsque le Nantais Philippe Gondet, meilleur buteur du championnat cette année-là avec 36 buts (un record qui tient toujours pour un joueur de nationalité française), avait marqué le but d'une courte victoire sur la Yougoslavie.

La phase finale de la Coupe du monde en 66, ce fut d'abord, pour l'équipe de France, le mariage de la carpe et du lapin. Entendez par là qu'il y avait à sa tête un trio de techniciens plus que disparate, trois hommes qui n'avaient pas du tout les mêmes conceptions tactiques. Georges Carnus, gardien remplaçant en Angleterre, en rigole encore : « Henri Guérin, le patron, devait composer avec Lucien Jasseron, un adepte du marquage individuel strict, avec un libéro largement derrière la défense, et un autre adjoint, Robert Domergue, ardent défenseur de la défense en ligne avec recherche de la mise hors-jeu de l'adversaire. On devait se débrouiller avec ça... Je crois même que pendant un match, le libéro et le stoppeur ont échangé leur place ! » Jean Djorkaeff, engagé dans cette galère anglaise au poste d'arrière-droit est encore plus précis quand il évoque devant moi, plus de cinquante ans après les événements, cet invraisemblable imbroglio technico-tactique :

« Pour le premier match contre le Mexique (1-1), on essaie de respecter les consignes, un vrai *catenaccio* à l'italienne avec Artelesa en libéro, mais personne ne s'y retrouve, et après le match on discute beaucoup entre nous. Chacun a ses habitudes en club, et ce n'est pas évident d'évoluer autrement avec l'équipe nationale. Il y a un peu de mieux au deuxième match, Bud a permuté avec Artelesa, mais on sent bien qu'on n'est pas assez costauds ni bien organisés pour venir à bout d'Uruguayens meilleurs que nous. Et personne ne prend vraiment de plaisir avec ce jeu ultra-défensif qui ne correspond ni à la nature ni aux habitudes de la plupart des vingt-deux sélectionnés.

« Pour notre troisième et dernier match de poule contre l'Angleterre à Wembley, où on sait que nos chances de victoire sont quasi nulles, on décide de prendre les choses en mains, et s'il faut mourir, autant mourir avec nos idées ! Bud, Herbin, Simon et quelques autres vont voir Guérin pour essayer de le convaincre qu'il faut changer notre organisation. Je ne suis pas certain qu'ils y soient parvenus, mais la réalité c'est qu'on a joué comme on le voulait, avec une défense de zone et alignements-montées pour mettre les attaquants anglais hors-jeu. Bon, à l'arrivée ça a fait 2-0 pour l'Angleterre, mais "le jeu à la française" a été apprécié et salué par nombre d'observateurs qui ne se sont pas privés pour faire remarquer que l'arbitrage du Péruvien Yamasaki avait été souvent à sens unique, et qu'on avait fini le match pratiquement à neuf. Robby [Herbin] avait été mis hors de combat seulement après quelques minutes de jeu, victime d'un certain Nobby Stiles, l'un des joueurs les plus durs que j'aie vus sur un terrain.

« Mais ne cherchons pas de faux-fuyants : l'équipe de France n'avait pas le niveau à cette époque pour prétendre faire carrière en Coupe du monde. Toute ma génération a manqué cruellement d'expérience du haut niveau. Les clubs français ne faisaient que des passages éclair dans les trois coupes européennes de l'époque, la Coupe des Champions, la Coupe des vainqueurs de coupe, la Coupe des villes de foire. Quant à l'équipe nationale, elle n'avait que cinq ou six matchs à son calendrier chaque saison, et c'était notoirement insuffisant pour nous permettre de trouver des automatismes et d'acquérir l'expérience, la maturité indispensables au plus haut niveau. »

La gaffe de Chirac

Constat courageux et lucide de la part d'un joueur exemplaire qui porta quarante-huit fois le maillot bleu entre 1964 et 1972, souvent avec le brassard de capitaine. À son sujet, deux anecdotes assez révélatrices de l'intérêt très relatif que beaucoup de politiques portaient à notre équipe nationale.

8 avril 1970. Nous sommes à Rouen avec mes camarades de la rubrique foot de *L'Équipe*, Jean-Paul Oudot et Jacques Étienne, avant un match amical France-Bulgarie. La veille de la rencontre, et comme cela était de coutume à l'époque, les deux équipes sont reçues à l'hôtel de ville. Les deux délégations sont bien alignées de part et d'autre du maire, Jean Lecanuet, qui commence son petit discours en vantant les beautés de sa chère Normandie, puis il entre dans le vif du sujet. « Je veux dire à nos amis bulgares l'immense plaisir de les accueillir et de… » Et là, au lieu de se tourner vers le capitaine bulgare, il se tourne carrément vers Jean Djorkaeff. C'est vrai que « Tchouki », fils d'un Kalmouk, peuple mongol du sud de la Russie, a un visage assez typé qui peut prêter à une certaine confusion, mais de là à ne pas connaître et reconnaître le capitaine de l'équipe de France de football… Le maire de Rouen dut comprendre assez vite, devant le visage étonné des uns et des autres et les rumeurs qui montaient de la salle, qu'il y avait comme une anomalie, et il opéra une volte-face rapide pour se tourner vers le bon capitaine de la Bulgarie…

Un autre homme politique allait devoir avouer sa connaissance très relative de l'histoire du football français, toujours en relation avec Jean Djorkaeff. Il s'agit de Jacques Chirac. Nous sommes à une finale de Coupe de France au milieu des années 2000 et, selon une vieille et belle tradition, le président de la République assiste à la rencontre. À la mi-temps, Jean Djorkaeff, qui est alors président de la commission de la Coupe de France, va se présenter au chef de l'État. Ce dernier, jamais avare de compliments et de belles phrases : « Ah ! Monsieur Djorkaeff ! Vous avez un fils exceptionnel ! Quel joueur... Quelle Coupe du monde 98 il nous a faite... », avant d'enchaîner : « Mais, dites-moi Monsieur Djorkaeff, vous aussi, vous avez joué au football ? »

Notre Tchouki, un peu interloqué, cache sa surprise et entreprend, posément, de faire savoir au président que, oui, bien sûr, il a derrière lui une riche carrière professionnelle sous les maillots de Lyon, de Marseille, du PSG, agrémentée d'une cinquantaine de sélections en équipe de France... Jacques Chirac, réalisant la situation délicate dans laquelle il s'est mis avec cette question malvenue, et cherchant à en sortir pas trop à son désavantage, se tourne alors vers son conseiller sport à l'Élysée, et futur excellent ministre des Sports, Jean-François Lamour, transformé illico en coupable idéal : « Vous auriez dû me dire, Jean-François, que Monsieur Djorkaeff avait eu cette carrière remarquable ! »

L'après-Coupe du monde 66 va être agité, très agité même. Les médias, comme d'habitude, vont tirer sur tout ce qui bouge... ou plutôt ce qui ne bouge plus beaucoup, voire plus du tout, comme le malheureux Henri Guérin, qui devra vite laisser son tablier à un étonnant duo José Arribas-Jean Snella pour quatre matchs à l'automne 1966, la patate chaude passant début 1967 à l'inattendu Just Fontaine pour deux matchs au Parc, deux défaites et puis s'en va.

Contre toute attente, le réquisitoire le plus implacable de l'époque viendra d'un brillant avocat, maître Antoine Chiarisoli, qui cumule alors les présidences de la Fédération et du Groupement des clubs professionnels. C'est bien dans la bouche du tout-puissant patron du football français, en cette fin des années 1960, qu'on va entendre ces mots sans appel : « Tout est à revoir... Les structures de notre football... les clubs dirigés à la petite semaine par des hommes accablés de soucis... la préparation des joueurs inadaptée à une compétition aussi exigeante qu'une Coupe du monde... un championnat ridiculement long... une Fédération qui manque totalement d'envergure, incapable de faire sa réforme ou de prendre les mesures d'autorité qui s'imposent vis-à-vis du professionnalisme. »

Étonnantes, non, ces pierres jetées dans son propre jardin ? Mais l'avocat vise juste. Chiarisoli, à l'hiver de son règne, avait bien perçu les limites et les insuffisances de structures à bout de souffle, bien incapables de permettre l'émergence d'une élite digne de ce nom, vraiment professionnelle au sens fort du terme.

Ce n'était pourtant pas faute d'avoir compté dans ses rangs des personnages marquants aujourd'hui passés à la postérité, comme Jules Rimet le créateur de la Coupe du monde en 1930, Henri Delaunay le père du Championnat d'Europe des nations en 1960, Robert Guérin, le premier président de la FIFA en 1904, sans oublier Jacques Ferran et Gabriel Hanot, journalistes à *L'Équipe*, qui conçurent et offrirent, clés en main à l'UEFA en 1955, la Coupe des clubs champions européens devenue la Ligue des champions, l'épreuve reine et très lucrative des clubs du vieux continent.

Il faudra, en fait, attendre encore quelques années et l'arrivée de deux hommes providentiels pour le football français, Fernand Sastre et Georges Boulogne, pour qu'au début des années 1970 aient lieu des évolutions, que dis-je, une révolution qui allait permettre à la première discipline sportive du pays de faire sa mue, de s'ancrer dans la modernité, et de commencer sa montée vers la cour des grands où elle s'est installée à partir de 1984.

10, Faubourg-Montmartre

Lundi 31 octobre 1966, mon premier jour à *L'Équipe*. Le cœur battant un peu plus vite que d'habitude, je pénètre sous le porche « historique » du 10, rue du Faubourg-Montmartre. Laissant le grand escalier classé qui, sur la droite, mène directement aux bureaux nobles du premier étage et, d'abord, celui, immense, de Jacques Goddet, je traverse la petite cour, où seules ont droit de parking les voitures des cinq ou six plus hautes personnalités de la maison, et j'avale les deux étages qui mènent à la rédaction.

Difficile de décrire très précisément, pour ceux qui ne l'ont pas vécue, l'atmosphère si particulière de cet immeuble vieillot, aux couloirs étroits, aux linos usés, aux coins et recoins innombrables, aux escaliers tarabiscotés qui reliaient les différents niveaux. Plus encore, cette odeur si particulière où se mêlaient, à travers la fumée des innombrables fumeurs de cigarettes, de cigares et de pipes, les effluves émanant du troisième étage, celui de l'atelier. Celle du plomb en fusion des linotypes au cliquetis si caractéristique, et de l'encre d'imprimerie. J'ai suivi passionnément, chaque fois que je le pouvais, le travail des monteurs qui alignaient patiemment les milliers de petites barres de plomb et de lettres individuelles pour les titres, façonnant peu à peu la page qui prenait forme sous mes yeux et que le lecteur découvrirait le lendemain dans le métro ou au bistro.

Je veux avoir ici une pensée fraternelle pour tous ces gars de l'atelier, pas seulement pour leurs vibrants « Alla... À la santé du confrère qui nous régale aujourd'hui... », le verre de pastis à la main. Mais parce que, parmi tous ces linos, clicheurs, monteurs, métiers aujourd'hui disparus, j'ai rencontré des hommes de grande qualité, porteurs de belles valeurs. Professionnellement et humainement. Je tenais à le dire.

Arrive le jour tant attendu où pour la première fois, on voit apparaître son nom en bas d'un article dans *L'Équipe*. C'est un moment qu'on n'oublie pas. La signature était pourtant toute petite, « en bout de ligne » comme on dit, même pas détachée de l'article, mais je ne m'arrêtais pas à ces considérations. S'émouvoir de lire « Philippe Tournon » dans *L'Équipe* quand je me suis jeté sur le journal tous les lundis matin depuis dix ans pour en lire tous les comptes-rendus, tous les résultats, tous les classements, ce n'est pas de la mégalomanie, c'est de l'émotion, tout simplement.

Il ne s'agissait pourtant pas d'un papier bien important. Je débutais, très logiquement, tout en bas de la grille des salaires, rédacteur stagiaire premier échelon à moins de huit cents francs mensuels, et j'étais affecté à la rubrique foot amateur sous la responsabilité de Tony Arbona.

Incidents de parcours

Ce premier article dans *L'Équipe* m'avait amené Porte de Montreuil, pour un Montreuil-Tourcoing en Championnat de France amateur. La température était glaciale, j'avais glissé dans la poche de mon manteau un petit carnet et un stylo-bille, et je m'étais installé, largement à l'avance, dans la mini-tribune de presse de ce petit stade de banlieue. Mais lorsque je voulus prendre mes premières notes, mon Bic à l'encre gelée refusa obstinément d'écrire quoi que ce soit sur la page blanche ; et me voilà contraint d'appuyer comme un sourd sur mon stylo pour laisser sur le calepin comme une trace invisible, en creux, sur laquelle, de retour au journal, je passerai délicatement une mine de crayon afin de faire apparaître plus ou moins clairement le contenu de mes notes. Je pus ainsi rédiger les vingt lignes auxquelles j'avais droit !

Ce ne devait pas être la seule fois où j'allais connaître une déconvenue avec mon outil de travail. Lors d'un Autriche-Italie disputé à Vienne en février 1976, et qui devait être marqué par la double fracture tibia-péroné de Gigi Riva, j'étais installé, frigorifié, dans la tribune de presse à ciel ouvert du vieux stade du Prater. Mon cahier à spirale était déjà couvert de pas mal de notes prises au feutre bleu lorsqu'un énorme orage déchira soudainement le ciel de Vienne, déversant des trombes d'eau sur tout le stade… et sur mon cahier qui ne fut bientôt plus qu'une pitoyable loque dégoulinante. Il n'était plus question de retrouver la moindre trace de tout ce que j'y avais déjà noté. Cette mésaventure avait au moins eu le mérite de me conforter dans l'idée qu'il était inutile de prendre trop de notes pendant un match. Juste l'essentiel, le papier prenant forme, avant même son écriture, sur la base des faits marquants bien mémorisés et déjà hiérarchisés.

Au chapitre de ces mille et une péripéties qui jalonnent inévitablement le parcours d'un journaliste de cette époque, entre gares, aéroports, hôtels et stades, il y a aussi cette grosse poussée d'adrénaline au printemps 1969, en Allemagne de l'Est, lorsque je couvrais le Championnat d'Europe juniors. Pas la peine de s'étendre sur ce qu'était la RDA sous emprise soviétique, le passage obligé du sinistre Check Point Charlie entre Berlin-Ouest, où atterrissaient nos avions, et Berlin-Est.

L'un des matchs des juniors français, entraînés par Georges Boulogne, avait lieu dans un minuscule stade de campagne à une soixantaine de kilomètres de Leipzig. Lorsque j'arrivais au stade, je fis ce que font tous les journalistes en déplacement : s'assurer que la ligne téléphonique commandée depuis Paris par le secrétariat de la rédaction était bien en place. Parfait, le poste était bien là. Sauf que, pendant plus de trois heures, il me fut impossible d'avoir la moindre tonalité, la moindre liaison avec la France. Un grand sentiment de solitude envahit alors l'envoyé spécial, mis dans l'incapacité de faire ce pour quoi il est là, et de plus en plus angoissé à l'idée qu'il pourrait n'y avoir aucune trace de l'événement qu'il était censé couvrir dans le journal du lendemain.

Après une dernière et vaine tentative, il fallut bien que je regagne le car de l'équipe de France avec laquelle je voyageais, et qui avait eu la bonté de m'attendre déjà une bonne demi-heure. Arrivé trop tard à Leipzig, le Centre des médias était fermé, et mon petit drame personnel consommé : je n'avais pas pu transmettre mon papier au journal, et même si je n'y étais pour rien, le ratage était bien réel. Pour un jeune journaliste, c'était presque l'infamie. Après une nuit sans sommeil, à ressasser ma mésaventure et ses éventuelles conséquences, je retrouvais mes juniors et leur patron qui m'accueillit d'une façon plutôt surprenante : « Ça va, Philippe ? La vie n'est pas trop dure ? » Je trouvais l'apostrophe plutôt bizarre, venant de quelqu'un qui avait vécu tous mes tourments, et qui devait bien deviner que l'heure n'était pas à la rigolade. Mais devant mon air ahuri, il me donna vite les clés de l'énigme : « Vous n'avez pas écouté la radio ce matin ? *L'Équipe* n'est pas parue à la suite d'une grève à l'imprimerie… » Visiblement, ma bonne fée veillait toujours sur moi…

Les moines-soldats du *Miroir*

Les plus anciens s'en souviennent sans doute, la vie du football français, dans ces années 1960-1970, se déroulait sur fond d'une sourde mais forte rivalité « idéologique » entre les publications du Faubourg-Montmartre – *L'Équipe*, *France Football*, *Football Magazine* –, assez classiques, et celles de la rue des Pyramides, le groupe Miroir, avec *Miroir-Sprint* et surtout le mensuel, *Miroir du Football*. Ses rédacteurs, principalement François Thébaud, Francis Le Goulven et Pierre Lameignère, étaient imprégnés d'une certaine conception du jeu dont la défense en ligne et le jeu court étaient les dogmes incontournables. Partant du postulat – non contestable – que la technique était l'arme majeure du footballeur, nos camarades du *Miroir* en venaient à contester l'utilité d'entraînements trop intensifs – « les footballeurs ne sont pas des coureurs à pied ! » – et à recommander de ne pas trop forcer pendant les séances d'entraînement de la semaine, pour en avoir encore sous la semelle lors du match dominical. Toujours au nom de ces mêmes principes, qui avaient séduit, je l'avoue sans me faire prier, l'ado que j'avais été et qui dévorait toutes les publications foot, *Miroir* inclus, nos croisés du beau jeu proclamaient que la noblesse du footballeur n'était pas de courir après le ballon mais de faire courir le ballon… Comme c'était joli, comme c'était bien dit !

On imagine, sur ces bases, que le jeu proposé par l'équipe de France de ces années-là était loin de rallier leurs suffrages. Pour eux, l'homme qui symbolisait ce triste football beaucoup trop défensif, donc à combattre, à abattre même, s'appelait Georges Boulogne. Celui-ci, instructeur fédéral à la FFF avant d'en devenir le premier directeur technique national en 1970, incarnait, à leurs yeux, les mauvais choix et ce jeu défensif haï. Ils l'avaient tout simplement surnommé « le fossoyeur du football ».

Or, ce « fossoyeur », sur lequel je n'avais donc pas un *a priori* particulièrement favorable après toutes les horreurs que j'avais pu lire sur son compte dans le *Miroir*, j'allais avoir à le fréquenter beaucoup puisque j'avais été affecté, au journal, au suivi de l'équipe de France juniors dont il était l'entraîneur. Un jour de 1967, où j'avais pris mon courage à deux mains pour aborder avec lui le délicat problème des options de jeu et notamment celles défendues par les journalistes de *Miroir*, il se lança dans une explication qui me parut non seulement intéressante, mais presque lumineuse, de nature, en tout état de cause, à me faire revenir sur des idées trop arrêtées. Écoutez Boulogne :

« Bien sûr, Philippe, la technique est, et sera toujours, l'arme maîtresse du footballeur. Dieu merci, elle continuera de faire la différence. Mais avant de faire valoir sa technique, avant de prétendre faire courir le ballon, ce ballon, il faut aller le chercher, et pour le conquérir, il faut sauter, il faut courir, il faut aller au duel. Et pour ça il faut s'entraîner, dur. Prétendre qu'il faut y aller mollo à l'entraînement pour tout donner le jour du match, c'est une ineptie. On joue comme on s'entraîne. Et si on ne s'entraîne pas bien ou assez, on ne peut pas être performant dans la compétition. »

Convaincu, convaincant, il était devenu intarissable :

« On est encore dans l'amateurisme, dans le bricolage. Un bon amateur passe pro à 18-20 ans mais il n'a pas été formé. La formation, voilà le passage obligé. Il y a des acquisitions que le futur professionnel doit faire dès son adolescence. Physiologiquement, c'est indiscutable. Je vous le dis, Philippe, on est très, très en retard, et il y a un énorme travail à faire si on veut que le football français soit un jour compétitif au niveau international... »

Nous sommes en 1967, et Georges Boulogne a déjà tout compris. Il mettra encore un certain temps à convaincre les décideurs, et à voir sortir de terre l'Institut national du football à Vichy, point de départ et pierre angulaire de cette fameuse formation. Mais le diagnostic est posé, bien posé, et le plan d'action déjà prêt.

Mai 68 : la FFF occupée

En attendant, l'équipe de France ne va pas mieux. Aux mains de Louis Dugauguez, l'homme qui a fait le grand Sedan, elle touche même le fond à deux reprises en cette année 1968 qui verra l'apparition de la publicité sur les maillots du championnat.

Première claque, le 29 avril à Belgrade en quart de finale retour du Championnat d'Europe des nations avec un cinglant 5-1. Jacques Ferran, sur ce match, comparera les Français à des « juniors égarés dans un jeu d'adultes ». Il pointera ce qui est, à son avis, le fond du problème : « la médiocrité dramatique de notre élite, dans l'incapacité où sont nos clubs de former et de mettre à disposition du sélectionneur des footballeurs de valeur internationale ». Il poursuit : « Peut-être ce nouveau désastre va-t-il permettre aux dirigeants français de prendre les mesures indispensables... » On a déjà entendu ça...

Mais le pire est à venir, le 6 novembre à Strasbourg, lorsque les Tricolores baissent pavillon (0-1) devant des amateurs norvégiens dont plusieurs témoins, dignes de foi, ont pourtant assuré qu'ils n'avaient pas bu que de l'eau minérale dans la soirée précédant la rencontre.

Entre ces deux camouflets, parmi les plus cuisants de l'histoire de notre sélection nationale, j'avais été le témoin d'un épisode du genre plutôt cocasse, à la faveur du tohu-bohu des événements de Mai 68. Alors que la France s'enfonçait dans la grève et les émeutes du Quartier latin, et que nous tenions à *L'Équipe*, aussi en grève, des réunions de rédaction passionnées et passionnantes, je reçois, le 22 mai, un appel de ma belle-sœur Dany qui travaillait avenue d'Iéna pour une société de design industriel : « Je suis à la fenêtre de mon bureau, et en face, au 60 bis, des types viennent de déployer une banderole “Le football aux footballeurs”. Tu es au courant ? » Ni une ni deux, j'enfourche mon Solex que j'avais dépoussiéré puisqu'il n'y avait plus d'essence à mettre dans le réservoir de la vieille 403 d'occasion que je m'étais achetée avec mes premières payes, et je fonce à la Fédération. Là, je trouve au rez-de-chaussée un comité d'accueil où j'identifie Oriot et Mérelle, deux joueurs du Red Star et, devinez qui, Pierre Lameignère, mon excellent confrère de *Miroir du Football*. Tous très sympas, au demeurant, ils me disent être venus épauler un mouvement impulsé par des amateurs de la région parisienne. Ils m'accompagnent au premier étage, où je découvre dans une salle de réunion, et sous bonne garde, le secrétaire général de la FFF, Pierre Delaunay, fils d'Henri, le père du Championnat d'Europe, et… Georges Boulogne. Vous imaginez la symbolique de la scène dans le contexte du moment, pour tous ces « révolutionnaires » de Mai 68 : détenir en captivité – une captivité très soft, rassurez-vous, aucune maltraitance n'a été à déplorer – à la fois le numéro 1 de l'administration fédérale, et celui qu'ils considèrent pour ses options de jeu comme « le fossoyeur du football français » !

Georges Boulogne ne se doute pas encore qu'il va devoir mettre entre parenthèses ses réflexions sur la formation des joueurs et sur l'animation technique à venir des ligues et des districts, pour prendre en main l'équipe de France. La bonne nouvelle si l'on ose dire, tombe début mars 1969 quand Dugauguez jette l'éponge, mesurant son incapacité à enrayer la spirale des matchs médiocres ou pourris, dont le France-Norvège de Strasbourg a été le summum. Boulogne ne peut pas, dans les huit jours qui séparent sa nomination d'un Angleterre-France amical à Wembley, faire grand-chose pour éviter la correction (5-0) qui pend au nez d'une équipe de France déboussolée, mais il va vite changer son fusil d'épaule.

Fort du joli coup qu'il a réussi au printemps 1968 en amenant ses juniors en finale du tournoi UEFA disputé à Cannes, Boulogne joue la carte de la jeunesse. Oubliée même, pour six mois, la trop triste appellation d'équipe de France A, place aux « Espoirs » ! C'est donc une équipe ainsi labellisée qui va battre 5-3 le Real Madrid au Parc des Princes le 2 avril 1969 avec Novi, Broissart, Bras, Horlaville et Chauveau qui fêtent leur première sélection. Et c'est une équipe d'une moyenne d'âge de 23 ans et neuf mois qui viendra à bout de la Roumanie à la fin du même mois. Un rayon de soleil, enfin, une éclaircie, mais trop tardive pour que la France puisse gagner son billet pour la Coupe du monde 70 au Mexique.

L'équipe de France n'était donc pas à cette Coupe – la première télévisée en couleurs, celle qui verra l'apparition des cartons jaunes et rouges –, elle ne sera pas davantage à celle d'Allemagne en 74. Pas plus qu'elle n'arrivera à s'extirper de son groupe de qualifications pour les deux Championnats d'Europe à venir. Pour l'édition de 72 remportée par la RFA elle sera devancée dans sa poule par la Hongrie et la Bulgarie, pour celle de 76, enlevée par la Tchécoslovaquie aux tirs au but, elle terminera derrière la Belgique et l'Allemagne de l'Est.

Au journal, on en était donc réduit à gérer la pénurie. Pendant que le football européen s'émerveillait de l'avènement de l'Ajax d'Amsterdam et de son football total, on aiguisait nos stylos sur la rivalité Leclerc-Rocher, le président de l'OM et celui de Saint-Étienne se chamaillant à tout bout de champ, à propos, notamment, des transferts de Carnus, Bosquier puis Keita dans le sens Forez-Méditerranée. Mais si la vitrine de notre élite n'était pas particulièrement attrayante, dans les ateliers fédéraux les grandes manœuvres avaient commencé.

Les mousquetaires de la DTN

La direction technique nationale était née en 1970, dans le foot comme dans toutes les autres disciplines sportives, et Georges Boulogne en avait pris la tête. Il était accompagné de trois mousquetaires qui étaient donc quatre comme dans le roman : Gaby Robert, Henri Guérin, Michel Hidalgo et

Jacky Braun. Chacun avait son secteur géographique dans une France partagée en quatre, à charge pour chaque missionnaire d'aller porter la bonne parole fédérale, d'expliquer le pourquoi et le comment de la politique technique nationale, et de mettre tout ça en musique avec les conseillers techniques régionaux dans les ligues et les conseillers techniques départementaux dans les districts.

Détection-formation, c'était devenu le slogan majeur d'un football français qui ne s'était jamais vraiment soucié de ces problèmes jusque-là, à part quelques belles exceptions du côté de Nantes, ou encore de Saint-Étienne où Pierre Garonnaire, maroquinier de son état mais féru de ballon, suivait assidûment les matchs ou stages de sélection cadets et juniors à la recherche de pépites. C'est ainsi qu'il repérerait et enrôlerait sous la bannière stéphanoise les Bathenay, Synaeghel, Repellini, Merchadier, Rocheteau et tant d'autres. Sa renommée et sa réussite étaient si manifestes qu'un éditeur me proposa d'écrire un livre sur ce sacré personnage qui habitait un véritable château, à L'Etrat, près de Saint-Étienne, à côté de la résidence de Robert Herbin.

Je me mis au travail, lui rendant de fréquentes visites à la faveur de déplacements à Saint-Étienne ou le rencontrant lors de ses passages à Paris. J'estimais avoir assez d'éléments pour entamer la rédaction lorsque survint la crise stéphanoise autour de l'histoire de la fameuse caisse noire. Plus l'enquête avançait, plus les confidences des uns et des autres permettaient de mettre au jour les dessous de table et des paiements au noir, plus l'éditeur me conseillait de ne pas me presser. Jusqu'au jour où il renonça purement et simplement à sortir le livre pour lequel je lui avais déjà proposé un titre me paraissant attrayant : « Pierre Garonnaire, l'homme qui en savait trop ». Mais, l'homme qui en savait trop en savait sans doute un peu trop…

C'était donc la mobilisation générale pour l'opération « Formation », à partir du moment où Boulogne avait fini par convaincre Jacques Georges, le président de la Fédération, et Jean Sadoul, le président du Groupement des clubs professionnels, que c'était la priorité des priorités. Qu'il n'y avait pas d'autre voie si l'on voulait faire les choses sérieusement et mettre, enfin, notre football sur les rails de la modernité. Écoutez encore Boulogne : « Tous les métiers s'apprennent, tous les métiers nécessitent une formation et on voudrait nous faire croire que le football pourrait échapper à la règle. On voudrait nous persuader qu'un jeune qui a du talent et qui le montre chaque dimanche en amateur à 18, 20 ou 22 ans avec un ou deux entraînements par semaine, pourrait subitement passer professionnel et être aussi performant avec un entraînement tous les jours et deux matchs par semaine ! Son organisme n'est pas prêt. Sur la durée, ce n'est pas jouable si son cœur et ses muscles n'ont pas été habitués assez tôt à des charges de travail progressives et adaptées. La qualité et la marque du joueur professionnel ce n'est pas de faire un bon match de temps en temps. C'est d'avoir la capacité d'être régulier et de répéter les efforts continuellement. Seule une formation adaptée et commencée assez tôt peut lui permettre d'acquérir cette capacité et, donc, de prétendre à une carrière pleine. »

Pour les raisons que j'ai déjà évoquées, une réelle confiance, une complicité même, s'était installée entre Boulogne et moi au fil des années à partir de 1966. Elle allait nous être utile à tous les deux. Le DTN n'était pas d'un abord facile, il ne se confiait pas facilement aux journalistes et sa nomination comme sélectionneur en mars 1969 devait me valoir un petit coup de pouce dans l'évolution de ma carrière. Les attributions de chacun étaient très hiérarchisées à la rubrique foot de *L'Équipe* et le traitement de l'équipe de France, par exemple, avait toujours été réservé aux anciens, à ceux qui faisaient autorité depuis des années : Ferran pour ses éditos, Vergne pour la relation des matchs et Réthacker pour le jeu et les joueurs. Seulement, comme j'avais la confiance et l'oreille du nouveau sélectionneur, je fus intégré très vite et assez régulièrement – malgré mes 26 ans et seulement trois années de présence Faubourg-Montmartre – dans l'équipe des suiveurs de l'équipe de France.

Sans que Boulogne ait forcément à me le demander, je ne me privais pas de multiplier les articles sur le football des jeunes et la nécessité d'aller vers la formation. Ce n'était pas du copinage ou de la publicité à peine déguisée pour les thèses du DTN, je pensais sincèrement, pour en avoir parlé longuement avec lui et bien d'autres, que c'était bien LA voie que le football français devait emprunter s'il voulait progresser et sortir de sa nuit.

Aussi étions-nous certainement parmi les plus émus, le 6 novembre 1972, lorsque fut baptisée la première promotion de l'Institut national du football (INF), accueillie sur les installations du CREPS de Vichy et confiée à Pierre Pibarot et à Gérard Banide. Trente garçons entre 16 et 19 ans allaient ainsi après trois ans de formation grossir les rangs des clubs professionnels. Dans la première promotion se trouvaient Dobraje, Marchioni et Mombaerts. Suivront Ettori, Couriol, Olmeta, Papin et bien d'autres.

Dix-huit ans après le lancement de l'INF Vichy, la formation était un acquis définitif, tous les clubs professionnels avaient leur centre de formation, et la DTN, sous l'impulsion de son nouveau patron Gérard Houllier, décidait de passer la vitesse supérieure, ou plutôt de traiter le problème de la formation, au sens large, encore plus en amont, en instituant la préformation ouverte, sous contrôle de la FFF, aux 13-14 ans. Une préformation très cadrée, très adaptée qui ne néglige ni la scolarité ni l'indispensable environnement familial. Le garçon admis pour sa préformation en deux ans dans un des douze Pôles Espoirs actuels de la FFF, Clairefontaine, Aix, Ajaccio, Toulouse, Châteauroux, Dijon, Liévin, Saint-Brieuc, Reims, Toulouse, Guadeloupe et Réunion, vit en internat du lundi au vendredi, va au collège, s'entraîne tous les jours et retrouve famille et club pour le week-end. Les candidats sont nombreux, très nombreux. Pour rentrer à Clairefontaine, par exemple, ils sont plus de deux mille chaque année sur les rangs, pour Paris et la région parisienne. Un premier écrémage a lieu au sein des districts, puis ce sont des tests à Clairefontaine et ils ne sont plus qu'une cinquantaine pour un stage final de sélection. Des deux mille sur la ligne de départ, il ne restera que vingt-trois heureux élus, dont trois ou quatre gardiens.

La méthode doit avoir du bon si l'on en juge par la vingtaine d'internationaux sortis du Pôle Espoir de Clairefontaine dont Thierry Henry, Nicolas Anelka, William Gallas,

Louis Saha, Jérôme Rothen, Philippe Christanval, Jimmy Briand, Hatem Ben Arfa, Abou Diaby, Blaise Matuidi, Alphonse Areola, et, le dernier mais pas le moindre, Kylian Mbappé. On ne dira jamais assez le mérite et la valeur, tant humaine que professionnelle, des premiers formateurs de Clairefontaine, Claude Dusseau, Francisco Filho, Christian Damiano et André Mérelle. Leurs successeurs auront le souci de marcher dans leurs traces.

Le mauvais procès de l'argent

Quand on sait le parcours du combattant que représente cet accès à un pôle Espoir. Quand on connaît la rigueur des deux années de préformation où il ne faut rien lâcher, ni au collège ni sur le terrain. Quand on découvre le programme qui attend les rescapés pour leurs trois années de formation dans le club professionnel qui les aura choisis au sortir du pôle. Quand on sait qu'à chacune de ces étapes il y en a qui craquent, qui découvrent leurs limites, physiques, techniques ou mentales. Et que les autres ne gagneront pas tous, loin de là, des mille et des cent comme Kylian Mbappé même s'ils vivront en général bien, même très bien ou très, très bien de leur métier à l'un des trois premiers niveaux nationaux, je m'insurge contre ceux qui instruisent des procès sommaires trop facilement contre « ces types payés des fortunes pour taper dans un ballon ».

Quelle méconnaissance du sujet ! Quelle injustice ! Ou alors, qu'on me dise sur quels critères on décrète qu'un élément de la société active, footballeur, ingénieur, fraiseur, médecin ou artiste, mérite, ou pas, un salaire à trois, quatre zéros ou plus sur la feuille de paye. Sauf erreur, on est dans une économie de marché où offre et demande s'ajustent constamment sans que quiconque soit forcé à quoi que ce soit. Personne n'a jamais obligé un président de club à proposer 100 000 euros mensuels ou plus, d'un argent qui vient de fonds exclusivement privés, à un joueur qu'il estime talentueux et profitable pour son club. Un joueur dont il faut rappeler, aussi, que la carrière est trois ou quatre fois plus courte, et autrement plus à risques, que celle d'un médecin ou d'un ingénieur.

Pourquoi cette fixation sur les revenus des footballeurs, alors que les stars de la Formule 1, du golf ou du basket aux États-Unis gagnent encore plus sans que cela émeuve personne ? On trouve tout à fait normal qu'une vedette du cinéma ou de la chanson puisse exercer son métier, grassement rétribué lui aussi, jusqu'à 70 ans ou plus, et on voudrait que le foot de haut niveau, qui attire des dizaines de milliers de spectateurs dans les stades et dont les matchs vendus à la télé plusieurs millions, écrans pub en sus, ait des salaires encadrés ! Mais au nom de qui et de quoi ? Et qu'on ne me dise pas, avec des trémolos dans la voix : « Vous vous rendez compte de ce que gagnent ces gamins à 20 ans alors qu'un professeur agrégé va terminer sa carrière à 3 500 euros ! »

Ah, oui, je veux bien : on change la société, on change les lois et on dit stop à ce libéralisme économique effréné, pour aller vers plus de justice sociale. On peut aussi, comme l'avait proposé un secrétaire général du Parti communiste français, Georges Marchais, il y a une trentaine d'années, plafonner tous les salaires, quels qu'ils soient, à un certain niveau, et décider qu'au-dessus de ce niveau tout revient à l'État. Chiche ?

Alors, non, je ne pousse pas des cris d'orfraie, je ne m'étrangle pas lorsque je lis dans une enquête de *L'Equipe*, en février 2020, que le salaire brut mensuel de Mbappé s'élève à 1 900 000 euros, celui de Kimpembé à 670 000, celui de Payet à 500 000, ou encore celui de Thauvin à 422 000… sans parler de nos stars de l'équipe de France évoluant à l'étranger. Je peux même enfoncer le clou pour ceux qui s'indignent déjà, en ajoutant quelques salaires de top-joueurs de nationalité étrangère, toujours selon la même enquête : Neymar, 3 060 000 par mois ; Thiago Silva, 1 500 000 ; Draxler, 600 000. Pour faire bonne mesure, je citerai pour terminer et suggérer que tout est toujours relatif, deux chiffres concernant deux des plus grands joueurs du monde : Cristiano Ronaldo à la Juventus ? 4 500 000 euros mensuels ; Lionel Messi à Barcelone ? 8 300 000 euros.

À quoi s'ajoutent les contrats publicitaires, qui pour les plus juteux peuvent égaler voire dépasser les salaires…

Le procès sur l'argent dans le football est un mauvais procès, à tout le moins mal ciblé, et ce ne sont certainement pas les joueurs-acteurs qui doivent être les premiers cités à la barre. Maintenant, si on veut ouvrir le débat sur l'argent, celui des salaires et du capital, dans la société française et dans le monde, multinationales et paradis fiscaux inclus, pourquoi pas. Mais on va avoir du boulot…

L'UNFP appelle à la grève

Les professionnels des années 1970, s'ils étaient déjà des privilégiés parfois très bien nantis – mais très loin des niveaux de salaire actuels –, n'en étaient pas moins des salariés regroupés au sein d'un syndicat, l'Union nationale des footballeurs professionnels, que j'allais découvrir un beau jour de 1972.

« Demain, tu files à Versailles. Le syndicat des joueurs pros organise des assises extraordinaires qui pourraient déboucher sur une grève. » C'est sur cette injonction de mon chef à la rubrique foot, le toujours bienveillant Jean Cornu, que je me suis retrouvé le 27 novembre dans une grande salle de réunion versaillaise, à deux pas du château. Autour de moi, trois cents joueurs – vous avez bien lu : trois cents ! – de première et deuxième divisions, accourus comme un seul homme à l'appel de leur syndicat, l'UNFP.

L'Union était née onze ans plus tôt à l'initiative d'Eugène N'Jo Léa, un attaquant camerounais féru de droit, qui fera les beaux jours de Saint-Étienne, de Lyon et du Racing, et de Just Fontaine, notre attaquant star de la Coupe du monde 58, trop tôt retiré des terrains après une double fracture de la jambe, et qui sera le premier président du syndicat en 1961. Nos deux compères avaient très vite compris que la législation qui régissait les relations clubs-joueurs faisait la part belle aux dirigeants qui avaient la « propriété » pleine et entière du joueur jusqu'à ses 35 ans. Avec la liberté de le céder, qu'il le veuille ou non, à un autre club. Moyennant finances, évidemment, mais sans que le joueur ait son mot à dire. Au point que Raymond Kopa lâcha en 1963 dans *France Dimanche* : « Nous sommes des esclaves ! » Le mot était peut-être un peu fort, mais la réalité du problème posé parfaitement vue. Et il traduisait bien, en la dénonçant, une forme d'assujettissement insupportable que le jeune syndicat allait mettre toute son énergie à combattre, après avoir déjà obtenu un pécule de fin de carrière.

Un accord avait été trouvé entre le syndicat et la ligue pro pour aller en pente douce vers des contrats à durée déterminée, ou contrats à temps, à l'horizon 1974, avec une période probatoire de cinq ans à compter de 1969. C'est ainsi que Serge Chiesa signa cette année-là avec l'Olympique lyonnais le premier « contrat à temps » de l'histoire du football français. Seulement, plus on approchait de l'échéance, du basculement définitif vers le nouveau système, plus les dirigeants mesuraient l'étendue des dégâts, pour leur portefeuille surtout, au point de commencer à cogiter sur les moyens de rendre la pilule un peu moins amère. Et les voilà qui ont sorti de leur chapeau une clause visant à fixer à cinq ans au minimum la durée des nouveaux contrats.

Pour l'UNFP, et surtout pour son président, le bouillant Philippe Piat, qui avait succédé, à la tête du syndicat, à Michel Hidalgo parti rejoindre la direction technique nationale, c'était une déclaration de guerre, ni plus ni moins. D'où la convocation de ces assises exceptionnelles du 27 novembre 1972 qui allaient conduire à la première grève des footballeurs pros dès la journée de compétition à venir, le 4 décembre.

Le ministre des Sports, Joseph Comiti, était dans l'obligation d'intervenir et de convoquer tout ce joli monde au siège de son ministère pour faire comprendre que les chamailleries avaient assez duré, et annoncer qu'il confiait une mission d'exploration et de proposition à un jeune et brillant énarque auditeur à la Cour des comptes, Philippe Séguin.

Le fameux rapport Séguin était sur les rails. Il allait déboucher sur la rédaction d'une charte, en permanence révisée et aménagée, qui régit aujourd'hui encore les relations entre les clubs professionnels et leurs joueurs salariés. Une charte qui enterrait définitivement le système « esclavagiste » dénoncé par Raymond Kopa en 1963, et plaçait les deux parties dans un rapport de force beaucoup plus équilibré, dans une relation employeur-employé, reprenant, avec des spécificités propres à l'activité, les grandes lignes du droit du travail.

Une issue qui allait aussi asseoir définitivement l'autorité et la réputation de Philippe Piat, toujours en place en 2020. Longue et exceptionnelle trajectoire que celle de cet homme à la tête d'un puissant syndicat sans doute unique en son genre avec 93,25 % des pros des ligues 1 et 2 adhérents, et qui revendique cinquante salariés dans des bureaux dont il est propriétaire près de la place de la Bourse à Paris.

Attaquant percutant sous les couleurs de Dijon, Cannes, Strasbourg Monaco, Sochaux et Laval entre 60 et 73, Piat, entouré des fidèles René Charrier et Jean-Jacques Amorfini, va mener mille combats et animer brillamment une structure multiservices (contrats, litiges, investissements, reconversion). Une action qui s'inscrit aussi dans le cadre plus large de la FIFPro, le syndicat international des footballeurs professionnels dont il est le président pour l'Europe. À ce titre, il est de ceux qui négocient avec la FIFA et son président, Gianni Infantino, les aménagements qui s'imposeront très vite pour que n'explose pas demain un système de transferts devenu fou, et ouvert à toutes les combines.

Philippe Piat est intarissable sur le sujet : « Un jour, Bourgoin, alors président de la Ligue, organise une réunion dans son appartement de fonction parisien. Je suis là, au nom du syndicat, écoutant sagement en bout de table. Et puis, pendant que Bourgoin, tablier à la ceinture, s'affaire aux fourneaux pour préparer merguez et purée, je surprends une conversation au téléphone entre un président de club et un agent de joueurs ; ils se mettent apparemment d'accord pour une transaction d'un montant de 10 millions. Ils se rappellent quelques minutes plus tard, et l'agent – si j'en juge par ce que je perçois – parle d'une transaction à 15 millions. Étonnement du président de club français : “Mais, on avait dit 10...” Conclusion de l'agent :

“Oui, ce sera 10 dans la réalité, mais on va conclure officiellement à 15, tu sais pourquoi...” »

On vous laisse imaginer tout ce qui peut se cacher de dessous de table, de rétrocommissions et d’intérêts divers, voire douteux, dans cet écart de 5 millions...

Dans l’interminable affaire dite de « l’arrêt Bosman » qui va bousculer en 1995 la donne du marché des transferts, mettant un terme à l’indemnité de transfert pour un joueur en fin de contrat, comme au quota de trois joueurs communautaires autorisés par club, Piat et la FIFPro seront en première ligne. Ils ne lâcheront rien, refusant compromis et arrangements boiteux, jusqu’à ce que tombe l’arrêt lumineux de la Cour de justice européenne.

« Il y a encore beaucoup de combats à mener », prévient Piat. Celui qui est, à 77 ans, à la tête de l’UNFP depuis cinquante saisons se demande parfois s’il n’est pas en train de faire le mandat de trop, mais c’est sans compter l’actualité qui sans cesse le rappelle à sa mission : « Si, un soir, je me pose ce genre de questions, il suffit que le lendemain matin je trouve dans *L’Équipe* un petit article comme celui traitant du cas Rabiot, ou d’autres joueurs exclus abusivement du groupe, pour que je bondisse d’indignation. Je remonte sur mon cheval, et c’est reparti... »

En conclusion, et pour illustrer d’une formule la belle et solide institution que dirigent Philippe Piat et Sylvain Kastendeuch, on reprendra ce mot de l’un de ses fondateurs, Just Fontaine : « Je suis plus fier de l’UNFP que de mes treize buts à la Coupe du monde 58. » Quand on sait que ce record a 0,00001 % de chances d’être battu un jour, on mesure le niveau du compliment !

Marché noir sur la place Rouge

Pour la qualification à la Coupe du monde allemande de 1974, le tirage au sort nous avait placés dans un groupe à trois avec l’URSS et la république d’Irlande. Résultat des courses assez prévisible, hélas : URSS première, Irlande deuxième, France troisième… Pas de *Weltmeisterschaft* pour les Tricolores ! À titre personnel et anecdotique, cette phase de qualification m'avait cependant offert deux aventures peu ordinaires. Lorsque je me rends une première fois à Moscou, le 13 mai 1973, pour URSS-République d'Irlande, je suis abordé sur la place Rouge par un Arménien qui me fait une proposition pour le moins surprenante : il souhaite m'acheter quasiment tous mes vêtements contre… deux kilos de caviar ! Opération impossible sur le coup, mais on convient, puisque je reviens le 26 pour URSS-France, que je lui ramènerai jeans et chemises pour lui et sa femme. Et, en toute confiance, il me remet les deux kilos de caviar. Me voilà donc avec mon précieux chargement, que je case tant bien que mal dans ma petite valise, priant le ciel que tout se passe bien au passage de la douane, au départ de Moscou comme à l'arrivée à Paris. Première épreuve sans encombre, mais à Orly, pour la première et, à ce jour, dernière fois de ma vie, un douanier me fait signe : « Votre passeport s'il vous plaît, et ouvrez votre valise ! » Je ne doute pas un instant que mon compte est bon, que je vais devoir abandonner là mon caviar et payer une amende aussi salée que le produit transporté. Je lui tends mon passeport et entreprends, lentement, très lentement d'ouvrir ma valise. Soudain, j'entends : « Vous êtes journaliste ? » À l'époque, les passeports indiquaient en première page la profession du titulaire.

« Oui.

– Quel journal ?

– *L'Équipe*

– Ah, vous venez de Moscou ? C'est vrai, on va jouer là-bas la semaine prochaine… Qu'est-ce que vous en pensez… vous croyez qu'on a des chances ? »

La main sur le couvercle de ma valise, retardant au maximum l'ouverture fatidique, je commence à lui expliquer que ça va être dur, que les Irlandais viennent de perdre à Moscou… que…

Il me coupe : « Moi, j'y crois. Moi je suis supporter et j'ai toujours confiance. »

J'entretiens la conversation, abondant largement dans son sens, quand arrive la parole libératrice : « Vous pouvez y aller. Et bonne chance pour la semaine prochaine ! » Quel soulagement ! Et, je peux vous le dire, le caviar était excellent. Je n'ai pas pu le faire goûter à ma bonne fée, mais je l'aurais fait volontiers : elle ne m'avait toujours pas abandonné.

Pendant le stage de préparation de l'équipe de France à Saint-Malo, je vais faire mes emplettes dans un grand magasin de vêtements de la cité corsaire. Et le 25 mai, je foule de nouveau le sol de Moscou, retrouve mon Arménien au même endroit, à l'heure convenue, sur la place Rouge. Et je lui remets sa commande : je suis un homme de parole !

C'est au cours de ce second voyage, en compagnie de mes camarades habituels (Ferran, Vergne et Réthacker) qu'allait m'arriver une autre drôle d'histoire.

Les liaisons téléphoniques étaient difficiles et aléatoires entre Moscou et Paris, et il fallait souvent plusieurs heures d'attente pour obtenir, de l'étranger, le numéro français en PCV. Une formule tombée en désuétude, mais régulièrement utilisée par les journalistes en déplacement, et qui visait à imputer les frais de la communication au numéro appelé et non au demandeur. Aussi, à peine arrivés au Metropol Hotel sur la place Rouge vers 14 heures, nous demandons, chacun de notre côté, le numéro de *L'Équipe* réservé aux journalistes en déplacement, « Provence 71-79 » si ma mémoire est bonne.

15 heures, rien, 16 heures, rien, 17, 18, 19 heures, toujours rien. On fait les cent pas dans le couloir aux tapis élimés, guettant, les portes de nos chambres ouvertes, la sonnerie salvatrice. À 19 h45, le téléphone sonne enfin dans ma chambre. Cela fait seulement cinq heures et quarante-cinq minutes qu'on a demandé nos numéros... Je décroche en me précipitant, et j'ai à peine le temps de dire : « Bonjour, c'est Philippe Tournon à Moscou, on va passer nos papiers... » qu'à l'autre bout du fil, René Frère, le chef du service sténos me coupe la parole : « Attends, attends, on est un peu surchargés actuellement, tu rappelles dans un quart d'heure. Merci. »

Même pas le temps d'expliquer qu'on attend depuis bientôt six heures, il a déjà raccroché. Dans ma chambre, le premier moment de stupeur passé, on éclate de rire. C'est tellement énorme. Je n'attends même pas l'ascenseur, je dévale les trois étages et je me précipite sur la pauvre standardiste de l'hôtel qui ne saisit pas grand-chose à mes gestes pour lui faire comprendre que la communication a été coupée à peine établie, et qu'il est impossible d'attendre de nouveau six heures pour avoir la liaison avec Paris. J'ai quand même dû être assez explicite et persuasif, puisque, une demi-heure plus tard, le téléphone sonne de nouveau, et nous pouvons alors dicter nos papiers sans problème, et dans les temps !

Le leurre Ştefan Kovács

En ce printemps 1973, le scepticisme est toujours de mise et la polémique souvent vive autour d'une équipe de France qui n'avance pas. Dans ce contexte, Fernand Sastre (le tout nouveau président de la FFF, entouré de fidèles comme Patrelle, Tellez, Burlaz, Fougères qui, eux, se sont déjà mis au travail sur la réforme des structures fédérales et des compétitions) va suivre les conseils de Jacques Ferran et confier l'équipe de France à un technicien étranger de renom, indiscutable, sans passé franco-français, donc sans passif médiatique. Pendant ce temps-là, Boulogne et la DTN pourront travailler tranquillement, la formation se mettra en place progressivement à travers tout le pays, et à l'horizon 1980, on devrait pouvoir envisager les premières récoltes.

L'heureux élu va être le Roumain Ştefan Kovács, que le monde du football connaît bien et respecte, puisqu'il vient de s'illustrer comme coach de l'Ajax d'Amsterdam, vainqueur de la Coupe d'Europe des clubs pour la troisième année consécutive, dont les deux dernières sous sa direction.

Georges Boulogne cède donc la place à l'été 1973, sur un bilan honnête (31 matchs, 15 victoires, 5 nuls, 11 défaites), en tous cas bien meilleur que celui de tous ses prédécesseurs au poste, bien meilleur aussi, soit dit en passant, que celui que laissera Kovács (15 matchs, 6 victoires, 4 nuls, 5 défaites).

Mais, on l'a déjà compris, l'important du moment n'est pas dans une bataille de chiffres ou de débats tactiques. Il est dans le travail en profondeur des cadres techniques de la FFF, pendant que le Roumain amuse la galerie et les journalistes avec sa jovialité, ses clins d'œil et ses innovations lexicales, comme la « sériosité ». Mais même derrière les mots inventés, il y a de l'utile et du concret, car avec sa « sériosité » qui fait sourire tout le monde, Kovács glisse aussi le message autrement plus important que le football français manque cruellement de sérieux à tous les étages. Et que s'il veut s'en sortir, il va devoir se retrousser les manches, travailler plus et travailler mieux. Bref, avec « sériosité » !

Sastre a parfaitement réussi son coup : Boulogne et Kovács mènent le même combat, celui de la compétitivité du football français sur la scène internationale. Aux antipodes, apparemment, l'un de l'autre, mais complices et alliés. Ils sont aux commandes d'une manœuvre de grande envergure qui doit permettre au navire France de sortir des eaux territoriales pour rejoindre les grosses armadas anglaise, allemande, italienne, espagnole, brésilienne qui sillonnent déjà les océans depuis longtemps.

La FIFA, si forte, si trouble…

En préambule de cette Coupe du monde 74 allait survenir un autre événement qui devait engager le football mondial sur des voies nouvelles dont on verra qu'elles ne furent pas toujours glorieuses : l'élection de João Havelange à la tête de la Fédération internationale, la FIFA.

La FIFA, l'organisme suprême du sport le plus populaire du monde… La FIFA et son inégalable Coupe du monde, *ses* coupes du monde, pour tous les âges, garçons et filles, sur une pelouse, en salle ou sur le sable… La FIFA au train de vie somptuaire, au protocole strict, aux uniformes sombres et toujours impeccables… La FIFA, murée dans sa forteresse de Zurich, qui dit le bien et le mal… La FIFA, après Rimet, Havelange, Blatter, aujourd'hui Infantino. Qu'en est-il vraiment de cette énorme machine, efficace, réglée comme une horlogerie suisse, où les sourires sont de rigueur en toutes circonstances ? Que se cache-t-il derrière cette convivialité et ce sens de l'hospitalité érigés en vertus cardinales, quand les murs bien crépis se lézardent ? quand apparaissent comportements et actes troubles, ces petits arrangements entre amis qui vont emporter pratiquement tout un comité exécutif dans une chute spectaculaire, et sous l'opprobre d'une opinion publique médusée ?

Essayons de nous soustraire aux idées reçues, de ne pas céder à trop d'amalgames faciles, et d'appréhender le phénomène FIFA sereinement. Nul ne peut contester que depuis l'élection de João Havelange à la présidence en 1974 à Francfort, puis avec le Suisse Joseph Blatter qui lui a succédé au congrès de Paris en 1998, la FIFA a parfaitement accompli et respecté la double mission que lui assignent ses statuts : 1. développer la pratique du football dans le monde entier ; 2. organiser les compétitions internations à l'échelon mondial.

Les différentes actions de développement du football, en Afrique et en Asie notamment, à travers des programmes comme « Goal » et « Forward » ont permis des avancées considérables. Des terrains synthétiques ont poussé un peu partout comme des champignons ; des fédérations ont pu se doter de sièges et de centres techniques qu'elles n'auraient jamais pu bâtir sans les subsides de la FIFA. Sur ce chapitre au moins il faut la créditer d'un suivi rigoureux, ne signant plus inconsidérément des chèques en blanc, mais réglant directement les entreprises après la réalisation des chantiers. Affirmer que, malgré toutes ces précautions, quelques billets ne se perdent pas en route, échappe à mes capacités d'investigation, mais la rigueur et les exigences de la FIFA en la matière sont incontestables et pour des résultats spectaculaires, qui expliquent aussi la popularité du football et de ses compétitions sur tous les continents. Dont acte. Aucune des 211 fédérations affiliées à la FIFA n'a eu à se plaindre de son sort : la FIFA est généreuse... Mais après ? Ce satisfecit délivré, qu'entend-on en écho de ce prestigieux acronyme ?

La FFF a-t-elle fait le nécessaire ?

Une anecdote, pour planter le décor et appuyer là où ça fait mal. Été 1990. La France vient de poser sa candidature à l'organisation de la Coupe du monde 98. Le verdict est attendu pour juillet 1992. Je déjeune à Paris avec mon ami Jovan Velickovic, journaliste yougoslave renommé, correspondant de *L'Équipe* et de *France Football* à Belgrade, et très introduit à l'UEFA comme à la FIFA dont il suit toutes les grandes réunions et les congrès depuis de nombreuses années.

Au milieu du repas, il me lance, mine de rien :

« Alors voilà, la France candidate à l'organisation de la Coupe du monde. Vous avez fait ce qu'il faut pour avoir toutes les chances de l'emporter ?

– Tu parles de quoi ?

– Tu sais bien, ISL.

– Quoi ISL ?

– Allons, ne me dis pas que tu ignores que tous les pays candidats à l'organisation d'une Coupe du monde doivent verser discrètement leur obole à la FIFA, par le biais des contrats passés entre l'institution et ISL, la boîte de marketing liée à la FIFA et chargée du sponsoring et de la publicité sur les Coupes du monde.

– Je te le dis, je n'en sais fichtre rien ! Ni de cette pratique, ni de ce qui a été fait ou pas fait à la FFF. »

Velickovic était-il « missionné » pour faire passer un message ? M'a-t-il dit cela, entre la poire et le fromage, pour info, seulement au nom de notre vieille amitié ? N'ayant ni le goût ni la mission de traiter ce genre de problème dans ma fonction de responsable du service de presse de la FFF, je me contente de rapporter fidèlement l'échange à Gérard Enault, qui avait monté le dossier de candidature pour la FFF. Il m'écoute, impassible, avant de conclure, énigmatique : « C'est noté... » Je me suis interdit la curiosité de savoir ce qu'il était advenu de cet épisode que, jusqu'à ce jour, je n'ai raconté qu'à quelques proches, dont Jacques Ferran, le boss du foot à *L'Équipe* et *France Football* de 1948 à 1985, et avec qui j'ai travaillé étroitement durant mes seize années d'activité Faubourg-Montmartre.

Circonstance aggravante, si j'ose dire, ce commentaire de Ferran à mon évocation du déjeuner avec Velickovic : « Figure-toi que cela rejoint les confidences que m'avait faites, peu avant sa mort en 1983, Artemio Franchi [un Italien qui fut président de l'UEFA et chargé des finances à la FIFA sous la présidence Havelange] : il avait découvert à Zurich, dans les comptes de la FIFA, un certain nombre d'anomalies en relation avec les activités d'Havelange. Il hésitait sur la conduite à tenir, au moment où un accident de voiture lui a coûté la vie. Connaissant bien Franchi, je pense qu'il n'aurait pas supporté longtemps de ne pas faire la lumière sur tout cela… »

Franchi n'est plus, Havelange, Velickovic, Ferran, Enault non plus. Je suis resté seul avec ces confidences que je livre aujourd'hui et dont j'ai l'intime conviction, mais pas la preuve, qu'elles ne doivent rien à l'imagination de mes interlocuteurs. Seuls éléments concrets : ISL a été mis en faillite en 2001 avec des dettes de 153 millions de livres et ses dirigeants accusés de fraude, détournements de fonds et falsification de documents. Et dans le cadre d'une enquête menée par le CIO, dont Havelange démissionnera comme par hasard, il sera établi que ce dernier et son gendre Teixeira ont touché 41 millions de francs suisses de pots de vin via ISL entre 1992 et 2000. Nombre d'affaires sortiront encore sous le règne de Blatter, jusqu'à sa chute, nous ramenant de façon pénible et lancinante à cette éternelle question : que se passe-t-il vraiment à la FIFA, ce mastodonte supranational ?

Prenons les attributions des Coupes du monde. Le choix du pays organisateur par les seuls membres du comité exécutif et à bulletins secrets – le système vient de changer au profit de la désignation par le Congrès – ouvrait évidemment la porte à toutes les combines. Des révélations, des faits troublants, des démissions hâtives, des radiations précipitées, des exfiltrations discrètes apportent beaucoup d'eau au moulin de ceux qui penchent pour le « tous pourris ! » Je n'irai pas jusque-là, mais je mettrais ma main à couper que quelques attributions des coupes du monde les plus récentes, Allemagne 2006, Russie 2018, Qatar 2022 ont donné lieu à beaucoup de tractations douteuses, condamnables mêmes.

Quel était le rôle de Blatter dans tout cela ? Était-il une espèce de grand manipulateur qui tirait les ficelles de ce sinistre théâtre, afin que le résultat soit bien celui escompté ? Était-il directement impliqué ou a-t-il fermé les yeux ? Laxisme, inattention ou connivence ? Des faits pourtant sont avérés. En Amérique du Sud, en Amérique centrale, dans d'autres contrées exotiques, des membres de la FIFA, peu scrupuleux – c'est un euphémisme –, ont été pris la main dans le sac, ont été condamnés, radiés ou se trouvent en cours de jugement pour agissements frauduleux ou corruption établie. Des millions de dollars ont été détournés. Des personnages portant la casquette prestigieuse du comité exécutif de la FIFA ont été confondus pour des malversations dans la gestion de fonds appartenant à la confédération continentale dont ils étaient également de hauts dignitaires. La gestion des droits TV et des contrats de sponsoring se prêtait facilement à ces opérations opaques avec pots de vin et rétrocommissions, tous les spécialistes de la question vous le diront.

Certains élus aux coudées trop franches, qui n'ont à s'occuper de rien puisqu'on s'occupe de tout pour eux, sont pernicieusement gagnés par cette légèreté, cette insouciance, et ces messieurs finissent par se croire autorisés à s'affranchir des lois quand cela les arrange. Parce qu'ils se pensent plus forts et mieux protégés, parce qu'ils finissent par se persuader que le radar flashera peut-être beaucoup de monde, mais pas eux.

Ne généralisons pas. Il y a à la FIFA, je n'en ai jamais douté et j'en ai connu, une majorité de dirigeants honnêtes, seulement attachés à une exécution loyale de leur mandat. Mais trop de dérapages, de permissivité, de faits condamnés et condamnables, sans parler d'un train de vie somptuaire, ont jeté depuis trente ans un voile de doute et souvent de réprobation sur l'ensemble de l'institution FIFA. Même si, je le répète à dessein, elle œuvre par ailleurs remarquablement au service du football. Mais la pente est glissante.

Comme partout où l'argent circule abondamment, les requins et les cyniques ne sont jamais loin, et les dégâts de leurs minables combines et de leurs petits arrangements sont considérables.

Ces « moutons noirs », diaboliquement habiles et organisés, excellent à dissimuler leurs turpitudes sous des habillages dégoulinants de bons sentiments. Les preuves sont dures à apporter, et ce n'est pas tous les ans que le FBI peut « retourner » un gros bonnet de la FIFA, passer un *deal* avec lui, et l'équiper d'un micro invisible qui permettra d'en savoir beaucoup sur le contenu de certaines réunions au plus haut niveau à Zurich. La justice est en marche, des têtes sont déjà tombées, d'autres tomberont encore.

Joseph Blatter a été emporté par la tempête et son différend avec Platini, sans que des preuves aient encore pu être apportées – elles ne le seront peut-être jamais – de son implication dans quelque malversation que ce soit. L'ex-bras droit de Michel Platini à l'UEFA, Gianni Infantino, occupe désormais le fauteuil de président de la FIFA et a promis que ces épisodes très sombres de l'histoire appartenaient désormais au passé. Prenons acte...

Quand Platini trinque

Cet épisode ambigu entre Blatter et Platini, en quoi consiste-t-il vraiment ? Un contrat oral a lié les deux hommes dans la foulée de la Coupe du monde 98 en France, dont Platini fut le coprésident du comité d'organisation aux côtés de Fernand Sastre. Contrat de quatre ans de « conseiller spécial » auprès du président, sans trop de précisions sur la nature et la quantité du travail à fournir. On ne va pas entrer ici dans le débat de savoir si, quand, et comment cette prestation a été réalisée, un peu, beaucoup, pas beaucoup... Le *deal* était bien réel, mais le problème, c'est que Michel n'a réclamé son dû, soit deux millions de francs suisses, que neuf ans plus tard, alors que les relations s'étaient tendues entre les deux hommes, sur fond de rivalité et de promesse non tenue au niveau de la présidence de la FIFA. Le Français semblait choisi pour succéder au Suisse, qui décida finalement de ne pas laisser la place tout de suite. Les éclats de cette ténébreuse affaire vont briser la carrière des deux hommes, la commission d'éthique de la FIFA les excluant de toute activité dans le football pour plusieurs années. Platini n'a retrouvé sa liberté d'action, après avoir été lavé de tout soupçon par la justice suisse, qu'en octobre 2019.

Qui a manipulé qui ? Qui a sorti cette pseudo-affaire au plus mauvais moment pour Platini ? Blatter sera soupçonné, une fois de plus, d'avoir tiré les ficelles, mais cette fois le décor du théâtre de marionnettes s'écroulera, et emportera les deux ex-meilleurs amis au fond du précipice.

Dans ce cas comme dans bien d'autres, pas de preuve irréfutable. Si Michel Platini n'est peut-être pas, comme on l'a présenté parfois, un bourreau de travail, au bureau de 8 heures à 20 heures tous les jours, il a bien tenu ce rôle de conseiller spécial, les sommes convenues entre les deux hommes étaient bien dues, je n'en doute pas, et le seul tort de Platini a été de les oublier pendant neuf ans et de les réclamer au mauvais moment.

Mais, plus important que tout à mes yeux, Michel a toujours œuvré dans l'intérêt du football. Joueur, il l'a magnifiquement servi et illustré. Sélectionneur un peu par hasard, il a signé le sans-faute d'un huit sur huit dans les qualifs de l'Euro 92, même si le tournoi final devait tourner à la confusion de ce technicien qui n'en était pas un, déjà démissionnaire dans sa tête. Et, dirigeant par goût de défendre des idées plus que par carriérisme, il a été un excellent président de l'UEFA, imaginatif, soucieux plus que personne de l'intérêt du jeu, et respecté de tous. Il a redonné leur fierté aux associations nationales de l'ombre, et principalement à celles issues de l'éclatement du bloc soviétique, qui contribueraient largement à son élection en 2007. Il a mis en place le fair-play financier qui a évité, au moins provisoirement, que la Ligue des champions ne devienne la chasse gardée des plus riches, sans avoir à justifier de l'origine de leurs fonds. Il aurait, à coup sûr, fait un bon président de la FIFA, toujours sur la brèche pour apporter des idées et défendre le jeu de football. Mais les événements en ont décidé autrement.

L'éblouissant petit Serge

Ah, j'allais enterrer cette année 1974, ses grandeurs et ses petitesses, sans vous avoir parlé d'un petit événement et d'un homme qui méritent pourtant qu'on leur accorde un moment d'attention. Il n'a pas 24 ans, son talent est si peu discutable que tout le monde voit en lui un nouveau Kopa, il brille de mille feux depuis cinq ans sous le maillot de l'Olympique lyonnais, et pourtant, Serge Chiesa va renoncer à l'équipe de France. Définitivement. Après douze sélections seulement.

Le joueur, je le répète, sort de l'ordinaire. Son aisance technique, sa faculté à éliminer l'adversaire, sa vision du jeu ont fait de lui le joyau de l'équipe de France juniors 1968, vice-championne d'Europe. Et pour ce gamin, né au Maroc et formé par Jules Sbroglia à l'AS Montferrand, l'avenir est radieux.

Je suis tombé sous le charme dès 1967 à la faveur d'un stage de détection juniors à l'INSEP, et je serai un inconditionnel de ce petit bonhomme pour l'éternité. C'est bien simple : quand on me demande quels sont les joueurs français qui m'ont le plus impressionné au niveau technique, sur le seul plan du jeu, je cite bien sûr Kopa, Platini et Zidane, mais j'ajoute aussitôt Chiesa. Tous ses partenaires vous le diront, jouer avec lui était un régal. Jouer contre lui était un supplice, avec contre-pieds, petits ponts et fausses pistes au programme. Et puisque je ne recule devant aucun superlatif le concernant, je reste persuadé qu'il aurait pu faire une carrière à la Léo Messi – même petit gabarit, même subtilité avec le ballon, même facilité dans les petits espaces –, si, car il y a un énorme si, il avait eu un mental et une ambition à la hauteur de son talent balle au pied. Seulement voilà, notre petit prodige aimait trop sa jeune épouse, son superbe chat et le coin de la cheminée à la maison pour supporter l'éloignement que lui imposaient l'équipe de France et ses stages. Il ne s'agit pas d'autre chose, le petit Serge ne voulait pas être séparé des siens trop longtemps, et il en a tiré la seule conséquence possible, logique et implacable à ses yeux : refuser la sélection. Il lui en coûtera deux matchs de suspension avec son club, et une amende de 5 000 francs.

Le printemps du football français

Le printemps du football français pointe enfin le bout de son nez après tant et tant d'années de vaches maigres. Il va se faire sentir, côté clubs, par Saint-Étienne qui enlève son huitième titre de champion de France et sa cinquième Coupe de France et va aussi s'illustrer sur la scène internationale, atteignant en 1976 la finale de la Coupe d'Europe. La célébrissime finale de Glasgow, avec ses poteaux carrés, la tête de Santini sur la barre et ses regrets éternels après la victoire du Bayern. Côté sélection nationale, après dix ans d'une absence désolante de toute phase finale d'une grande compétition (pas d'Euro 68, pas de Coupe du monde 70, pas d'Euro 72, pas de Coupe du monde 74, pas d'Euro 76), voici venir la génération Platini.

De conquête en conquête, les Verts gagnent le cœur de tous les Français, comme aucun club ne l'a fait depuis le grand Reims des années 1950. Les Stéphanois forçaient la sympathie, l'admiration même, avec une équipe où se côtoyaient dans une harmonie rare, des cadres comme le gardien yougoslave Ivan Ćurković, le défenseur argentin Oswaldo Piazza, Jean-Michel Larqué et Hervé Revelli, et de jeunes pépites dénichées par Pierre Garonnaire, telles que Rocheteau, Janvion, Bathenay, tout juste 20 ans, ou Merchadier, Repellini, Lopez, Santini, Sarramagna qui en avaient deux ou trois de plus. Alors que Lacuesta et Larios, tout juste 17 ans, étaient déjà intégrés au groupe pro.

Une équipe capable de perdre 1-4 à Split contre Hajduk et de s'imposer et de se qualifier 5-1 au retour dans le « Chaudron ». Une équipe qui aura droit, avec Monty, à un hymne encore fredonné aujourd'hui (« Qui c'est les plus forts, évidemment c'est les Verts ! On a un bon public et les meilleurs supporters ! ») et qui sur une idée du vibrionnant Jacques Vendroux, patron des sports de Radio France, trouvera même le moyen, après la finale perdue de Glasgow, de descendre les Champs-Élysées à bord de voitures particulières, avant d'être reçue à l'Élysée par le président Giscard d'Estaing

C'est le 27 mars de cette année 1976, marquée à tout jamais par l'épopée européenne des Verts, joliment retracée dans le très riche musée des Verts dont s'occupe à Geoffroy-Guichard, avec amour et compétence, Philippe Gastal, qu'on va assister à deux « baptêmes », dont on ne saura que huit ans plus tard qu'ils ont été fondateurs de la renaissance de l'équipe de France. Deux baptêmes, deux « premières » pour deux noms inoubliables et inoubliés, deux Michel : Hidalgo et Platini. Ce jour-là, au Parc des Princes, devant un peu moins de dix mille spectateurs, un match amical oppose la France à la Tchécoslovaquie. Michel Hidalgo étrenne sa nouvelle tenue de sélectionneur et Michel Platini, pas encore 21 ans, honore sa première sélection. 73e minute, coup franc bien placé pour la France, Henri Michel, 47 sélections au compteur, s'apprête à le tirer. Platini s'approche et lui dit avec beaucoup de conviction dans la voix : « Tu me la glisses et je marque ! » Un peu interloqué, le capitaine lui adresse une toute petite passe… et Platini lobe le mur pour battre le gardien Viktor.

Anecdotique, sans doute, mais révélateur d'une incroyable confiance en soi et d'un talent qui allait éclabousser le jeu des Tricolores pendant dix ans. Un talent qui s'accommoda parfaitement de la façon de travailler de Michel Hidalgo, les deux hommes partageant, pour l'essentiel, la même vision du football et le même goût pour un jeu d'attaque maîtrisé. De là à dire, comme l'ont prétendu certains, que c'est Michel Platini qui faisait les équipes alignées par Hidalgo, il y a un pas que je ne franchirai pas. Tout en considérant comme une évidence que les deux hommes échangeaient beaucoup, et que le sélectionneur n'aurait jamais fait des choix contraires aux « intérêts » de Platini. La remarque vaut d'ailleurs pour toutes les sélections nationales possédant en leurs rangs des éléments d'exception ou à fort tempérament, qu'il importe de mettre dans les meilleures conditions. C'est le rôle du sélectionneur de prendre en compte, un peu, beaucoup ou totalement, ce genre de considérations, et de faire les bons choix et les bons dosages. Sans avantages outranciers ou discutables pour la « star ». Sans mises à l'écart injustifiées.

Mundial et dictature

La mission numéro 1 du nouveau patron des Bleus est, bien sûr, de qualifier – enfin ! – notre équipe nationale pour la phase finale d'une grande compétition, et celle qui se profile à l'horizon, c'est la Coupe du monde 78 en Argentine. Dans un groupe éliminatoire à trois, avec la Bulgarie et la république d'Irlande, ce n'est pas mission impossible, mais dans le sombre tunnel où est engagée la sélection depuis dix ans, et avec cette bête noire qu'est pour nous la Bulgarie, ce n'est pas gagné non plus.

Tout va se jouer, une fois de plus, lors de la dernière et décisive rencontre, face aux Bulgares, le 16 novembre 1977 au Parc des Princes.

Il fait froid, il pleut, mais le Parc est incandescent, prêt à porter son équipe de France vers l'indispensable victoire. Toute autre issue qualifierait les Bulgares. Hidalgo n'a pas hésité. Puisqu'il faut gagner, il faut marquer. Puisqu'il faut marquer, il faut des joueurs à vocation offensive affirmée. Va donc pour Guillou, Platini, Lacombe, Rocheteau et Six au coup d'envoi. Bonne pioche. 3-1. Qualif.

La route de l'Argentine est ouverte, mais il va falloir aller dans un pays qui a connu deux ans auparavant un coup d'État qui a porté au pouvoir à Buenos Aires une junte militaire emmenée par Videla.

Avant même que les Français n'obtiennent leur qualification, un mouvement initié par Marek Halter, Jean-Paul Sartre et Louis Aragon voit le jour en France, qui demande ni plus ni moins de boycotter le Mundial argentin. Ils créeront avec des intellectuels néerlandais le COBA (Comité d'organisation du boycott de l'Argentine) dont le mot d'ordre sera : « Pas de football entre les camps de concentration ». Le journal communiste français *L'Humanité* est, on le devine, de ce bord-là. Je suis invité à déjeuner début 1978 par Jean-Claude Grivot, qui forme, avec Roland Passevant, un tandem de qualité à la rédaction sportive de *L'Huma.* Il veut aborder le sujet avec moi.

Pour allergique que je sois à toute forme de dictature ou de violence, je n'ai pas, à mon niveau de responsabilité, à prendre des positions politico-sportives tranchées. Je peux donc assurer simplement à l'ami Grivot, au-delà des éventuels éditos à venir de la direction ou de la rédaction en chef du journal, que je veillerai, en ma qualité de chef de la rubrique football, à ce que ne soient pas passés sous silence les communiqués et prises de position des opposants, ceux du monde sportif surtout, à la junte et à la tenue de la Coupe du monde en Argentine.

Cette dictature militaire qui, de mars 1976 à octobre 1983, fera trente mille morts ou disparus, était symbolisée, notamment, par un lieu de détention et de torture, l'École supérieure de la mécanique et de la marine, située à moins d'un kilomètre de l'Estadio Monumental, le stade de River Plate où seront disputés plusieurs matchs du premier tour. On comprend donc que la question ait suscité débats et réunions dans nombre de pays où l'émotion était vive. Je repense aux images des « mères de la place de Mai » qui, dès l'été 1976, allaient défiler chaque jeudi devant le siège du gouvernement, demandant, en vain, portraits en mains, des nouvelles de leurs enfants disparus.

Les Néerlandais, sportifs et simples citoyens, seront parmi les premiers et les plus virulents à dénoncer la junte militaire et, à l'issue de la finale qu'ils perdront, les joueurs rentreront aussitôt aux vestiaires pour ne pas avoir à serrer la main de Videla à la tribune officielle. Johann Cruijff n'était pas du voyage, mais contrairement à ce qui a été dit à l'époque, ce n'était pas pour marquer son opposition à la dictature qu'il avait refusé de se rendre en Argentine avec l'équipe des

Pays-Bas. Il expliquera, bien plus tard, que lui et sa famille avaient été kidnappés et séquestrés durant quelques heures en décembre 1977, pour des motifs purement crapuleux, et qu'il ne souhaitait pas quitter les siens pour plusieurs semaines six mois après cet épisode traumatisant.

Pour l'équipe de France non plus ce mondial 78 n'est pas neutre au plan politique et sportif. À quelques jours du départ pour Buenos Aires via Dakar et Rio – en Concorde s'il vous plaît ! –, Hidalgo et son épouse, à quelques kilomètres de leur domicile de Saint-Savin-de-Blaye, sont braqués et retenus pendant quelques heures par des individus voulant protester contre la participation des Français à la Coupe du monde. Plus de peur que de mal. Le jour du départ, à Roissy, Fernand Sastre, le président de la Fédération, Hidalgo et Rocheteau sont abordés par des familles sans nouvelles de leurs proches, en Argentine, depuis des mois. À son arrivée à Buenos Aires, Sastre contactera l'ambassadeur de France et lui remettra la liste des noms fournis par les familles à Roissy. Il sera reçu, lui et Rocheteau, par un représentant du ministère des Affaires étrangères argentin. Des belles paroles, des airs entendus, des promesses, qui ne déboucheront sur rien de concret. Le matin de France-Argentine, Dominique Rocheteau fait savoir qu'il a l'intention de porter un brassard noir pendant le match. De bons, ou mauvais, conseilleurs l'en dissuaderont… Bernard Lacombe m'avouera honnêtement que, pour sa part, malgré la situation politique du pays, il n'y avait pas ressenti une atmosphère particulièrement lourde. Max Bossis admettra quant à lui avoir été sollicité par différentes associations mais n'avoir pas donné suite : « C'était sans doute égoïste, mais je ne me sentais pas vraiment concerné et j'avais l'esprit cent pour cent tourné vers le Mundial. »

Les *papelitos* du monumental

Avant même son match inaugural contre l'Italie à Mar del Plata, l'équipe de France, dans sa résidence du Hindú

Club, partagée avec les Italiens, va être secouée par ce que l'on a appelé « l'affaire des chaussures ». Nos internationaux estiment notoirement insuffisante la prime de 5 000 francs qui leur est allouée pour porter des chaussures Adidas, et devant le refus du représentant de l'équipementier, l'ancien gardien international François Remetter, de la revaloriser, ils entreprennent de passer au cirage noir les fameuses bandes blanches. Une mini-tempête dans un verre d'eau, même si elle fait grand bruit en France. Cette pseudo-crise ne suffit certainement pas à expliquer le match perdu contre les Transalpins, encore moins la défaite concédée ensuite (1-2) aux Argentins dans l'Estadio Monumental. Bernard Lacombe se souvient très bien de son entrée sur la pelouse : « On accédait au terrain par un escalier fermé par une trappe, un peu comme au vieux stade Vélodrome de Marseille. On attendait sagement derrière l'arbitre que la trappe s'ouvre, mais les cris et les chants des cent mille Argentins massés dans les tribunes nous parvenaient, un peu assourdis mais impressionnants. Et puis la trappe a commencé à rouler sur ses rails, la lumière nous a éblouis, et on s'est trouvés projetés sur le terrain, un peu comme le taureau qui sort du noir du toril et déboule en pleine lumière dans l'arène. Des papelitos bleu et blanc voletaient de partout, on ne pouvait même pas se parler tellement il y avait de bruit, avec ces "*¡ Vamos Argentina !*" qui descendaient en rafale des gradins. Je n'avais encore jamais connu une ambiance comme ça ! »

Les Bleus en vert et blanc

Le troisième et dernier match, sans enjeu, contre la Hongrie à Mar del Plata (victoire 3-1 pour l'honneur) aurait été vite oublié s'il n'avait été marqué par un incident assez invraisemblable. Pour tous les matchs, la couleur des maillots, des shorts et des chaussettes de chaque équipe, gardien compris, est déterminée longtemps à l'avance, de façon à éviter toute confusion, pour l'arbitre sur le terrain ou pour le téléspectateur devant son écran. Cependant, pour ce Hongrie-France, et pour un motif dont je n'ai pas souvenance, il y avait eu un changement, et le staff français avait été averti que les Français ne pourraient pas jouer en blanc comme prévu, mais devraient porter leur classique maillot bleu.

Le préposé au suivi administratif au sein du staff n'était autre qu'un haut dirigeant fédéral, Henri Patrelle, assureur à Saint-Germain-en-Laye dans le civil. Il avait tout simplement oublié la circulaire rectificative. Il assumera d'ailleurs courageusement la totale responsabilité de l'incident qui entraînera un décalage du coup d'envoi de quarante minutes. Quarante minutes où il ne se passa rien devant les caméras, de « blanc » à l'antenne, quarante minutes de bla-bla pour Michel Drucker, qui avouera avoir connu là, l'un des moments les plus délicats de sa longue carrière.

Incrédule, je suivais tout cela sur mon écran de télé, au journal, entouré de mes habituels pigistes, Hauguet, Miramont et les autres, puisque cela faisait partie du *deal* que m'avait proposé Seidler en 1976 : « Je te nomme rédacteur en chef adjoint, tu prends la responsabilité de la rubrique football, mais, c'est clair, tu n'iras pas à la Coupe du monde en Argentine. Le travail à Paris est au moins aussi important, et tu seras à la manœuvre ici ! »

Le cœur gros mais lucide et réaliste, j'avais accepté la proposition et voilà pourquoi je suivais cette Coupe du monde depuis le 10, Faubourg-Montmartre, me demandant quand allait débuter ce France-Hongrie. Puis, n'en croyant pas mes yeux, je vis déboucher du tunnel nos Bleus… dans un maillot « incroyable » avec des rayures verticales vertes et blanches ! La raison à cela ? Dès qu'il avait été établi que les deux équipes allaient se retrouver avec le même maillot blanc et qu'il n'y avait pas de maillot de substitution dans les cantines – à moins de jouer avec le deuxième maillot des Hongrois, ce qui était exclu –, deux motards étaient partis en ville avec la mission de dénicher n'importe quel maillot pourvu qu'il ne fût pas blanc. Ils avaient trouvé leur bonheur au siège d'un petit club de pêcheurs de la banlieue de Mar del Plata, le FC Kimberley, dont le maillot était vert et blanc, ce fameux maillot porté par les Français pour ce match de Coupe du monde, et qui passerait à la postérité…

La génération Platini met le turbo

S'il est un signe bien tangible de la santé d'une sélection nationale, c'est son aptitude – ou pas – à se qualifier tous les deux ans pour la phase finale de la grande compétition à venir, un coup l'Euro, un coup la Coupe du monde. Ainsi, à partir de 1995, la France ne manquera aucune qualification, justifiant son bon classement FIFA, presque toujours dans le top 10 mondial, parfois même première, sauf coup de mou passager.

Nos qualifications ne furent pas toujours acquises haut la main, loin de là. Nous avons participé assez régulièrement à l'angoissant quitte ou double appelé « barrage », mais, enfin, nous sommes toujours passés depuis vingt-cinq ans. Mais, à la fin des années 1970, ce n'est pas encore le cas et on échoue à se qualifier pour l'Euro 80 en Italie. D'un rien, d'un tout petit point, mais on n'y est pas. Impasse sur l'Euro 80, soit, mais pas question de se manquer pour la Coupe du monde 82 en Espagne. Ou alors, ça voudrait dire que notre petit tour de piste en Argentine n'aura été qu'un leurre, et que la route est encore longue avant que l'on puisse prétendre être une nation qui compte sur l'échiquier international et, *a fortiori*, viser un titre. Notre compteur est toujours à zéro, alors que celui du Brésil affiche déjà trois victoires en Coupe du monde, celui de l'Uruguay deux, celui de l'Allemagne deux mondiaux gagnés et deux Euros, et celui de l'Italie deux Coupes du monde et un Euro.

Les Bleus vont encore nous emmener au bout du suspense et nous offrir un dernier match à quitte ou double. Après le France-Bulgarie de l'automne 77, voici que s'annonce un France-Pays-Bas millésimé 81. La situation est très tendue avant ce rendez-vous capital de novembre. Des déclarations malvenues de Platini et de quelques seconds couteaux ainsi qu'une opinion publique étrangement pessimiste ont créé une sale atmosphère, qui ne plaît pas du tout au sélectionneur et à ses joueurs. Alors, ces messieurs ne vont rien trouver de mieux que d'avoir recours à un stratagème aussi vieux que le journalisme et qui a encore ses adeptes dans les moments chauds : on boucle tout et on ne parle plus à la presse. « Vous ne nous aimez pas ? On ne vous aime pas non plus ! On n'a rien à vous dire… »

Ce black-out, à quarante-huit heures d'un match décisif, est une grande première dans les relations sélection nationale-médias. Après le 2-0 sur les Pays-Bas, l'ami Ernault ne se privera pas d'ironiser sur ce drôle d'avant-match, avançant même que si les Bleus ont gagné, c'est peut-être aussi parce que les médias ne les avaient pas ménagés. Dans *L'Équipe*, on pourra d'ailleurs lire : « À l'audace et à la cervelle, les Bleus ont aussi ajouté le gros moral qui leur était venu de la grosse volée de bois vert ramassée ces temps derniers de toutes parts. » Le journal ose même un conseil : « Plutôt que de recommencer à jouer au chat et à la souris [avec les journalistes], ils devront dire merci à leurs détracteurs de passage. »

La ficelle est un peu grosse et me reviendra en mémoire en 1998, lorsque d'autres plumes du même journal, empêtrées dans les effets calamiteux de la campagne anti-Jacquet, n'hésiteront pas à avancer que si, finalement, l'équipe de France a été Championne du monde, c'est peut-être un peu grâce à eux et à leurs critiques !

« Bravo et merci ! »

Je ne suis pas au Parc ce soir de qualification contre les Pays-Bas. Comme mes fonctions de responsable de la rubrique football m'y obligent, je suis resté Faubourg-Montmartre à la tête d'une escouade de sept ou huit pigistes qui vont relire les papiers des journalistes envoyés sur l'événement, les titrer avant de les envoyer à l'atelier. Il me revient de superviser l'ensemble, de légender les photos retenues, de faire un petit édito et, le plus important, de trouver le titre qui, le lendemain, barrera la une sur huit colonnes.

Exercice toujours délicat, car il faut trouver les mots justes et forts. Traduire le ressenti général, susciter l'intérêt, l'envie d'acheter le journal. Et tout cela en une ou deux minutes, car le bouclage d'un quotidien est toujours, aujourd'hui encore, une course contre la montre. À l'époque, il ne fallait pas rater le départ des trains pour la province. Pierre Skawinski, bras droit de Jacques Goddet à la direction de *L'Équipe*, disait, non sans une certaine ironie : « Un bon journal est celui qui ne reste pas sur le quai de la gare. »

En suivant du coin de l'œil devant mon écran de télé les festivités du Parc, je cherche donc mon titre de une.

« Enfin ! » ? Trop court.

Après deux ou trois tentatives non concluantes, deux mots, tout bêtes, tout simples, me viennent à l'esprit, dans lesquels je crois faire passer tout ce que je ressens, tout ce qu'une majorité de lecteurs doit ressentir : « BRAVO ET MERCI ! »

Bravo, parce que... parce que... ils l'ont fait, tout simplement ! Mission accomplie. Et merci parce que... parce que... on a envie de le dire à ceux qui l'ont fait. C'est donc mon « Bravo et merci ! » qui s'étalera le 18 novembre 1981 à la une de *L'Équipe*, mais il ne me vaudra pas que des félicitations. À la traditionnelle conférence de rédaction de midi, dans le bureau d'Édouard Seidler, l'accueil sera bon, chaleureux même. Mais au sein même de la rubrique football, les appréciations sont plus nuancées entre ceux qui estiment que « ça résume bien la situation » et le camp de ceux, emmenés par Gérard Ernault, qui me succèdera lorsque je partirai à la Fédération, qui pensent qu'un journaliste n'a pas à dire « bravo » et encore moins « merci ».

Je suis déstabilisé un moment par ces réserves, pour amicales qu'elles soient, mais plus encore par les questions de fond qu'elles soulèvent. Un journaliste n'aurait vraiment pas le droit de dire « merci » à ceux qu'il juge et condamne parfois à longueur d'année ? Avec le recul, je persiste et signe. Bravo et merci à vous, vaillants acteurs de cette belle soirée du 18 novembre 1981.

Double jeu

Ce France-Pays-Bas devait aussi donner lieu à d'autres exercices journalistiques plus particuliers. L'un d'eux n'avait rien de trop extravagant et concernait Déro, le talentueux dessinateur qui, pendant près de quarante ans, illustra l'actualité sportive dans le journal. Comme, pour des raisons de création et de fabrication, un dessin ne s'improvise pas en dix minutes, Déro, dans l'après-midi précédant le match, avait réalisé et laissé à la rédaction deux dessins. Le premier, pour illustrer une victoire et qui passa donc dans l'édition du 19 novembre. Et un second, à utiliser en cas de défaite et d'élimination, où l'on voyait Hidalgo se casser la figure en glissant sur un tapis d'oranges. Le lendemain, j'ai récupéré discrètement ce second dessin, nul et non avenu, qui figure toujours dans mes petites archives personnelles.

L'autre péripétie est plus étrange, plus discutable aussi, et ne manqua d'ailleurs pas d'être au cœur de nombreux débats, parfois sévères, dans notre milieu. À l'époque, paraissait, le vendredi, une version week-end du *France Football* du mardi, sous le titre *Foot 2.* Avant le France-Pays-Bas, étonnement général : on y découvrit deux éditos de Jacques Ferran ! Un pour justifier une éventuelle victoire, l'autre pour justifier une éventuelle défaite ! Avec le talent qu'on lui connaissait, et à l'aide d'arguments aussi irréfutables les uns que les autres, le grand Jacques, presque diabolique, nous expliquait, dans la première version, pourquoi et comment cette qualification était tout à fait méritée. Dans la seconde, il démontrait pourquoi une élimination nous pendait au nez, aussi sûr qu'un et un font deux. À la fin de chacune des deux lectures, on arrivait à la même conclusion : bon sang, mais c'est bien sûr, il ne pouvait pas en être autrement...

Cet exercice, qui tient du funambulisme mais surtout au talent de l'auteur, on ne le dira jamais assez, fut salué par les uns, mais critiqué par les autres, effondrés qu'un journaliste de ce rang se laisse aller à une telle palinodie. Quelle crédibilité, plaidaient-ils, accorder aux journalistes s'ils peuvent argumenter sérieusement sur tout et son contraire ?

C'est démontrer par A + B qu'il n'y a pas de vérité, et que tout ce qu'on peut écrire n'est… que de la littérature. Bon sujet en tout cas à proposer aux étudiants en journalisme. Et Jacques Ferran, m'a confié un proche, aurait même convenu, sur ses vieux jours, qu'il n'avait pas forcément eu, ce jour-là, l'idée du siècle…

Un cheikh sur le terrain

Au coup d'envoi de la Coupe du monde 82, je sais déjà, et je l'ai annoncé au journal, que je ne ferai plus partie de la grande maison du Faubourg-Montmartre fin décembre. Le président de la FFF, Fernand Sastre, m'avait approché, quelques mois plus tôt, par l'intermédiaire de Jacques Ferran pour me proposer un quadruple challenge : occuper les fonctions de chef de presse de l'Euro 84 organisé par la France, monter un service de presse à la Fédération, rénover le vieil hebdo fédéral, *France Football* officiel, et intégrer le staff de l'équipe de France après la Coupe du monde 82. D'emblée, j'avais été séduit par la proposition, d'autant que je pressentais avoir fait à peu près le tour des plaisirs du journalisme, et que ma situation de jeune papa me poussait à rechercher une forme d'activité d'une autre nature. Les négociations avec Fernand Sastre et le trésorier de la FFF, Georges Favre, n'avaient été ni longues ni difficiles. Juste le temps d'additionner mon salaire à *L'Équipe*, mes revenus de pigiste à *France Football* et à *Football magazine*, de prendre en compte, quand même, mes seize ans d'ancienneté, de m'assurer que je pourrais conserver ma carte de journaliste professionnel numéro 24 156 au titre de *France Football* officiel, et c'était réglé.

Sur le départ donc, et comme une Coupe du monde en Espagne est quand même moins lourde à gérer depuis Paris qu'une Coupe du monde en Argentine avec son décalage horaire, j'avais négocié avec le directeur de la rédaction que j'assurerais le boulot à Paris pour le premier tour, et que j'irais suivre le second en Espagne, Didier

Braun faisant le voyage en sens inverse pour prendre la relève au journal.

La chaleur est étouffante dans la « cathédrale » de San Mamés, à Bilbao lorsque, le 16 juin, la France attaque sa Coupe du monde contre l'Angleterre. Au point que Battiston perdra cinq kilos pendant le match et s'offrira même un semblant de syncope au retour au camp de base. Une entame guère plus brillante que quatre ans auparavant en Argentine contre l'Italie. Premier match, première défaite, ce qui n'est jamais de très bon augure dans un tournoi final où le tempo est souvent donné par le match initial.

Mais c'est au deuxième « round », à Valladolid, qu'on va vivre un gag énorme avec l'entrée en jeu, non pas d'un remplaçant, mais du cheikh Fahad Al-Ahmed Al-Jaber Al Sabah, frère de l'émir du Koweït, par ailleurs membre du CIO et président de la Fédération koweïtienne de football. Que diable vient faire sur le terrain cette éminente personnalité du Golfe, qui a quitté en toute hâte la tribune officielle pour s'inviter dans la partie ?

Il se passe tout simplement ceci : à la 80e, Alain Giresse, sur une ouverture de Platini, marque ce qu'il croit être le but du 4-1 pour la France. Mais ledit but provoque la stupeur et la révolte des joueurs koweïtiens qui disent s'être arrêtés de jouer parce que l'arbitre a sifflé. Lequel arbitre, le Soviétique Stupar, affirme que jamais, au grand jamais, il n'a donné le moindre coup de sifflet sur cette action. En vertu de quoi, il valide le but. Les Koweïtiens persistent et signent : ils ont arrêté de jouer parce qu'il y a eu un coup de sifflet et ils ne reprendront pas le match tant que le but de Giresse n'aura pas été annulé.

C'est là qu'intervient le frère de l'émir du Koweït, entré sur le terrain sans que la Guardia Civil oppose la moindre résistance, impressionnée sans doute par la djellaba de gala dont est vêtu le dignitaire koweïtien. Sans hésitation aucune, il s'avance vers l'arbitre et lui assure que si le but n'est pas annulé, ses joueurs rentreront au vestiaire. Le pauvre arbitre qui n'a jamais vécu ni même imaginé une scène de cette nature fait semblant d'aller consulter son juge de touche et finit par annuler le but, pour sortir de cet imbroglio.

L'assistance vidéo à l'arbitrage n'existait pas encore, mais on venait d'assister au premier arbitrage politico-diplomatique de l'histoire de la Coupe du monde. Sous les yeux d'un délégué FIFA qui ne sait visiblement plus où il en est, Michel Hidalgo, dans son immuable tenue, short bleu pâle, polo rayé, tente à son tour d'approcher l'arbitre pour lui dire qu'on nage en plein délire, mais il en est empêché, lui, par les mêmes militaires qui s'étaient mis au garde-à-vous devant le frère de l'émir. Je ne me souviens pas d'avoir vu Michel Hidalgo aussi furieux au bord d'une pelouse…

Cet intermède, plus loufoque que grave, passera vite par pertes et profits au regard de la victoire finale sur le Koweït et du parcours à venir de l'équipe de France. Mais on retiendra quand même, entre l'épisode du maillot rayé vert et blanc de Mar del Plata en 1978, et le coup du cheikh sur le terrain en 1982, que nos Bleus ont été, bien malgré eux, au cœur de deux des bizarreries les plus notables de l'histoire de la Coupe du monde depuis 1930 !

Reste que rien n'est acquis après ce deuxième match et qu'un nul est impératif contre les Tchécoslovaques si l'on veut passer au second tour. On va surtout passer tout près de l'élimination puisque, dans la dernière minute de jeu, Manu Amoros dégagera de la tête sur notre ligne de but un ballon qui prenait le chemin de la cage de Jean-Luc Ettori.

Les Bleus ont donc validé leur billet pour la deuxième phase de poules. On n'en est pas encore à la formule actuelle, avec huitièmes, quarts et demies, inaugurée en 1986. Je les retrouve, nos Bleus, le 28 juin à Madrid au stade Vicente-Calderón pour France-Autriche, le premier de nos deux matchs de l'acte II, où l'on devra aussi se mesurer à l'Irlande du Nord. La victoire amplement méritée, vu l'énorme domination et la qualité du jeu des Français, se dessinera sur un coup franc de Genghini à la 39e minute pour une faute sur Rocheteau.

« Bonjour mon vieux, c'est Jacques Goddet »

C'est après ce match convaincant et abouti des joueurs français pourtant privés de Platini que je vivrai un épisode marquant de ma vie de journaliste. Je finis de dicter mon papier aux sténos lorsqu'on me fait savoir que Jacques Goddet veut me parler. C'est très rare que le patron de *L'Équipe* intervienne ainsi, à chaud, au cœur des événements. Il préfère généralement, dans le calme de la rédaction, glisser dans votre case (chaque rédacteur a sa petite boîte aux lettres) un laconique « Me voir », qui n'augure généralement rien de très agréable pour le destinataire du message. La dernière fois que j'avais eu droit à un « Me voir », cela avait été pour me faire remonter les bretelles suite à un petit billet d'humeur que j'avais commis pour dire que je n'avais pas goûté l'ambiance de foire vécue un soir de match à Marcel-Saupin, le vieux stade du FC Nantes : « Vous comprenez, mon vieux [Jacques Goddet était fâché avec les noms et donnait, pour plus de sureté, du "mon vieux" à tout le monde], Nantes est largement sponsorisé par Jean-Luc Lagardère qui est un ami personnel et, à travers les publicités de ses marques, un très bon client du journal. Donc, c'est ennuyeux… Dites ce que vous avez à dire bien sûr mais ne vous acharnez pas pour des détails, ou dites-le avec les formes… Lagardère, mon vieux, c'est important ! »

Une bonne heure après la fin de France-Autriche, donc, je suis toujours à Calderón lorsqu'on me passe « monsieur Goddet ». Pas envisageable pour moi de l'appeler autrement. « Bonjour, mon vieux. Vous avez vu ce match de la France, hein, formidable ! C'est l'équipe de France qu'on aime, qu'on voudrait voir jouer comme ça tous les jours. Alors, le sujet à traiter, dès demain, c'est : "Platini est-il indispensable à l'équipe de France ?" » Stupeur de ma part, et long silence sur la ligne. Alors, Jacques Goddet en remet une couche : « Oui, mon vieux, après ce match je ne suis pas le seul à me poser la question : ne joue-t-on pas mieux sans Platini qu'avec Platini ? Je compte sur vous… » Le temps de me demander si je ne rêve pas, et de ne pas lui dire que sa sortie me rappelle celle du sélectionneur des années 1960, Georges Verriest, qui avait écarté Kopa de l'équipe de France au prétexte « qu'il ne rentrait pas dans le système », et j'essaie, en restant poli et mesuré, de contre-attaquer : « Euh... Monsieur Goddet, c'est un débat qui me semble surréaliste et surtout non fondé. Dans aucune sélection au monde il ne viendrait à l'idée de quiconque de mettre en cause la participation d'un joueur du talent de Platini. C'est comme si, à une autre époque, on s'était demandé si c'était bien utile de titulariser un Di Stéfano ou un Pelé. » Vive réaction à l'autre bout du fil : « Je ne dis pas que Platini ne doit plus jouer ! Je veux simplement que l'on compare, objectivement et sans complaisance, le comportement de l'équipe de France avec et sans Platini ! » L'échange se durcit à peine :

« Comparer, oui, mais sur quels critères ? Dans quelle composition d'équipe ? Tout cela va être forcément très subjectif.

– Ça, mon vieux c'est votre boulot !

– Écoutez, Monsieur Goddet, je vais être franc et direct. Ne comptez pas sur moi pour ouvrir un tel débat qui, je vous le dis sans détour, me semble déplacé et ne nous vaudra que moqueries et sarcasmes.

– Bon, bon, on en reparlera... Au revoir, mon vieux. »

Mon départ de *L'Équipe*, déjà programmé pour le mois de décembre, m'avait-il donné des ailes pour tenir tête ainsi au patron ? Avec le recul du temps, je persiste à penser que la suggestion de Jacques Goddet n'était pas, journalistiquement, recevable. Établir des comparaisons n'est jamais inutile, évaluer les forces et les faiblesses de telle ou telle équipe hypothétique peut être intéressant, mais il y a des limites. Imaginer, même pour le plaisir de l'esprit, exclure Platini du jeu, lui qui l'incarnait si joliment, je ne pouvais m'y résoudre. Je n'étais pas seul à tenir ce raisonnement de bon sens, puisque j'apprendrais, bien plus tard, que faute d'avoir fait affaire avec moi, Jacques Goddet avait ensuite tenté sa chance auprès de Gérard Ernault et de Jean-Philippe Réthacker. Sans plus de succès.

Pour le dernier match du deuxième tour, un nul là encore suffit aux Français contre l'Irlande du Nord pour se qualifier. Mais on sera très loin de connaître les frayeurs vécues jusqu'à la dernière minute de France-Tchécoslovaquie. C'est un 4-1 net et sans appel que signent les Tricolores, doublés de Rocheteau et de Giresse, ce dernier avec son 1,63 m s'offrant même le luxe de marquer son deuxième but de la tête, ce qui peut interroger sur le niveau de vigilance des défenseurs nord-irlandais réputés athlétiques et imprenables dans le jeu aérien !

Les larmes de Séville

Notre équipe de France, avec ou sans Platini, a survolé ce deuxième tour et impressionné favorablement nombre d'observateurs par la maîtrise technique de son carré magique Tigana-Genghini-Giresse-Platini. Cela ne suffit pas à faire d'elle la grande favorite de la demi-finale qui s'annonce contre l'Allemagne à Séville, mais au moins lui accorde-t-on des chances sérieuses de faire meilleure figure qu'à l'accoutumée, devant un rival qui ne nous a jamais réussi.

On a tout faux. Mieux que de résister, mieux que de faire jeu égal, l'équipe alignée ce 8 juillet 1982 sur la pelouse du stade Ramón-Sánchez-Pizjuán va se montrer brillante, héroïque, magnifique. Elle va malmener l'ogre allemand et, si elle finit par s'incliner dans les circonstances hallucinantes que l'on va évoquer, ce n'est pas sans nous offrir un match de légende, un match pour l'histoire.

Tenter de raconter ce France-Allemagne de Séville 82, c'est presque s'attaquer à l'indescriptible, c'est avoir la prétention, en quelques phrases, de traduire tous les sentiments exacerbés et contradictoires par lesquels peut vous faire passer un simple match de foot. Avec ses renversements de situation, ses espoirs les plus fous mais aussi ses angoisses les plus prégnantes, toute la gamme de ces émotions qui vous assaillent et vous submergent dans une sinusoïde infernale.

Jamais, dans une tribune de presse, je n'avais été – et je n'étais pas le seul – aussi excité, aussi pris par un match, aussi près de troquer ma casquette de journaliste pour celle de supporter.

On en est à 1-1 (penalty de Platini, contre-but de Littbarski), et tout semble possible quand deux événements vont infléchir le cours du match. D'abord la sortie de Genghini à la 50e, et surtout, à la 58e, cette intervention froide, délibérée, cynique, du gardien allemand Harald Schumacher devant Battiston. Le latéral français, lancé par Platini se présente seul à l'entrée de la surface de réparation allemande et, juste avant le face-à-face final et fatal avec le gardien allemand, tente le tir, qui passera à côté. Les choses auraient pu, auraient dû en rester là, mais le sinistre Harald Schumacher ne va pas ralentir sa course et il vient télescoper brutalement, avec une violence inouïe, notre Battiste qui s'écroule, K.-O. pour le compte.

De notre place, on voit distinctement l'agression mais on n'en mesure encore ni l'intensité ni les conséquences. Les premiers joueurs français arrivés sur le lieu du télescopage font, très vite, en direction du banc de touche français, de grands signes non équivoques. C'est grave. Max Bossis n'a rien oublié de ces moments : « Franchement on a tous eu peur, très peur en découvrant Patrick inanimé, les yeux révulsés, agité de tremblements. Et Schumacher, qui restait là à deux mètres, indifférent, à mâchonner son chewing-gum en regardant ailleurs, sans même se préoccuper de l'état de santé de sa victime ! »

Pas de penalty, même pas un coup franc, encore moins de carton. Au comble du cynisme et de la provocation, Schumacher, à qui on fera remarquer en zone mixte que Battiston a perdu trois dents dans l'affaire, répondra, désinvolte : « Bon, s'il le faut je lui paierai les couronnes. »

Secoués mais surtout pas résignés, les joueurs français tiendront le 1-1 jusqu'à la fin du temps réglementaire, s'offrant même une balle de match – donc de qualification pour la finale de Madrid – à la 90e, mais le tir d'Amoros s'écrase sur la barre transversale du but allemand.

Commence alors une prolongation de folie. Trésor, 2-1 à la 93e. Giresse, 3-1 à la 99e. Tout le monde y croit, tout le monde s'y voit, en finale à Madrid. Deux buts d'avance et une finale de Coupe du monde à l'horizon des vingt minutes à venir, ça se gère. Sauf pour l'équipe de France, ce soir-là, sans doute plus ébranlée par le K.-O. de Battiston qu'on ne l'a imaginé, et qui n'a pas encore la culture de la gagne et de la maîtrise tactique que leurs successeurs rapporteront, à la fin du siècle, de leur séjour dans les plus grands clubs étrangers.

Rummenigge puis Fischer ramènent l'Allemagne à la hauteur de la France et nous voici à 4-4 à l'issue de la première série des tirs au but, Stielike puis Six ayant raté. Il faut attaquer une deuxième série, mais, cette fois à tentatives égales, le premier échec sera fatal. Hrubesch assure le 5-4, et c'est au tour de Bossis de s'avancer vers le point des 11 mètres.

« Je ne voulais pas tirer ! m'assurera le grand Max. Mon nom ne figurait pas dans la liste des cinq premiers tireurs remise par Michel Hidalgo à l'arbitre. Mais au terme de la première série tout le monde se défile, personne ne veut y aller, Tigana tourne le dos, Lopez regarde ailleurs. Alors, en bon soldat, je prends mes responsabilités, je place soigneusement mon ballon, mais je veux trop assurer… Et voilà… Mais on n'aurait jamais dû en arriver là. À 3-1 dans la prolongation, on doit mieux gérer. Et d'abord, on aurait dû être depuis un moment à onze contre dix, car la faute de Schumacher sur Battiston, c'est carton rouge tous les jours ! »

Dans le vestiaire français dévasté, les joueurs effondrés, prostrés, laissent aller leurs larmes. De longues minutes. Michel Hidalgo qui sait dire les choses si joliment, qui a toujours les mots justes pour mettre de l'humain dans les réalités du terrain, essaiera bien de briser ce silence assourdissant : « Vous devez sortir d'ici la tête haute… Ce que vous avez fait ce soir restera à jamais gravé dans le cœur et dans la mémoire des Français… » Mais son discours tombe à plat : « On ne l'entendait même pas, sourit aujourd'hui Maxime Bossis. Avoir approché le Graal de si près, avoir presque touché du bout des doigts notre rêve fou d'une première finale de Coupe du monde, et voir tout cela s'écrouler, prendre cette énorme claque en pleine figure, c'en est trop. Avec le recul, on réalise bien qu'on a fait un super match, qu'on a vécu un de ces moments de football comme il y en a peu dans une carrière, mais là, à chaud, encore sonnés, ça ne passait pas. » Stielike pointera le bout de son nez pour un échange de maillots, mais il ne fera pas de vieux os dans le vestiaire français, expulsé *manu militari* par le grand Marius !

Michel Platini n'a rien oublié de ces moments uniques. Vingt ans après, en visite au Parlement européen pour y défendre, en sa qualité de président de l'UEFA, le principe du fair-play financier, il croise Daniel Cohn-Bendit, passionné de football, comme lui. Le numéro 10 des Bleus de Séville lui avoue : « Ce match de Séville nous a beaucoup choqués ; il a laissé chez nous une cicatrice définitive, même si la victoire à l'Euro 84 a un peu rattrapé le coup. » Avant de conclure, lucide et beau joueur : « Quand on joue au foot, c'est pour connaître ces moments-là, même si cela ne se termine pas toujours comme on en a envie... ».

L'Équipe titrera le lendemain « Fabuleux ! » Un joli titre passe-partout, opportunément trouvé à Paris par le directeur de la rédaction Édouard Seidler, à une heure où le match de Séville n'avait pas encore livré son verdict, mais où il fallait impérativement, pour des raisons de bouclage fournir un titre à l'atelier. France vainqueur ou France vaincue, ce « Fabuleux ! » convenait dans tous les cas de figure et, de plus, il disait bien tout ce que cette partie appelée à passer à la postérité nous avait offert d'incroyables émotions.

De l'autre côté de la barrière

Comme je l'ai évoqué, c'est à ce moment-là, en janvier 1983, que je quittai le journalisme classique pour prendre la responsabilité du service de presse de la Fédération française de football (FFF) et en intégrant le staff de l'équipe de France, chargé des relations avec les médias. Je restais dans mon univers, celui du football et des médias mais, selon l'image qu'il m'arriverait d'employer quelquefois, après la face nord du foot, j'attaquais la face sud… Pas avec les mêmes angles d'appréciation, ni les mêmes perspectives, ni les mêmes objectifs. Dans ma fonction de chef de presse de l'équipe de France, notamment, j'allais devoir travailler avec et pour ceux qui étaient des collègues, des amis parfois il y a encore quelques semaines, mais qui, désormais, devenaient des interlocuteurs dont j'allais devoir, à la fois faciliter le travail, mais aussi, d'une certaine façon le contraindre et le cadrer. À la débrouille au jour le jour, bon enfant et à peu près raisonnable, méthode qui avait été de mise jusque-là entre la sélection et les journalistes, j'allais devoir substituer, à la demande de Michel Hidalgo, et comme cela se pratiquait déjà depuis longtemps dans les grandes fédérations étrangères, un cadre de travail et de rendez-vous plus élaboré, qui laisserait moins de place aux improvisations. Dans l'intérêt des deux parties.

Il y a en effet bien deux parties, deux camps, dans cette histoire. En schématisant : d'un côté des journalistes qui, par facilité et au nom de beaux principes comme la liberté de la presse ou le droit du public à l'information, voudraient bien, dans l'idéal, avoir accès aux joueurs et au sélectionneur quand ils veulent et où ils veulent. De l'autre, un groupe qui a des matchs à préparer, qui doit respecter des plages de travail, de soins et de repos indispensables, et qui ne peut donc « recevoir » la presse hors d'un cadrage rigoureux.

Cela va être mon rôle, et je ne manquerai jamais de l'expliquer inlassablement aux uns et aux autres, d'un bord comme de l'autre, de tracer la juste frontière entre ces deux parties. Permettre aux journalistes d'avoir un accès raisonnable et cadré aux joueurs et au sélectionneur. Et à l'équipe de France, de préparer ses matchs dans des conditions correctes, où les obligations médias auront leur place, toute leur place, mais seulement leur place.

Je reprends souvent une vieille formule : « Vous, les joueurs vous avez votre talent, vous avez le savoir-faire ; les journalistes ont les clés du faire-savoir. » Et s'il faut me faire mieux comprendre, je vais plus loin dans ma petite démonstration médiatico-économique : « Si votre savoir-faire ne trouve pas la caisse de résonance des médias et leur capacité de faire savoir, c'est tout le système qui s'enraye et, avec ce dérèglement, une lourde menace pèse sur son économie, et d'abord sur les très intéressants contrats que vous êtes amenés à signer.

Sans la publicité autour des terrains, sur les maillots et les survêtements, sans les droits télé de retransmission, sans les spots publicitaires qui vont avec, sans tous ces "produits" qui se vendent chers et même très chers, c'est toute la machine à cash de cet énorme business du football de haut niveau qui se dérègle et c'est vous, les joueurs, les acteurs, rouages essentiels du système mais aussi principaux sinon exclusifs bénéficiaires des retombées, qui serez les premières victimes. »

Savoir-faire et faire-savoir

Voilà pourquoi, voilà comment ces deux composantes ne peuvent pas s'ignorer et sont vouées à se fréquenter à intervalles réguliers. Ce sont ces intervalles réguliers que, pendant 337 sélections de 1983 à 2018, je me suis efforcé d'aménager au mieux, dans le respect des impératifs des uns et des autres, mais sans trop me faire d'illusions.

Pour le sélectionneur, ses adjoints et les joueurs, je restais quand même – en dépit de relations toujours franches et loyales, parfois amicales – « un journaliste », avec tout ce qui peut se cacher de suspicion et de méfiance derrière le mot. Et pour mes anciens collègues, la cause était entendue, j'étais passé de l'autre côté de la barrière, j'étais aux ordres du sélectionneur. Je suis resté ainsi, pendant trente ans, entre le marteau des journalistes et l'enclume des Bleus, à moins que ce ne soit l'inverse. Comme me le ferait remarquer gentiment un copain « Tu ne t'en es pas mal tiré, tu n'es pas trop cabossé… »

Petit retour en arrière pour bien comprendre un mécanisme plutôt complexe et ses évolutions. Au début des années 1970, nous étions six ou sept journalistes à couvrir les stages de l'équipe de France de Georges Boulogne à Saint-Malo. Généralement, trois de *L'Équipe* et *France Football*, un du *Parisien*, un de l'AFP et du régional *Ouest-France*, plus un confrère de *But*. Les radios et les télés venaient rarement en dehors de la veille et du jour du match. Si j'ose dire, c'était le bon temps. Il nous arrivait de monter dans la chambre des joueurs pour préparer un papier, et le photographe star de *L'Équipe*, André Lecoq, pouvait se permettre d'embarquer Loubet et Revelli dans sa voiture au sortir de l'entraînement à Marville pour les emmener dans Saint-Malo intramuros, les installer sur de vieux canons, pour faire la photo de la une de *L'Équipe* du lendemain. Ce journalisme-là appartient à la préhistoire !

Lorsque j'inaugure mes fonctions de chef de presse, en 1983, la situation n'est déjà plus tout à fait la même qu'à l'époque des stages de Saint-Malo. Les suiveurs de l'équipe de France en stage sont passés de moins de dix à plus de vingt, hors jours de match, mais les relations sont détendues et, je dirais, à dimension encore « humaine », dans le sens où les contacts entre joueurs et journalistes sont fréquents et toujours individuels. Lors des points presse, d'abord à l'hôtel Valbièvre, sur le campus HEC de Jouy-en-Josas puis, à partir de 1988, dans le grand salon de la résidence Équipe de France à Clairefontaine, j'ai mon petit carnet, mon stylo ; un peu avant l'heure dite, je « prenais les commandes ». J'allais frapper à la porte de la chambre des joueurs qui descendaient… presque toujours, sauf quand un Papin, bougon, me lançait : « T'as qu'à dire que tu m'as pas trouvé », et chacun se prêtait de bonne grâce aux sollicitations. Le même joueur pouvait faire trois minutes avec Vendroux pour Inter, puis trois autres avec Roseau pour RTL, et encore trois avec Saccomano pour Europe. Sans avoir le sentiment qu'on l'avait mis aux travaux forcés.

C'est pour la Coupe du monde 98 en France que les choses allaient commencer à bouger. D'abord pour de simples questions de logistique, car il était impossible d'accueillir tous les médias français et étrangers dans la résidence Équipe de France. Ensuite, et ce motif seul aurait suffi, Aimé Jacquet m'avait clairement fait connaître son exigence de « sanctuariser » le lieu de vie des Bleus, pour créer cette fameuse « bulle » dans laquelle les futurs champions du monde allaient si bien se préparer et travailler pendant cinquante-cinq jours.

J'allais donc être amené à délocaliser nos rendez-vous médias, pas bien loin, dans le bâtiment réservé à l'administration du centre et à la DTN, à cinquante mètres à peine des fenêtres de la résidence. On avait réquisitionné l'auditorium, habituellement réservé aux cours de formation des entraîneurs, pour les conférences de presse d'Aimé Jacquet. Un chapiteau, sur la grande terrasse dominant le terrain Platini, accueillait les tables rondes autour desquelles les journalistes de presse écrite s'entretenaient avec les joueurs. Tandis que de part et d'autre du hall d'accueil du rez-de-chaussée, nous avions fait construire deux studios, un pour les radios, un autre pour les télévisions.

J'avais pu préserver, encore, un distinguo qui m'a toujours semblé important, entre les différents supports médias. Tant il me semble que l'on ne s'exprime pas de la même façon, avec les mêmes mots, selon que l'on discute à bâtons rompus avec des journalistes qui se contentent de prendre des notes sur leur bloc, ou lorsque l'on a sous le nez une batterie de micros ou, plus encore, de caméras avec leurs gros objectifs inquisiteurs.

Dans le même ordre d'idées il a bien fallu, au fur et à mesure que grossissait le flux des médias autour de l'équipe nationale, interdire, un jour, l'accès des vestiaires après les matchs pour se rabattre sur des espaces plus grands, mieux à même d'accueillir le flot des intervieweurs. Tout en laissant ou en redonnant à l'espace douche-vestiaires un caractère d'intimité légitime et souhaitable.

Laissez-les respirer !

Si les joueurs ont des obligations vis-à-vis des médias, ce n'est pas une raison pour les mettre à toutes les sauces, et les solliciter abusivement quand ils ont surtout besoin de tranquillité. Cette « inaccessibilité » des joueurs par les médias, entre leur arrivée au stade et le coup de sifflet final, est très rigoureusement assurée par l'UEFA et la FIFA lors des compétitions qu'elles organisent et j'ai réussi, jusqu'au bout de ma mission, à l'imposer en équipe de France.

Mais quand je vois, sur les matchs de championnat, un reporter faire irruption dans le tunnel et venir extorquer trois mots d'une banalité affligeante à un joueur qui est déjà dans son match, le visage grave, à quelques secondes d'entrer sur le terrain ; quand je vois une seconde période tarder à reprendre parce que vingt et un joueurs et l'arbitre attendent un vingt-deuxième homme prié de révéler au journaliste de terrain ce qui s'est dit dans le vestiaire à la mi-temps ; quand, à la mi-temps, l'entraîneur est contraint, pour commencer à parler à ses joueurs, d'attendre le retour d'un retardataire qui, le souffle court et le visage en sueur, a été intercepté sur le chemin du vestiaire pour essayer d'aligner deux phrases à peine compréhensibles au micro ; pire, quand le micro en main le reporter s'invite sur le banc de touche pour plaisanter avec un remplaçant, quand ce n'est pas pour sortir un entraîneur de son match pour lui arracher trois mots jusque dans la zone technique, oui, quand je suis le témoin de tout cela, je bondis et j'ai envie de dire stop. Laissez-les ! Laissez-les à leur match, laissez-les respirer !

Il y a mille moyens de faire vivre un match, jusque dans les à-côtés et l'anecdotique, au-delà du commentaire classique, sans intrusions déplacées et gênantes dans des zones qui devraient être « sacralisées » une fois pour toutes. Je m'étonne d'ailleurs que l'UNFP, au nom des joueurs, et l'UNECATEF, en celui des entraîneurs, ne soient pas encore montés au créneau pour mieux cadrer cette forme d'intrusion médiatique. Ce n'est pas davantage à l'honneur de l'organisateur de la tolérer.

Dans le même ordre d'idées, les après-matchs d'Euro ou de Coupe du monde ont pris des proportions déraisonnables s'agissant des obligations médiatiques. Un joueur, pour peu qu'il ait été désigné « homme du match », peut passer vingt ou vingt-cinq minutes avec les sponsors et les radios et TV détenteurs de droits et largement autant en zone mixte, cet interminable serpentin de plus de cent mètres, avec les journalistes d'un côté d'une barrière et les joueurs de l'autre, où c'est la foire d'empoigne pour arracher quelques déclarations aux joueurs.

Je ne peux pas être suspecté de vouloir inciter les joueurs à fuir leurs obligations à l'égard des médias, mais il y a certainement des aménagements à trouver pour des interviews d'après-match mieux cadrées, moins longues, plus sereines et qui éviteraient aux joueurs d'avoir à fournir vingt fois les mêmes réponses aux mêmes vingt questions.

Évidemment, vendre très cher des « positions flash » aux télés du monde entier, à proximité des vestiaires, pour des interviews exclusives et prioritaires, cela fait rentrer de l'argent, beaucoup d'argent dans les caisses de l'organisateur, mais il y a un moment où il faut savoir dire stop pour ne pas aller dans la démesure. Et on n'en est pas loin.

On a encore découvert en Russie quelques « nouveautés », côté marketing cette fois. La FIFA, pour complaire à trois ou quatre partenaires majeurs, avait accepté que les vainqueurs de nouveaux concours organisés par des top sponsors bénéficient d'accès privilégiés au stade, les jours de match, à proximité immédiate des équipes. C'est ainsi qu'on a aperçu deux « vainqueurs » chaque fois, à notre descente du bus à l'arrivée au stade, puis deux autres devant notre vestiaire, et enfin les deux derniers dans le tunnel menant au terrain lorsque les deux équipes sont alignées derrière l'arbitre, attendant de pénétrer sur la pelouse. Tous bien sages, sans bouger une oreille, sous le contrôle d'une équipe marketing de la FIFA, mais l'avancée, si l'on ose employer ce mot, est révélatrice de la volonté des organisateurs d'en faire toujours un peu plus, et de vendre tout ce qu'il est possible de vendre.

Ce qui fit dire à un membre du staff tricolore, et non des moindres : « Vous verrez, bientôt ils seront dans les vestiaires... » Alors, du business, du marketing, oui, bien sûr. Mais, intelligent, mesuré et sans empiètement sur le domaine sportif. Par respect pour tout ce qui touche au « sportif », par respect pour les joueurs et pour le jeu, il y a des choses que l'on ne fait pas, il y a des endroits où l'on ne va pas, il y a des choses que l'on ne vend pas. Même pour beaucoup d'argent. Ce n'est pas plus compliqué que cela.

Les amis du marketing de la FFF, François, Florent, Caroline, Rodolphe et les autres l'ont vite compris. Il est vrai qu'avec quelqu'un comme Didier Deschamps, qui exige de valider tout projet avant sa conclusion définitive, les intérêts du sportif sont en bonnes mains, et la frontière entre terrain et business parfaitement délimitée. Comme elle l'avait été avec Aimé Jacquet. Mais y aura-t-il toujours un Jacquet ou un Deschamps pour y veiller ?

Cap sur l'Euro 84

Les gages donnés par la FFF, la solide réputation de son président Fernand Sastre qui s'est mis en disponibilité de son administration des Finances pour se consacrer à plein temps à « sa Fédération » ont convaincu l'UEFA de faire confiance, pour accueillir l'Euro 84, à un pays qui n'a rien organisé de notable depuis la Coupe du monde 1938.

Oui, Fernand Sastre a pesé de tout son poids et il était – dans tous les sens du terme – nécessaire, pour décrocher cet Euro 84. Ce pied-noir de Kouba, à la Ligue d'Alger jusqu'en 1962, s'impose très vite, à son retour en métropole, par sa puissance de travail et sa vision résolument moderniste du football. Son autorité naturelle, ses idées claires au service de l'intérêt général, et d'abord celui du football, lui permettront de gravir très vite les échelons. D'abord à la Ligue de Paris, puis à la Fédération dont il sera le secrétaire général de 1969 à 1972, puis le président de 1972 à 1984. Gros bosseur, il s'était fait aménager un petit studio à l'entresol du bel hôtel particulier du 60 bis, avenue d'Iéna où la Fédération avait emménagé en 1966, afin de ne pas perdre trop de temps dans les allers-retours entre le 16e arrondissement de Paris, où il travaillait souvent tard le soir, et son domicile de Saint-Maur.

Économe, il recyclait les feuillets de la revue de presse distribuée tous les matins, pour écrire, au verso, les brouillons des lettres qu'il donnait ensuite à taper à sa secrétaire, la très efficace et polyglotte Odile Lanceau, qui ne rechignait pas plus aux heures supplémentaires que son patron ! La réponse favorite de Sastre, quand il vous confiait un travail et que vous lui demandiez dans quel délai il fallait le lui rendre était : « Hier soir. » Histoire de faire comprendre, sans avoir à le dire, qu'il n'y avait pas de temps à perdre, et que le plus tôt serait le mieux.

Par les réformes entreprises, et d'abord celle décloisonnant enfin foot pro et foot amateur, par la confiance totale accordée à Georges Boulogne et à sa direction technique pour mettre en place la formation qui deviendra une marque de fabrique du football français connue et copiée dans le monde entier, par la maestria avec laquelle, aux côtés de Michel Platini et de Jacques Lambert il pilotera le comité d'organisation de la Coupe du monde 98 – dont il ne verra hélas jamais l'aboutissement, décédant le lendemain du premier match de la France –, pour tout cela au moins, Fernand Sastre, dans la lignée d'un Jules Rimet ou d'un Henri Delaunay, fut un très, très grand dirigeant et serviteur du football français.

Le centre technique de Clairefontaine au milieu duquel il planta un arbre, en décembre 1984, en guise de première pierre, juste avant de quitter la présidence de la FFF, porta, dès sa disparition, le nom de Fernand-Sastre. Mais « Centre technique national du football Fernand-Sastre », c'était sans doute trop long ou pas assez vendeur, et on supprima un beau jour « technique » puis

« Fernand-Sastre ». Depuis quelques années on ne parle donc plus que du Centre national du football, ou CNF. Et le magnifique buste en bronze du président Sastre qui trôna longtemps en bonne place, à la vue de tous les visiteurs, devant le bâtiment de l'administration, logiquement relégué pendant les travaux de reconstruction du bâtiment dans une petite allée du domaine, n'a toujours pas regagné sa place d'origine et ça, c'est beaucoup moins normal. Pour ne pas dire, inadmissible. Pas glorieux pour ceux qui ont fait, permis ou toléré, que les choses se passent ainsi. On ne s'y prend pas autrement pour oublier d'où on vient. Mais il n'est pas trop tard pour rectifier le tir et, au moins, remettre le buste du président à la place qu'il mérite.

Les faux dossiers de Claude Bez

Autre personnage incontournable de cette période pré et post-Euro 84, Claude Bez. Arrivé à la présidence des Girondins de Bordeaux en 1978, il ambitionne de réveiller ce club qui ronronne et d'en faire un grand, pas seulement du Championnat de France, mais aussi d'Europe.

À la tête d'un beau cabinet d'expertise comptable bordelais, le président moustachu, volontiers fantasque et mégalo, qui roule en Cadillac, va aller tirer toutes les sonnettes pour arriver à ses fins. Il trouvera un accueil particulièrement favorable du côté de la mairie de Bordeaux où Jacques Chaban-Delmas, grand sportif lui-même, jeune résistant et ancien Premier ministre va, d'emblée, être séduit par la fougue et les rêves de grandeur de ce patron de club dynamique.

Pour mener à bien son projet sportif, Claude Bez va s'appuyer très vite sur deux hommes, Jacquet et Giresse. Ce dernier, enfant du pays, est le leader technique tout désigné de l'équipe qui se met en place et, pour la manager il s'en va trouver Aimé Jacquet à qui il met illico le marché en main : « On m'a dit que tu étais un bon... À toi de me le prouver. Je te donnerai les moyens qu'il faut mais, en contrepartie, il faudra que les Girondins gagnent des titres nationaux et jouent régulièrement la Coupe d'Europe. » Le plan de marche sera parfaitement respecté, avec trois titres de champions de France en 1984, 1985 et 1987, deux Coupes de France en 1986 et 1987, et une présence ininterrompue en Coupe d'Europe entre 1982 et 1989.

Le Claude Bez de cette époque sera, comme tous ceux qui réussissent, un personnage central du paysage de notre football. Au conseil d'administration de la Ligue nationale, il arrive toujours avec un énorme cartable qu'il ouvre cérémonieusement, avant d'étaler devant lui deux ou trois piles de dossiers. Et quand il prend la parole, il ne se prive jamais de poser de façon théâtrale une main sur les fameux dossiers, histoire de faire comprendre, sans avoir à le dire, qu'à l'appui de ses propos il a, sous la main, tout ce qu'il faut pour prouver la véracité de ce qu'il avance. Évidemment, personne ne demandera jamais à voir le moindre document des dossiers en question. Et il vaut mieux, car le président bordelais me confiera, un jour, en veine de confidences, que tout cela est de la mise en scène pour impressionner son monde, et qu'il ne s'agit, en réalité, que de vieux dossiers empruntés, au moment de son départ pour Paris, à son cabinet d'expertise comptable bordelais !

Il sera aussi un acteur clé du putsch de la Toussaint 1988 qui destituera Henri Michel de son poste de sélectionneur au profit de Platini. S'autoproclamant, du même coup, superintendant de l'équipe de France, une fonction très éphémère et pas franchement couronnée de succès. D'abord, parce que superflue, Henri Émile assumant impeccablement la fonction de team manager. Ensuite parce que peu convaincante, comme allait l'illustrer l'un de nos premiers déplacements de l'ère Platini-sélectionneur.

Comme c'est, hélas, trop souvent la règle lors de toute prise de pouvoir, Bez avait commencé par prendre le contre-pied systématique de tout ce qui se faisait avant. Il avait ainsi fait appel pour la logistique des déplacements à l'agence de voyage des Girondins et il avait aussi embarqué le cuisinier du club. Si côté gastronomie on n'a pas eu à s'en plaindre, le chef des Girondins ayant apporté dans ses bagages de sublimes foies gras et de bonnes bouteilles des meilleurs crus bordelais, côté déplacements ce ne fut pas la même chanson. L'équipe de France ne se déplaçait pas alors systématiquement en vol privé, ce que le président bordelais trouvait inadmissible. Pour un déplacement en Irlande, il avait donc demandé à son voyagiste d'affréter un petit avion d'une cinquantaine de places. Pas de souci à l'aller, mais, au retour après le match, problème au décollage. Un essai, deux essais, mais on ne décolle pas. Et nous voilà à 2 heures du matin, bien sonnées, en errance dans la banlieue de Dublin, à chercher un hôtel susceptible de nous accueillir pour deux ou trois heures. Je vous laisse imaginer la jubilation intérieure de tous ceux, et ils étaient nombreux, qui avaient peu goûté la façon dont Henri Michel avait été débarqué et, surtout, estimé à la limite du grotesque l'arrivée du président bordelais dans une fonction d'intendance auprès de l'équipe nationale.

Inévitablement avec ce genre de personnages, arrive toujours un moment où, aveuglés par leur réussite, leur pouvoir et leur emprise sur les autres, ils commettent des erreurs, celles qui vont provoquer leur perte, et pas seulement la leur, hélas. Ça commence par quelques fautes de goût ou quelques écarts répréhensibles. Comme cette idée de proposer des prostituées aux arbitres des matchs européens des Girondins, via le sulfureux intermédiaire croate Ljubomir Barin. Ou lorsque, s'estimant trahi par Giresse qui quitte les Girondins pour l'OM de son ennemi juré Bernard Tapie, il réservera à Gigi, dans le programme du Bordeaux-OM qui suivra, un traitement indigne et ridicule, supprimant partout le nom et la photo de son ancien protégé, pour leur substituer des points d'interrogation. Beaucoup plus graves, ces indélicatesses comptables – on est expert ou on ne l'est pas ! – qui le conduiront à surfacturer d'une bonne dizaine de millions de francs la rénovation du château du Haillan, au préjudice des collectivités territoriales. Ou cette nouvelle caution d'un emprunt bancaire obtenue de Chaban et de la ville de Bordeaux et qui, après la rétrogradation des

Girondins en division 2 par la direction nationale de contrôle et de gestion, mettra le contribuable bordelais dans l'obligation d'éponger la dette.

Bez sera condamné à deux ans de prison, dont un avec sursis, et à une amende de deux millions de francs. Pas sûr qu'aveuglé par sa passion pour ses Girondins il ait bien pris toute la mesure du caractère délictueux et condamnable de ses agissements. Lorsqu'il est traduit devant le conseil fédéral, l'organe exécutif de la FFF chargé d'examiner le volet sportif de son affaire, je me trouve pour quelques minutes en tête-à-tête avec lui dans le bureau du président Fournet-Fayard, contigu à la salle de réunion. L'homme a perdu beaucoup de la superbe que je lui avais toujours connue, et, inquiet du sort qui va lui être réservé, il craque soudain. J'essaie tant bien que mal de calmer ses sanglots quand il me prend à témoin : « Ce qu'ils n'arrivent pas à comprendre, c'est que, ce que j'ai pu faire de répréhensible, je ne l'ai pas fait pour moi, pour mon compte, mais pour le club ! Je n'ai pas pris un centime dans l'affaire du Haillan. Toutes les sommes incriminées sont restées dans le club, pour le club ! » Étrange façon, tout de même, de voir les choses, même si la scène ne m'a pas laissé insensible. Pour un peu, il aurait jugé qu'il n'avait rien à se reprocher. Attitude déviante, que je rapproche de celle de ces supporters marseillais qui ne jurent toujours que par Tapie, avec cette appréciation qui veut couper court à tout : « Lui, au moins, il nous a fait rêver ! »

Ah ! Le bel argument que voilà ! Imparable ! C'est facile de faire rêver les gens en trichant ou avec de l'argent qui ne vous appartient pas. Allons-y, soyons fous, rêvons tous !

Deux casquettes

Pour cet Euro 84, je portais en réalité deux casquettes. Celle de chef de presse de l'équipe de France, et celle du chef de presse de la compétition, sous l'amicale autorité de Rudy Rothenbuhler, lui-même chef de presse de l'UEFA, qui multipliait ses visites à Paris pour déguster nos fromages dont il raffolait. Le Championnat d'Europe n'était pas encore, avec ses huit équipes réparties en deux poules de quatre pour le tournoi final, l'énorme machine qu'il est devenu avec ses vingt-quatre participants, et la pression médiatique n'était en rien comparable à celle que l'on connaît aujourd'hui. Mais, à y bien penser, il était un peu présomptueux de vouloir mener de front les deux missions. Il est vrai que, par la volonté de Fernand Sastre, l'organisation de cet Euro 84 avait été conçue au plus juste, avec seulement une demi-douzaine de personnes détachées du siège fédéral et hébergées dans des locaux appartenant à la SNCF, rue Saint-Lazare. Il y avait, avec moi, Jean-Pierre Georges, Odile Lanceau, Michel Bayan et Marcelle Marchal, épaulés, quand nécessaire, par des volontaires ou des pigistes, recrutés parfois au sein de nos propres familles. Comparé aux comités d'organisation actuels, pour des compétitions autrement gigantesques, c'était presque du bricolage. Mais sérieux et efficace, au prix, quand même, de quelques nuits blanches à l'approche de l'événement...

Il me reste aussi le souvenir, marquant, du tirage au sort, retransmis en eurovision, de la phase finale, dans les salons en sous-sol d'un grand hôtel proche de la tour Eiffel. J'avais été désigné pour être le monsieur Loyal de la cérémonie, et ma première intervention, dès la prise d'antenne, consistait à souhaiter la bienvenue aux téléspectateurs européens, dans la langue des huit pays qualifiés. J'avais donc appris à dire bonjour en allemand, danois, roumain, espagnol, portugais et « yougoslave » – sans doute le serbe. Pour la Belgique et la France, c'était plus simple... Pour cet accueil, je me trouvais en extérieur, au rez-de-chaussée, devant l'entrée de l'hôtel et, aussitôt après, j'avais trente-cinq secondes, pas une de plus, pour descendre au sous-sol, traverser toute la salle et me positionner derrière mon pupitre pour présenter les personnalités, et donner la parole au premier intervenant de la matinée, Hans Bangerter, le secrétaire général de l'UEFA. J'étais un peu essoufflé en prenant position, mais tout s'était bien passé...

Même s'il n'y eut pas de véritables accroc ni ratage en ce mois de juin 1984, ce fut quand même un sacré rodéo, pour moi, de faire la navette presque tous les jours entre l'abbaye de Saint-Lambert-des-Bois, dont Hidalgo avait fait le camp de base de l'équipe de France, et le Centre des expositions de la porte de Versailles où était installé le centre des médias. Organiser les conférences de presse des Bleus le matin à l'autre bout des Yvelines, et rentrer dare-dare à Paris pour traiter les problèmes des journalistes turcs qui changeaient d'avis tous les quarts d'heure au sujet des matchs pour lesquels ils sollicitaient une accréditation, c'était un peu fou. Mais je faisais mes premières armes dans une fonction comme dans l'autre, et le seul résultat avéré fut… une perte de sept kilos. La première et dernière fois de ma vie que j'arrive à perdre, sans me priver de mes desserts préférés, les kilos superflus contre lesquels j'aurais lutté vaillamment, mais vainement, toute mon existence !

Dans cette abbaye de Saint-Lambert, il s'était instauré comme une vie de famille. L'immense parc autour de l'étang était très fréquenté par les joueurs en quête de tranquillité et de nature, et notamment Joël Bats et Philippe Bergeroo, adeptes de la pêche à la ligne. Intrigués un beau jour par de grosses bulles à la surface de l'étang, ils avaient confectionné à la hâte une canne avec une branche de noisetier, un bout de fil de nylon et un hameçon, et les voilà à attendre que ça morde. À peine trois minutes et, au bout de leur ligne, une superbe carpe de trois livres qu'ils s'empressèrent évidemment de restituer à son élément liquide.

C'était aussi la première fois que l'équipe de France se voyait flanquée de deux officiers de sécurité, deux policiers qui faisaient les beaux jours de l'équipe de France de la police dont l'entraînement avait été assuré par Michel Hidalgo et, après lui, par Henri Émile. Jean-Louis Lamour, gardien de but, et Michel Beaujouan, milieu de terrain, furent ainsi les premiers « anges gardiens » de l'équipe de France, avant Jean-Pierre Cantin, François Vidal et Mohamed Sanhadji.

Jean-Louis et Michel, largement au-delà de leur mission de protection et de sécurité, allaient se révéler des auxiliaires dévoués et précieux pour tous. Toujours disponibles et de bonne humeur, ils répondaient aux sollicitations des joueurs et du staff pour les demandes les plus variées. Ainsi, la veille du premier match de l'Euro contre le Danemark, ils reçurent un SOS du médecin des Bleus, Maurice Vrillac. Celui-ci avait administré à Max Bossis un traitement en apparence anodin pour un problème qui ne l'était pas moins, mais dont il se demandait soudain, non sans angoisse, s'il n'entrait pas dans la catégorie des produits dits dopants. La procédure antidopage était loin d'être aussi élaborée qu'elle l'est devenue, et la nomenclature des produits interdits plutôt floue. Vous imaginez le scandale si le grand Max, tiré au sort le lendemain pour passer au contrôle antidopage, en était revenu avec des résultats positifs. Pour en avoir le cœur net, Vrillac, longtemps médecin du Comité olympique et sportif français, qui finira général de l'armée française, confia à nos Starsky et Hutch un prélèvement d'urine du joueur, à charge pour eux d'aller le faire analyser dans le plus grand secret au laboratoire d'un hôpital militaire de la région parisienne. Après trois heures d'attente, les chargés de mission rentrèrent au camp de base avec le verdict rassurant : négatif !

« Même ses pieds sont intelligents »

Dès le stage de préparation à Font-Romeu, une énorme confiance habite le groupe et singulièrement Michel Platini. Quand Bernard Lacombe rejoint ses camarades à l'hôtel des Pyrénées, il tombe sur le capitaine des Bleus en train de jouer au rami, qui lui annonce tout de suite la couleur : « C'est notre année, j'en suis sûr, on va être champions d'Europe ! Cette saison tout me réussit, je suis champion d'Italie avec la Juventus, meilleur buteur du Calcio, et j'ai gagné la Coupe de l'UEFA contre Porto. Et, regarde mon jeu, j'ai encore deux jokers. C'est mon année, c'est notre année, je te le dis... »

« Platoche » avait vu juste. Non seulement l'équipe de France sera sacrée championne d'Europe – enfin un titre ! – mais il sera, personnellement, le leader étincelant de cette fière Phalange, inscrivant neuf des quatorze buts français, et, haut la main, meilleur buteur de la compétition. Un Ballon d'or mille fois mérité l'attend au bout de cette année d'exception. Deux autres suivront. Son chef-d'œuvre de l'Euro est signé lors du troisième match à Saint-Étienne contre la Yougoslavie où il marque les trois buts de la victoire française. Le premier du gauche, le deuxième de la tête, et le troisième du droit. Ce qui fera dire à Hidalgo, ébloui : « Avec Michel, je deviens spectateur. Il me fait vivre des moments magiques. Même ses pieds sont intelligents. »

C'est au cours de ce match à Saint-Étienne que le médecin de l'équipe yougoslave, qui revenait vers son banc, très essoufflé, après deux interventions sur le terrain, s'écroula devant notre banc victime d'un infarctus foudroyant. Massages cardiaques, chocs électriques, rien n'y fit, le pauvre homme était déjà mort lorsqu'on l'évacua, vers l'hôpital stéphanois. Un souvenir marquant, des images qui ne m'ont jamais quitté.

Avant Thuram, Domergue

La demi-finale, aussi, restera dans les mémoires. Lorsque, à cinq minutes du dernier coup de sifflet, le tableau d'affichage indique toujours « France : 1 – Portugal : 2 », ceux qui croient encore possible une qualification pour la finale ne doivent pas être très nombreux. Même sur le banc français, on entend chuchoter des « On est morts... On n'avance plus... C'est foutu... » Et Domergue surgit. Déjà auteur du but qui nous a permis de mener 1-0, il nous offre l'égalisation, avant que Platini n'arrache la victoire et la qualification pour la finale à la dernière minute de la prolongation. Quatorze ans avant Thuram et ses deux buts improbables contre la Croatie en demi-finale de la Coupe du monde 98, un arrière latéral en état de grâce sortait la France d'un sacré pétrin. Dans les tribunes du stade Vélodrome, un gamin de 12 ans, encadré par ses grands frères, ne perd pas une miette de ce spectacle. Il s'appelle Zinedine Zidane.

Les Français ne vont pas rater leur premier grand rendez-vous avec l'histoire, leur première finale d'un grand tournoi, alors que l'équipe nationale vient de fêter ses 80 ans. Si la cause ne sera entendue qu'à la 90e minute avec le but du 2-0 signé Bellone, et même si le 1-0 du coup franc de Platini à la 57e est à mettre au moins autant au passif du gardien espagnol, Arconada, qu'au crédit du capitaine français, le vainqueur de cet Euro 84 est un beau, digne et juste vainqueur.

Fait marquant de cette finale, le geste, d'un altruisme fou, de Patrick Battiston à la 73e minute, simulant un problème musculaire pour permettre l'entrée en jeu de Manuel Amoros. Manu, expulsé lors du premier match et qui avait été suspendu pour trois rencontres, était en passe de terminer cet Euro sans avoir remis les pieds sur le terrain. Le défenseur lorrain, dont la qualité humaine n'a décidément d'égal que son élégance et sa correction sur le terrain, avait voulu que son coéquipier prenne sa part de la fête et de cette finale. Chapeau.

Michel Hidalgo, comme le fera Aimé Jacquet en 98, a déjà annoncé qu'il quittera le poste de sélectionneur au dernier coup de sifflet de la finale de l'Euro 84. Il est porté en triomphe par ses joueurs, la larme à l'œil, comme souvent chez cet hypersensible qui a privilégié comme aucun autre le sens de la relation humaine. C'est lui qui avait dit un jour, soulignant l'importance d'une bonne passe : « Une bonne passe, bien propre, parfaitement dosée, juste comme il faut dans la course de son partenaire, c'est comme une main tendue à un ami. » C'est le même homme qui, avant la finale de l'Euro 84, fera venir discrètement dans sa chambre Philippe Bergeroo et Albert Rust, presque pour s'excuser auprès des deux gardiens remplaçants de n'avoir pas pu les faire jouer. La grande classe. Un sélectionneur aimé de tous, dont Bossis dira, joliment : « Il responsabilisait les joueurs, il les amenait à donner le meilleur, surtout, il nous a laissés vivre notre football. »

Plus d'une heure après la finale, dans les sous-sols du Parc des Princes, Michel Hidalgo croisera la route de Daniel Cohn-Bendit, alors consultant pour Europe 1. Les deux hommes ne se sont jamais rencontrés, ne se sont jamais adressé la parole. Mais le sélectionneur de l'équipe de France se précipitera vers Dany, l'étreindra longuement et lui glissera : « Dany, c'est encore plus beau que Mai 68 ! »

Pas de Champs-Élysées, pas de Crillon, pas de communion festive avec le public pour les tout nouveaux champions d'Europe. On est encore loin de tout cela. Seulement un bon dîner entre nous, au 60 bis, avenue d'Iéna, où nous arrivons un peu après minuit, sans encombre, sans encombrement, sans embouteillages... Au moment du dessert nous parviennent quelques bruits de la rue, de petits coups de klaxon, des cris espacés. Je monte dans les salles de réunion du premier étage qui donnent sur l'avenue, et je découvre – allez, je compte large – une cinquantaine de supporters qui réclament Platini, Tigana et les autres. Sans se faire prier, les héros du jour monteront à leur tour se présenter aux fenêtres pour répondre avec de grands sourires et de larges gestes de la main aux bravos de cette petite poignée de supporters. Puis ils redescendront terminer leur repas. En toute simplicité. Le premier titre officiel de l'histoire de l'équipe de France a été fêté comme cela. Dans l'intimité, sans défilé ni débordement de liesse. Difficile à imaginer aujourd'hui...

C'était encore une époque où j'avais pu, sans l'avoir programmé, ramener la coupe de cet Euro 84, la vraie, à la maison. Un mensuel de foot m'avait demandé s'il pourrait disposer du trophée pour quelques photos en studio, un vendredi après-midi. Fernand Sastre avait donné son feu vert, à condition que j'accompagne la coupe de bout en bout et que je ne la quitte pas des yeux une seconde... Je récupère donc le trophée à la Fédération, et m'en vais vers le studio en question, où j'apprends qu'en raison de problèmes techniques, la séance photos ne pourra avoir lieu que lundi matin. Et me voici de retour chez moi, avec la coupe du Championnat d'Europe, le trophée Henri-Delaunay, livrée, l'espace d'un week-end, aux jeux et aux facéties de mes deux enfants, Nicolas, 3 ans, et Émilie, pas encore 12 mois. Je dus assez vite la soustraire à l'imagination débordante de Nicolas, qui prenait beaucoup de plaisir à faire rouler ses petites voitures sur toute la surface argentée du trophée...

DEUXIÈME PARTIE

L'ENVOL DES BLEUS
(1985-1997)

Henri Michel à la barre

Henri Michel avait terminé son apprentissage de sélectionneur auprès de Michel Hidalgo pendant l'Euro 84 et il s'apprêtait à prendre la relève après avoir conquis l'or olympique à Los Angeles. La qualification pour la Coupe du monde 86 au Mexique allait être son premier objectif, mais dans un contexte nouveau. Jean Fournet-Fayard avait été élu à la présidence de la FFF en décembre 1984 pour succéder à Fernand Sastre, l'homme du renouveau du football français. Héritage lourd, mais le sortant avait adoubé « JFF », président de la Ligue Rhône-Alpes, et le petit monde du football français abordait cette nouvelle étape avec confiance.

Le jugement porté sur celui qui passera neuf années dans le grand bureau présidentiel du deuxième étage de l'Avenue d'Iéna sera plutôt sévère. En interne, mais plus encore dans l'opinion publique, catégorique : pas à la hauteur, pas charismatique, pas grand-chose à retenir de son passage à la tête de la FFF. Je serai plus nuancé.

Jean Fournet-Fayard, qui avait été champion d'Europe junior en 1949 avec Jean Vincent et Jacques Foix, eut à surmonter beaucoup d'obstacles, voire de catastrophes, au cours de son mandat, avec une part de responsabilité qu'il ne faut pas nier, mais qui n'est pas aussi évidente qu'on a bien voulu le dire. Après Fernand Sastre, sur le pont du matin au soir et sur tous les fronts, aussi à l'aise pour couper les rubans bleu, blanc, rouge au fin fond de la Creuse ou de la Meuse que pour dialoguer avec les plus éminents représentants du monde sportif ou politique, la comparaison était parfois cruelle. Fournet était directeur d'un laboratoire pharmaceutique employant plus de mille personnes, il faisait de fréquents déplacements aux États-Unis et il résidait à Bron, dans la banlieue de Lyon. Par voie de conséquence, le temps qu'il pouvait consacrer aux affaires fédérales s'en trouvait réduit.

Il n'avait ni le charisme, ni la rondeur, ni la poignée de main chaleureuse de son prédécesseur. Peu porté sur les mondanités, il abordait, en bon gestionnaire, les problèmes posés avec toujours les trois mêmes mots-clés : sujet, budget, délai. Après quoi, il étudiait et tranchait. Mais souvent trop seul, alors que Sastre avait su s'entourer, dès le début, de dirigeants parisiens ou régionaux de haut vol comme Jean Coletti, Jean Tellez, Maurice Burlaz, Jean Leroy ou René Fougères.

En matière de communication ou de relations avec les médias, il ne mit pas beaucoup du sien pour arrondir les angles ou prendre le temps d'expliquer dans le détail ce qu'il faisait et pourquoi il le faisait. Après quelques déjeuners de presse et entretiens ciblés que j'organisai dans les premières années de sa présidence, il consacra de moins en moins de temps à entretenir un climat apaisé avec les médias qui ne le ménagèrent pas lorsque souffla la tempête.

On ne me fera donc pas dire que Fournet-Fayard fut un mauvais président, car l'homme travaillait beaucoup et avait un jugement plutôt sûr. On ne me fera surtout pas dire que le football dans son ensemble ait eu à pâtir de son passage à la tête de la FFF. La DTN continua de travailler sereinement et efficacement, et les évolutions en cours se poursuivirent dans le bon sens, celui de l'intérêt général.

Seulement voilà, deux événements d'une gravité extrême, bien que de natures très différentes, allaient marquer d'un trait noir les deux dernières années de sa présidence et le pousser, inéluctablement, à la démission. La non-qualification de la France pour la Coupe du monde 94 et, un an avant, la catastrophe de Furiani, ses dix-huit morts et plus de deux mille blessés, lors de la demi-finale de Coupe de France Bastia-Marseille, le 5 mai 1992.

Les morts de Furiani

Pour accroître la capacité du vieux stade corse de Furiani et la porter à 18 000 places pour ce match événement, les dirigeants bastiais s'étaient lancés dans une opération totalement déraisonnable : raser la tribune Claude-Papi, de 750 places, et la remplacer par une structure métallique provisoire de 9 300 places ! Tout cela en une dizaine de jours. Tout sera fait en dépit du bon sens, bâclé, sans aucun respect des règles de l'art. La démolition est entreprise sans permis, les tubes métalliques retenus ne sont pas assez résistants, mal assemblés, le tout reposant sur des parpaings branlants.

La commission de sécurité préfectorale refusera à plusieurs reprises de délivrer le certificat de conformité, mais les billets seront quand même mis en vente à des prix exorbitants et par des réseaux inhabituels qui dissimulent en fait une jolie magouille. La FFF n'autorisera le déroulement du match qu'après la réception d'un document rassurant et positif de la Ligue corse de football… qui se révélera, après enquête, être un faux.

Une suite de petites combines et de manquements graves à tous les niveaux, qui déboucheront à quelques minutes du coup d'envoi sur l'effondrement effroyable de la tribune maudite. Le bilan, on l'a dit, fut terrible. Parmi les victimes, quatre amis journalistes, et chez les blessés davantage encore dont certains garderont de graves séquelles. Au bout de la chaîne des responsabilités, inévitablement, la Fédération française de football, organisateur de l'événement. Luc Pilard, président de la commission de la Coupe de France, et Michel Cagnion, directeur général de la FFF, seront cités en justice et condamnés à des peines de prison avec sursis, bien que n'ayant pris aucune responsabilité directe dans la tragédie, abusés seulement par les manœuvres condamnables des dirigeants corses et l'incompétence de la société chargée de la construction de la tribune.

Fournet-Fayard ne sera pas poursuivi ès qualités, son nom et sa signature n'apparaissant dans aucun document du dossier. Il n'échappera pas pour autant à l'opprobre général à partir de l'amalgame trop connu « football-fric-magouille » et sortira d'autant plus affaibli de ce douloureux épisode qu'il ne saura pas toujours trouver les bons mots ni avoir les bons comportements pour apaiser les colères et témoigner d'une réelle empathie. Même s'il ne s'agissait souvent que d'attitudes de façade sur lesquelles on se méprenait, cela aussi fut inscrit à son passif.

Destination Mexico

Ne pas aller au Mexique pour le mondial 86 était inenvisageable pour les Champions d'Europe en titre qui avaient, de surcroît, étoffé leur palmarès, à l'été 85, avec la Coupe intercontinentale Artemio-Franchi conquise (2-0) aux dépens de l'Uruguay. L'objectif sera atteint au terme d'un parcours de qualification rude et inégal (France, 11 points + 11 ; Bulgarie, 11 points + 8 ; RDA, 10 points) et non sans que l'on ait goûté une nouvelle fois à un dernier match-couperet en novembre face à la Yougoslavie. Pour resserrer les rangs et insuffler un esprit commando avant les échéances décisives, le président Fournet-Fayard avait, non sans peine, convaincu Henri Michel de l'opportunité d'organiser un rassemblement impromptu de quelques heures, sans entraînement, sans match, mais pas n'importe où, à Mionnay, dans l'Ain, chez Alain Chapel, l'un des restaurants trois étoiles les plus réputés du pays.

On ne sera déçu ni du déjeuner ni, plus tard, de ses éventuelles conséquences sur le résultat sportif… Ce moment chez Chapel reste, à 70 ans bien sonnés, l'une de mes plus belles expériences gastronomiques. Rien qu'avec l'apéritif, la diversité et la finesse des petits-fours salés l'accompagnant, on pouvait déjà faire un repas très correct. Alors quand on attaqua la poularde de Bresse, suivi du saint-marcellin de la mère Richard, juste avant le somptueux chariot des desserts, on était déjà au septième ciel de la très grande cuisine ! Relation de cause à effet ou pas, les Yougoslaves passent à la casserole. Pas celle de Chapel, mais celle de Platini, auteur des deux buts de cette soirée du 16 novembre.

Mexique 1986, c'est la première Coupe du monde que je vais vivre au cœur de l'équipe de France. Je suis attentif à tout et je prends beaucoup de notes sur un grand cahier rouge, dans lequel je me suis évidemment replongé. Petite séquence nostalgie avec mille et une images qui remontent à la surface…

Au moment de l'attribution définitive des numéros pour toute la durée de la compétition, voici Fernandez qui réclame le 6, convoité aussi par Bossis. Recadrage et arbitrage du capitaine Platini : « Luis, tu attendras ! C'est ta première Coupe du monde, Max, c'est sa troisième. C'est lui qui aura le 6 ! » Voilà comment Fernandez s'est retrouvé avec le numéro 9, habituellement réservé aux attaquants de pointe. Platini n'a jamais eu sa langue dans sa poche. En témoigne cette répartie lors d'un petit match d'entraînement. Tigana, qui venait de lui faire remarquer qu'il ne revenait pas beaucoup défendre, eut droit à cette répartie sans appel : « Quand je ne marquerai plus, je viendrai défendre ! »

Jean-Pierre Papin, lui, était arrivé un peu en retard au stage de Font-Romeu, ayant encore deux ou trois matchs à disputer avec son club de Bruges. J'étais allé le chercher à Perpignan et c'est sur la route qui nous ramenait à la station qu'il m'avait livré cette anecdote concernant sa première convocation en équipe de France. Henri Michel l'avait appelé en février pour lui annoncer qu'il allait le retenir mais, à peine le sélectionneur s'était-il présenté, qu'il lui avait raccroché au nez, persuadé qu'il s'agissait d'une blague d'un goût douteux. Heureusement, sa mère était à la maison ce jour-là et avait fini par le persuader que ce serait peut-être bien de rappeler… Têtu comme il sait l'être, il n'avait pas voulu appeler lui-même, et c'est sa mère qui avait pris l'appareil, composé le numéro et dit au sélectionneur : « Bonjour Monsieur Michel, c'est madame Papin, je vous passe Jean-Pierre. »

La phase de préparation de cette Coupe du monde mexicaine allait aussi être marquée par deux mini-tempêtes, l'une avant notre départ, l'autre sur place. On était encore à Font-Romeu lorsque Tigana découvre en dernière page de *Midi Libre* une pub avec cinq joueurs de l'équipe de France, dont lui, alors que le contrat passé par la FFF exige un minimum de onze joueurs. Il se sent « exploité » et sa réaction est vive : « Il faut régler ça tout de suite, sinon je ne pars pas au Mexique, je vais en vacances à Marbella. » En transit à Paris avant le grand départ, on est conviés au pavillon Gabriel pour l'enregistrement de l'émission de Michel Drucker *Champs-Élysées*, spécial équipe de France. Tigana est toujours très énervé, il exige de voir Darmon et Fournet-Fayard pour régler ce problème de pub qui, visiblement, lui tient à cœur. Le staff termine sa soirée au Lido, lorsque Henri Michel reçoit un coup de fil affolé de Platini : « Jeannot a quitté l'hôtel, il ne veut pas partir au Mexique avec nous. »

Au petit matin, Henri Michel parvient à joindre le récalcitrant : « Jeannot, tu vas faire une énorme connerie et tu la regretteras toute ta vie ! » Tigana est bien à bord du Boeing 747 qui nous emmène à Mexico via Houston. À bord, on célèbre l'anniversaire d'Henri Émile et je chante « Mexico » pour la première fois. Ce ne sera pas la dernière.

Nous sommes à pied d'œuvre depuis une petite semaine lorsque Jean-Claude Darmon, le Monsieur Pub et Contrats de la FFF, avertit Henri Michel que les droits de retransmission des trois matchs de préparation à venir, au Mexique – en réalité trois tiers temps de trente minutes, à chaque fois –, ont été vendus à La Cinq, aujourd'hui disparue, pour cinq millions de francs. Un contrat télé cent pour cent pour la Fédé, mais rien pour les joueurs, qui ne l'entendent évidemment pas ainsi : « C'est une opération Coupe du monde, on a droit à notre part ». Tigana au micro de France Inter : « C'est bientôt Darmon qui fixera les heures d'entraînement. » Quatre jours plus tard, les joueurs obtiennent satisfaction. Ils toucheront 1,2 million sur les cinq… de La Cinq.

Sympas, ils n'oublieront pas d'en faire profiter le staff, en offrant à chacun une montre de marque.

Il y eut aussi un autre petit moment de tension lorsque Luis Fernandez, dépité de ne pas être titulaire lors du premier des trois matchs de préparation au Mexique, dramatisa à l'excès devant les journalistes un petit bobo, jusqu'à laisser planer l'éventualité d'un retour au pays. L'affaire, montée en épingle, offrit à un média le prétexte d'un titre choc : « Fernandez-Michel : le clash ». Voilà le sélectionneur obligé de taper sur la table : « Arrêtez avec vos déclarations à la gomme ! Si on n'affiche pas plus de solidarité et d'unité, on va dans le mur. » Et, à l'intention du boudeur : « Luis, si tu n'es pas satisfait de ton sort, tu peux rentrer à la maison ! » Luis sera aussi le héros malgré lui d'une novillada organisée spécialement pour nous par le gouverneur de la région, Tulio Hernández, dans la splendide Plaza de Toros de Tlaxcala. Vrai ou faux, on nous dit que la dernière bête mise à mort s'appelle Platini… À l'issue de la novillada, Luis descendra dans l'arène braver une vachette. Il ne récoltera ni oreilles ni queue, mais un bon coup de corne dans le postérieur !

Un constat s'impose à la relecture de ces notes de 1986 : dans les trente ans qui vont suivre, on ne va cesser d'aller, en phase finale d'un grand tournoi, vers des modes de vie et de fonctionnement de plus en plus professionnels, laissant toujours moins de place aux quartiers libres, aux visites en tout genre… et aux journalistes.

Les relations avec la presse, pour le Mundial mexicain, avaient été codifiées dès le mois d'avril à la faveur d'une réunion avec le sélectionneur et les représentants des différents médias. En raison du décalage horaire, deux points presse quotidiens, hors veille et jour de match, avaient été convenus : un le matin de 9 h 30 à 10 h 15 pour tous les médias nationaux et internationaux, joueurs présents selon les demandes. Et un second, de 18 h 30 à 18 h 50 pour la presse française uniquement, et pour que les joueurs qui avaient pris des engagements avec certains médias puissent honorer les entretiens individuels nécessaires. C'est ainsi que Platini, outre une chronique quotidienne (que je rédigeais) pour la presse quotidienne régionale, avait des contrats avec Antenne 2, RTL et la RAI ; Tigana avec France Inter ; Battiston avec Sud Radio, Giresse avec *Sud Ouest* tandis que Luis Fernandez tenait un journal de bord pour *L'Équipe*. Heureuse époque, diront les journalistes, nostalgiques de toutes ces libéralités qui pouvaient encore leur être accordées. Autre temps, autres mœurs, ajouterai-je.

Beaucoup d'après-midi de quartiers libres aussi, après l'entraînement du matin, mises à profit pour jouer les touristes et acheter des souvenirs. Après le troisième et dernier match de poule, épouses et compagnes nous rejoindront et, les 10, 11 et 12 juin, on pourra croiser dans les ruelles de San Miguel de Allende, vieille cité coloniale devenue un très beau centre de l'artisanat local, beaucoup de couples français la main dans la main. Les commerçants locaux ont dû réaliser ces jours-là un chiffre d'affaires historique si l'on en juge par le nombre de sacs et de paquets que l'on a vu passer par la réception de l'hôtel. Mon grand chapeau mexicain noir avec fils dorés est encore là pour en témoigner.

En se qualifiant pour le second tour à élimination directe, *L'Équipe* de France a honoré la première partie de son contrat. Platini, comme d'habitude, aura la bonne formule : « On a fait ce qu'on avait à faire. Ni plus ni moins. » Maintenant, on peut avoir le vertige quand on se penche sur ce qui attend l'équipe de France : en huitièmes, face à nous, ce sera l'Italie, championne du monde en titre. Si ça passe, en quarts, ce sera le Brésil, déjà trois étoiles sur le maillot, et, derrière, selon toute vraisemblance, l'Allemagne, notre bête noire préférée, deux étoiles.

« Bonjour, c'est le palais de l'Élysée »

À 6 h 15, au matin du match contre l'Italie, je suis tiré du sommeil par une voix française : « Bonjour, c'est le palais de l'Élysée. » Encore dans les vapes, je suis tenté de répondre : « Oui, vous êtes bien à Buckingham Palace. » Mais je m'abstiens et je fais bien car c'est effectivement le cabinet du président de la République qui m'informe que François Mitterrand voudrait parler à Henri Michel. Même pour le président, je ne me vois pas réveiller le sélectionneur si tôt, et on convient donc, avec mon interlocutrice, que le contact entre François Mitterrand et Henri Michel sera établi peu après 7 h 30, heure convenue du réveil général.

Dans le magnifique stade olympique de Mexico, secoué de olas impressionnantes, on saisit très vite que l'on a affaire à une équipe de France des grands jours. Rayonnante, dominatrice, sûre d'elle après un but de Platini au quart d'heure de jeu et un autre de Stopyra en début de seconde période, elle plie l'affaire sans aucune discussion. Les champions du monde sont au tapis. Dans le vestiaire français, Tardelli vient échanger son maillot avec Platini et lui offre une casquette « Champion du monde ». Le Polonais Boniek, équipier de notre numéro 10 à la Juventus, passe aussi en visiteur et ne tarit pas d'éloges sur la performance des Français. À la une de *L'Équipe* le lendemain : « Les enchanteurs de Mexico ».

On vient de passer avec succès un col de première catégorie mais c'en est un autre qui nous attend, hors catégorie, avec le Brésil en quart de finale, à Guadalajara. Le Brésil, grand favori de l'épreuve, est suivi et soutenu par une immense armada de supporters et de journalistes du genre envahissant contre lesquels je devrais, plus d'une fois, hausser le ton ou faire barrage, entretenant et justifiant la réputation, pas toujours flatteuse, qui m'est faite. Ce n'est pas mon tempérament profond, plutôt accommodant, mais quand la fonction et les circonstances l'exigent, c'est vrai, je parle haut et fort et je peux être très... directif, pour ne pas dire cassant. Que tous ceux qui se sont sentis bousculés, maltraités et rabroués vertement, pendant toutes ou partie de mes trente saisons en équipe de France, veuillent bien trouver ici, et accepter, mes excuses peut-être tardives, mais sincères...

Nous voici enfin, ce samedi 21 juin, sur la route du stade Jalisco, théâtre des opérations de ce quart de finale tant attendu. Notre escorte policière semble prendre un étrange plaisir à nous infliger une conduite saccadée, avec des à-coups, freinant inexplicablement dans les montées ou abordant un peu vite des virages serrés. Il s'en trouvera évidemment, dans nos rangs, pour crier au complot et dénoncer une tentative de déstabilisation des Brésiliens, avec la complicité de leurs amis mexicains. C'est vrai qu'on a connu ce genre de petites mesquineries dans les pays de l'Est, au temps du rideau de fer, avec des bus chauffés à bloc en plein été, mais franchement, là, au Mexique, je ne peux pas rejoindre le camp des indignés.

Pas d'indignation, mais un vrai choc en découvrant ce petit bijou qu'est Jalisco et ses soixante-cinq mille spectateurs, pratiquement tous parés du jaune du maillot brésilien. Pas de doute, on va jouer chez l'adversaire. Tandis que les joueurs se préparent en sous-sol, dans un vestiaire étroit et vétuste, coupé en deux, qui ne serait même pas homologué aujourd'hui en ligue 2 – mais équipé de bouteilles d'oxygène en prévision d'éventuels problèmes respiratoires à cause de l'altitude –, nous parviennent, assourdis, les échos de tous ces mini-orchestres brésiliens disséminés un peu partout dans le stade, et qui créeront pendant plus de trois heures une ambiance exceptionnelle. Pour un match qui ne l'est pas moins, encore dans bien des mémoires avec le suspense de ses tirs au but, dont Pelé ira jusqu'à dire : « C'est sans doute, à ce jour, le meilleur match de l'histoire de la Coupe du monde. »

En regagnant les vestiaires, un tambourin sans doute jeté des tribunes par un supporter brésilien dépité m'érafle l'oreille, et manque de m'allonger pour le compte sur la pelouse du Jalisco. Un peu sonné quand même, mais non sans avoir ramassé le tambourin que j'ai toujours gardé, telle une pièce à conviction, je n'ai qu'à me laisser guider par les « *la la la la la la la la... Brasil... Brasil... La la la la la la la* » qui fusent déjà des entrailles du stade, pour retrouver le chemin de notre vestiaire où tout le monde danse déjà la samba en tapant dans les mains. Adolphe Dhrey, caméra au poing, immortalise ces moments fous. C'est l'un des plus beaux vestiaires de victoire dont je me souvienne. Moche, exigu, presque miteux, mais peuplé de garçons tellement heureux, tellement rayonnants, chavirés de l'immense bonheur d'avoir terrassé les artistes brésiliens.

La finale avant l'heure

C'est la fête, au retour à l'hôtel, avec un accueil en musique servi par les inévitables mariachis et un repas ni tout à fait déjeuner ni tout à fait dîner mais un peu des deux, où l'on fêtera les anniversaires de Platini (21 juin), Xuereb (22), Tigana (23) et Bossis (26). Tir groupé... Notre cuisinier, Claude Sagot, avait préparé avec amour une superbe pièce montée qu'il apporte solennellement sur la table des joueurs... qui n'en connaîtront jamais le goût : Luis s'est levé comme un beau diable, a saisi à pleine main l'étage supérieur du gâteau qu'il écrase goulûment sur le crâne de Platini. Après, c'est une mêlée indescriptible, tout le gâteau finit en shampooing, il y en a partout, sur la table, sur les survêtements, sur le sol. Un carnage qu'observe, consterné, notre pauvre cuistot qui avait eu tant de mal à trouver tous les ingrédients dont il avait besoin, et qui a passé toute la matinée à confectionner sa pâtisserie. Et nos fêtards se lanceront ensuite dans un tour de table endiablé, assis sur leurs chaises qu'ils soulèvent de leurs pieds pour les faire avancer, dans la meilleure tradition des mariages de nos campagnes.

Ambiance détendue et festive, toujours, le lendemain dans le décor somptueux de lacs et de montagnes de l'hôtel Real de Chapala. Cette fois c'est le Premier ministre Jacques Chirac qui appelle Henri Michel pour les félicitations d'usage, en prélude à un barbecue géant au son de la musique mexicaine qui nous aura accompagnés tout au long de cette Coupe du monde.

C'est le lendemain que survient ce que l'on va appeler « l'incident *Paris Match* ». Le bruit se répand, et enfle dans la matinée, que l'hebdomadaire, qui aime à vanter le poids de ses mots et le choc de ses photos, a proposé de l'argent pour avoir des photos exclusives de l'intimité de la vie de l'équipe de France. Beaucoup de « on-dit », pas de faits vraiment avérés, comme souvent en pareil cas, mais le poison de la rumeur fait son œuvre, énerve beaucoup Henri Michel, et amène les joueurs à annuler des rendez-vous convenus, dans l'après-midi, pour des photos. Mon ami Patrick Mahé

O'Chinal, journaliste de grand talent et plume de référence de *Match* sur cette Coupe du monde, se fendra d'une belle lettre indignée, un peu grandiloquente, à Henri Michel, pour jurer qu'il y a belle lurette que *Paris Match* n'a plus recours à ces procédés. Concluant, habilement, que tout le monde aurait à gagner dans une collaboration intelligente qui servirait à la fois les lecteurs de *Paris Match* et les supporters de l'équipe de France, qui sont souvent les mêmes. Fine démonstration, joliment troussée, mais qui ne convainc pas grand monde.

Le seul témoignage, vécu, que je peux apporter sur ce chapitre délicat mais, hélas, pas nouveau, c'est que j'avais moi-même, peu après notre arrivée à Tlaxcala, été approché par Jack Garofalo, photographe bien connu de *Paris Match*. Il m'avait proposé, franco, de me fournir un petit appareil photo très discret qui me permettrait de prendre des photos de la vie du groupe. À charge pour moi de lui remettre les pellicules. Avec, à la clé, un petit contrat à négocier, que je n'ai, bien sûr, jamais accepté. Point.

Ça ne sert jamais à rien de refaire l'histoire, mais je reste persuadé que, pris dans le tourbillon de la victoire sur le Brésil, on a fêté un peu trop bien et un peu trop longtemps ce succès « historique », et qu'on y a laissé, presque autant que sur le terrain du Jalisco, de l'influx et de l'énergie. Sans compter que cet hôtel Real de Chapala, idyllique lieu de villégiature, ouvert à tous les vents, peuplé de très jolies touristes et où logeaient même quelques supporters marseillais, n'était sans doute pas un lieu de séjour idéal entre un quart et une demi-finale de Coupe du monde. Mais, comme toutes les équipes, nous ne pouvions que nous conformer aux choix hôteliers et aux réservations de la FIFA. Ce qui est certain, c'est qu'on ne verrait pas aujourd'hui, le matin d'une demi-finale, les joueurs bloqués dix minutes en allant au petit déjeuner pour signer des autographes ou faire des photos ; on ne verrait pas non plus un François-Henri de Virieu s'inviter à la table des joueurs pour une discussion à bâtons rompus, comme si on allait jouer dans l'après-midi un tournoi de sixte.

Disons, sans vouloir diminuer les mérites de nos vainqueurs allemands, que l'équipe de France, méconnaissable, est passée complètement à côté de sa demi-finale, et laissons, une fois de plus, à Platini le soin de conclure : « À Séville, en 82, on a perdu. On a perdu par ce que nous avions, un moment, tenu la victoire. À Guadalajara, l'Allemagne a gagné. Elle a gagné tout simplement un match que nous n'avons jamais été en mesure de contrôler. » C'est assez clair, l'équipe de France avait joué « sa finale » de Coupe du monde contre le Brésil, et il n'y avait plus d'essence dans le moteur.

Dans l'amertume de la déconvenue et du rêve qui s'effondre, les langues se délieront pour mettre en cause, comme je l'ai déjà fait, les conditions de préparation dans un hôtel inadapté. D'autres iront plus loin, comme ce joueur qui me confiera : « Quand il faut mettre le bleu de chauffe, tout le monde doit mettre le bleu de chauffe. Quand il y en a qui se paient, tout le match, des allers et retours de quatre-vingts mètres, pendant que d'autres restent le cul sur le gazon au moindre contact, ça ne peut pas marcher. » Paroles de dépit, sans doute, mais pas forcément à des années-lumière des réalités de ce non-match.

Heureusement, ce n'est pas sur cet entre-deux un peu flou et équivoque que l'équipe de France quittera le sol mexicain. Pour le match de classement contre la Belgique, à Puebla, le 28 juin, Henri Michel fera largement appel à ceux que l'on appelle « les coiffeurs ». Rust, Le Roux, Vercruysse, Ferreri, Bibard, Genghini et Papin, au coup d'envoi, mettront un point d'honneur à ne pas laisser la médaille de bronze à la Belgique, au terme d'un match qui nous emmènera en prolongation.

Quand il recevra sa médaille des mains du président de la FIFA João Havelange, Albert Rust lui glissera : « C'est la deuxième médaille que vous me remettez en deux ans, après celle, en or, des Jeux olympiques de Los Angeles. » Et comme il n'y avait que vingt-cinq médailles pour toute la délégation française, et déjà vingt-deux pour les joueurs, Henri Michel, toujours grand seigneur, offrira la sienne à

Gérard Banide, pour que Marc Bourrier et Henri Émile puissent aussi avoir la leur.

La fin de la génération Platini

L'équipe de France ne rentrera pas au pays en Concorde comme François Mitterrand l'avait promis en cas de finale. Elle rentre avec une médaille de bronze qui valide, après l'or de l'Euro 84, le parcours plus qu'honorable d'une « génération Platini » riche de beaucoup de talents, au-delà de celui, exceptionnel de son brillant leader. Une génération à laquelle il a manqué peu de choses pour réaliser, allez savoir, un doublé voire un triplé historique.

Platini me prendra plusieurs fois à témoin : « Philippe, toi qui as connu notre génération et celle des Champions du monde 98, conviens qu'on jouait mieux au football qu'eux ! » Ah, le joli débat que voilà… Mais je n'ai jamais varié dans ma réponse : « Si tu veux que je te dise qu'il y avait, sans doute, plus de potentiel technique chez vous que chez eux, je veux bien. Mais chez les Champions du monde 98, il y avait une culture du résultat que vous n'aviez sans doute pas. Une faculté du dépassement et du "ne rien lâcher", si bien illustrée par ton ami Deschamps, qui a sans doute fait défaut, ici ou là, à quelques joueurs de ta génération. »

Le genre de débat sans fin où chacun peut mettre ce qu'il veut en fonction de ses goûts et de ses convictions. C'est ce qui fait aussi le charme de ce jeu, cette opposition constante entre le résultat et la manière, déjà abordée et que j'aborderai encore, mais avec cette réalité qu'il est difficile de contester : la manière, on l'oublie vite, les résultats restent.

Jean-Marc Ferreri avait dit, au lendemain de la Coupe du monde mexicaine : « Ce mondial a marqué la fin d'une génération. L'avenir nous appartient. À nous de prouver que nous sommes dignes d'assurer la succession. » Erreur de diagnostic ou confiance excessive dans la génération appelée à prendre la relève ? Mauvaise appréciation, lors du match de classement contre la Belgique au grand complet, du réel potentiel des « coiffeurs » ? Toujours est-il que les choses ne vont pas se passer du tout comme prévu, et que le football français, malgré son système de formation performant, qui lui permet de sortir chaque saison des éléments de réelle qualité, va encore s'offrir une mini-traversée du désert, sans Euro 88, sans Coupe du monde 90.

Ce n'est évidemment pas un hasard si ce nouveau trou d'air coïncide avec la fin de carrière d'un Platini qui n'en peut plus et qui n'en veut plus – « Mon corps a dit stop, j'ai été débranché », confiera-t-il – et de la descente du train bleu, aussitôt après Mexico, des Giresse, Rocheteau, Bossis, Genghini, Bibard et Tusseau. Et si Battiston, Tigana et Bats jouent le temps additionnel de leur parcours en Bleu, la page est déjà tournée.

Les rescapés du Mexique, autour d'Amoros, Ferreri, Papin, Fernandez et Stopyra, vont bien essayer de tenir la baraque mais sans jamais trouver les bonnes formules ni le ciment capable de faire tenir l'ensemble. Le sang nouveau injecté dès l'automne 1986 par Henri Michel avec Thouvenel, Boli, Bijotat, Poullain, Jeannol, Passi et d'autres est loin de régénérer le collectif, pas plus que le retour très fugace de José Touré.

Aulas a deux faces

C'est dans cette période plutôt incertaine de l'histoire de l'équipe de France que, en toute discrétion et sans que cela fasse les gros titres des journaux, un certain Aulas Jean-Michel, industriel lyonnais ambitieux de 38 ans devient, poussé par son ami Bernard Tapie, président de l'Olympique lyonnais. L'OL de l'époque, c'est la belle endormie du football français. Le club ronronne gentiment et dans l'indifférence générale, entre division 1 et division 2, sous la fausse autorité débonnaire, tantôt d'un éminent chirurgien-obstétricien, tantôt d'un grossiste en fruits et légumes, ou d'un dentiste.

Presque rien au palmarès, si ce n'est trois Coupes de France, celle de 1967 devant surtout sa notoriété au général de Gaulle, auteur d'une belle rentrée en touche sur une balle égarée en tribune présidentielle par Hector Maison.

Avec constance et perspicacité, Aulas, parallèlement au développement de sa société de maintenance informatique, va construire l'Olympique lyonnais des temps modernes. Il va, de façon tout à fait remarquable, concilier ce qui, pour beaucoup, semblait jusque-là difficilement conciliable : la montée en puissance, régulière et simultanée, des trois secteurs clés d'un club pro, à savoir la compétitivité de l'équipe première, la formation, et le business. En dix ans, il va parvenir à ses fins, installant durablement l'OL parmi les postulants réguliers au titre de champion de France, qu'il va même s'offrir sept fois consécutivement de 2002 à 2008, record à battre. Ajoutez deux Coupes de France, une Coupe de la Ligue, un Trophée des Champions et une participation presque régulière à la phase de poules de la Ligue des champions, et vous aurez un panorama complet et fidèle d'un club fort, sain et bien géré qui semble inscrit durablement dans le top cinq du football national.

Le président Aulas n'est pas toujours facile à vivre et travailler avec lui demande beaucoup de vigilance. Ses entraîneurs et ses proches collaborateurs vous le diront, mille exemples à l'appui. Il vaut mieux l'appeler et venir au rapport deux ou trois fois dans la journée qu'une seule. Mais il fonctionne comme ça, et il avance vite et bien.

Couronnement du système Aulas, symbole fort d'une réussite incontestable et incontestée, ce magnifique stade ultramoderne de soixante mille places érigé, sur fonds privés, à Décines, à deux encablures de l'académie OL à Mézieux, où sont regroupés les talents du Lyon de demain. « Talents » au masculin *et* au féminin puisque, et c'est encore à mettre à son crédit, JMA va mettre le paquet sur le football féminin professionnel. En écrasant la concurrence, nationale et internationale, avec une politique salariale particulièrement agressive que personne ne peut suivre, pour l'instant du moins. Mais les résultats sont là, impressionnants, presque surréalistes : depuis 2004, treize titres de championnes de France et six Coupes d'Europe !

Pourquoi faut-il que l'homme qui a accompli tout cela, qui peut se prévaloir d'un bilan aussi exceptionnel et sans doute sans équivalent – qui lui vaudra, c'est sûr, de figurer au panthéon des plus grands dirigeants du football français –, oui, pourquoi faut-il que cet homme-là brouille son image, mais aussi celle de son club qui mériterait l'attention et l'admiration de tous, par une communication trop souvent ambiguë et outrancièrement partisane ?

Ce tweeteur compulsif, qui dégaine presque aussi vite que Donald Trump, irrite tout le monde avec ses fichues habitudes de mettre la pression, au gré de ses humeurs et de ce qu'il croit être l'intérêt de l'OL, sur les adversaires, les arbitres et les médias. Dommage d'en être encore là quand on a pris un club aussi bas pour le mener aussi haut.

Le putsch de la Toussaint

Le sélectionneur Henri Michel le sait, sa cote, très élevée après la médaille d'or olympique de Los Angeles et celle de bronze du Mondial mexicain, en a pris un coup avec ces éliminatoires ratées de l'Euro 88. Déjà, dans l'entourage des présidents Fournet-Fayard et Sadoul, des gens qui ne lui veulent pas forcément que du bien commencent à poser ouvertement la question : est-il l'homme de la situation ? Après avoir bien géré l'héritage de Michel Hidalgo, n'est-il pas en train de montrer ses limites avec un groupe à rebâtir, un amalgame délicat à réaliser entre les anciens et les nouveaux ?

Henri ne prête pas attention à ce genre de rumeurs. L'homme est droit, entier, et se soucie peu de ce que l'on peut dire de lui. Fidèle en amitié, il travaille en parfaite osmose avec Henri Émile avec qui il a passé, à l'INSEP, le troisième degré du brevet d'entraîneur. Il aime la vie, il aime bien vivre, c'est vrai, sans doute moins que la réputation qui lui en a été faite, mais suffisamment pour que son image en soit un peu brouillée. Pas un problème, même s'il admet qu'il monte parfois un peu vite dans les tours, pouvant alors se montrer trop agressif, et blesser par des mots qui dépassent sa pensée.

Dans son travail, personne n'a jamais eu quoi que ce soit à lui reprocher. Il sait ce qu'il veut et il avance avec ses convictions et ses principes, même s'il lui arrive de ne pas toujours aller au bout de ses idées. Tout juste me suis-je fait la remarque que le Henri Michel de 1988 n'était plus tout à fait le même que le Henri Michel de 1985 et 1986. Au Mexique j'avais été séduit par des causeries claires, des mots bien choisis et forts. Là, il me semble qu'il y a moins d'aisance, moins d'impact aussi. Peut-être un peu de lassitude également. Fournet-Fayard, qui avait fait le même constat que moi, me dirait au sortir d'une causerie du sélectionneur : « Il faudrait qu'il ait un verre d'eau à côté de lui... Des fois, ça a du mal à sortir... Peut-être aurait-il besoin de quelques cours de media-training ? »

Clairement l'homme était « sous surveillance » et il n'avait surtout pas le droit de se rater pour atteindre l'objectif désormais prioritaire : qualifier l'équipe de France pour la Coupe du monde 90, et poursuivre ainsi sur la série en cours après Argentine 78, Espagne 82, et Mexique 86. Le football français, enfin revenu sur la scène internationale ne pouvait pas s'offrir le discrédit d'un retour à l'anonymat.

C'est en tout cas le raisonnement de ceux qui vont imaginer et mettre en place « le putsch de la Toussaint », après le peu glorieux 1-1 de Limassol contre Chypre. Le complot pour évincer Henri Michel se trame dans un hôtel de Budapest, à la faveur d'un déplacement de Bordeaux en Coupe d'Europe, autour du trio Bez-Darmon-Vendroux. Le projet est vite ficelé : exit Michel, vive Platini ! Ce dernier n'a aucune expérience à ce poste, n'a jamais entraîné, mais qu'importe, son nom seul, pour eux, vaut tous les diplômes. Platini, c'est sûr, pour des businessmen comme Darmon et Bez, est plus *bankable* qu'un Henri Michel en perte de vitesse et de crédibilité. Pour faire sérieux on lui adjoint quand même Gérard Houllier, qui lui, au moins, sait ce qu'entraîner veut dire.

Le plan est facilement validé par Fournet-Fayard, qui ne « sent » plus trop Henri Michel, par Sadoul, aussi, qui ne refuse rien à Darmon, et qui craint Bez dont la réussite à Bordeaux l'impressionne. Le même Sadoul qui, quelques semaines auparavant, avait assuré le sélectionneur de « son entière confiance », au sortir d'un dîner partagé à Clairefontaine. Henri aurait dû se méfier, c'est le genre de phrases qui, dans le milieu du foot, précède souvent un limogeage ! Il est convenu que l'opération sera déclenchée à la Toussaint, Fournet-Fayard convoquant Henri Michel à son domicile de Bron pour lui annoncer, avec les formes, que c'est terminé pour lui. Simultanément, Jacques Vendroux lâchera le scoop sur les antennes de France Inter. Tous les comploteurs pensent n'avoir rien oublié… sauf que ça ne va pas se passer comme ça.

Le scénario, tel que j'ai pu le reconstituer au gré de confidences, est le suivant. La veille du jour J, Sadoul participe dans ses chères Cévennes à un dîner qui ne réunit *a priori* que des gens loin des petites affaires du football. C'est donc en toute innocence et décontraction que Sadoul, au moment du dessert, lance aux notables qui l'entourent une phrase du genre : « Henri Michel, c'est fini, demain on installe Platini. » Or, parmi les convives, il y en a un qui connaît très bien Eugène Saccomano, un enfant du pays, la voix du football sur Europe 1. Et, forcément, il se doute que l'info peut l'intéresser.

Voilà comment, au milieu de la matinée du 1er novembre, Sacco et Europe grillent la politesse à France Inter et à Vendroux, qui rameront toute la journée pour laisser entendre qu'ils savaient tout avant tout le monde. Et quand le pauvre Henri Michel, dûment prié, comme convenu, de se présenter à Bron, arrive au domicile de Fournet-Fayard, il est assailli par une nuée de journalistes, micros et caméras en bandoulière, sur le pied de guerre depuis le milieu de la matinée !

Je cherchais en vain, depuis plusieurs heures, à joindre le président de la Fédération mais, en ce jour particulier, il était allé se recueillir sur la tombe de ses parents à une centaine de kilomètres de Lyon. Quand on arrive enfin à se parler, on ne peut que constater les dégâts : Henri Michel sait déjà le sort qui l'attend, le président ne va rien lui apprendre du tout puisqu'il sait déjà tout. On essaiera de sauver la face avec un communiqué alambiqué, mais l'impression laissée par ce putsch de la Toussaint, sur le fond comme dans la forme, est désastreuse.

Lors de la conférence de presse organisée dans les jours qui suivent pour que Fournet-Fayard, pas à l'aise du tout, présente le trio Platini-Houllier-Bez, à ses côtés sur l'estrade, le nouveau sélectionneur commet son premier faux pas. Il informe, malgré mes mises en garde, que, dorénavant, la composition du groupe des joueurs sélectionnés pour chaque match sera annoncée par un simple communiqué à l'AFP, et non plus à l'occasion d'un point presse, comme il était d'usage jusque-là. Michel m'avait expliqué : « Ça ne sert à rien de faire une conférence de presse pour donner une liste de noms ! Je n'ai pas à justifier mes choix. Une fois que l'équipe aura joué, gagné ou perdu, je veux bien échanger, une heure s'il le faut, avec les journalistes sur le pourquoi et le comment du résultat. Mais avant, non… Ça va être du bla-bla sur de simples hypothèses, ça ne m'intéresse pas du tout ! » Pas vraiment dénué de bon sens, mais tellement peu conforme aux usages que, comme je l'avais prévu, l'Union syndicale des journalistes de sport montera tout de suite au créneau, demandera à voir Fournet- Fayard et Sadoul et obtiendra, sans coup férir, le retour à la bonne vieille conférence de presse classique.

Le limogeage d'Henri Michel n'est pas seulement piteux et rocambolesque dans son déroulement, désavoué, de surcroît, par une majorité des sélectionnés et sélectionnables de l'époque, il est aussi une étrange et inquiétante démonstration de la capacité d'intervenants extérieurs – on va les appeler comme ça – dans des domaines où la Fédération, son président, sa direction technique, éventuellement la Ligue professionnelle, devraient être seuls concernés et décideurs.

Pour aussi respectables que soient le directeur des sports de Radio France, le président du club en vue du moment, et le Monsieur Pub, Marketing et TV de la Fédération, ce n'est pas à eux de monter ce genre de plan, peut-être séduisant en apparence, mais plus que discutable à l'analyse. Et qui ne se révélera pas, non plus, très efficace, puisque la France ne participera pas à la Coupe du monde en Italie. Ce n'est pas non plus à la gloire des plus hauts dirigeants du football français de s'être laissés embarquer aussi facilement dans une aventure qui choquera beaucoup de monde en interne, et d'abord nos techniciens les plus chevronnés.

Les Bleus au pays de l'or noir

Quand arrive à Belgrade le premier match de l'ère Platini au poste de sélectionneur, tout le monde a les yeux tournés vers lui. Pendant l'échauffement et même pendant le match, au mépris des conventions, les photographes se bousculeront afin de s'approcher au maximum du banc de touche français. C'est d'ailleurs au cours de ce match que Platini me demandera de faire la police et de rester près du banc pour chasser les intrus, parce qu'il veut suivre le match à peu près sereinement sans se sentir en permanence épié et traqué. Cette précision, aussi, pour éclairer la lanterne de ceux qui m'ont demandé, parfois, ce que je faisais sur le banc à l'époque. Si le chef de presse prend place sur le banc ou tout à côté, selon le nombre des places disponibles, c'est aussi qu'il doit être très près du terrain pour gérer les interviews convenues au bord de la pelouse, en fin de match, et se tenir en relation, pour infos à échanger, avec le reporter terrain du diffuseur, installé à quelques mètres du banc.

Tout Platini qu'il soit, le nouveau sélectionneur n'inversera pas la tendance d'un coup de baguette magique et les Français ne participeront pas à la Coupe du monde 90 en Italie. Néanmoins, l'arrivée du célèbre numéro 10 à la tête des Bleus, si elle n'a pas eu d'effet miraculeux, a quand même fait évoluer les mentalités et donné un sacré coup de boost au jeu tricolore. Et il faut déjà penser à la suite, aux défis à venir.

Quoi de mieux que de s'éloigner du pays, de ses petites misères, de ses bisbilles, et de partir à l'aventure dans un décor un peu exotique, pour se forger un moral et préparer les conquêtes de demain ? Aussitôt dit, aussitôt fait. Ce sera le Koweït, en janvier 1990. Oui, le Koweït de ce dignitaire en djellaba qui était rentré sur le terrain de Valladolid pendant la Coupe du monde 82 pour faire annuler un but de Giresse. Cet homme, frère de l'émir du pays qui, après avoir été le meilleur ennemi de Michel Hidalgo, est devenu un très bon ami de Michel Platini. Et qui a proposé d'accueillir l'équipe de France pour son escapade du début de l'année.

Et elle fut belle, sympathique, cocasse aussi parfois, cette escapade au Pays de l'or noir. Le cheikh et ses amis avaient mis les petits plats dans les grands pour honorer leurs hôtes et peut-être aussi se faire pardonner le coup fourré de Valladolid le 21 juin 1982. On mêlera l'utile et l'agréable – deux matchs amicaux, gagnés, contre le Koweït et la RDA, mais aussi juste ce qu'il faut de tourisme et de folklore.

On nous avait organisé une journée de détente, balade à dos chameau et déjeuner dans le désert. *Dress code* : la tenue locale, djellaba, babouches et coiffe adéquate, ce petit cercle noir dans lequel on passe habilement le keffieh à carreaux rouges ou noirs. Avant le départ, des djellabas avaient été mises à disposition, chacun choisissant son coloris et surtout sa taille. En trouver une à la dimension du corpulent Loulou Nicollin ne fut pas facile. Pour monter sur le chameau non plus, les mauvaises langues allant même jusqu'à prétendre que le chameau a dû être abattu au retour de notre promenade ! Et pour enlever la chasuble, au retour à l'hôtel alors là, mission impossible. Je nous revois, avec Henri Émile dans la chambre du président de Montpellier, allongé sur le lit, essayant de lui enlever sa djellaba. Par la tête, ça ne passait pas, par les pieds ça coinçait. Le vêtement sanglait, que dis-je, moulait parfaitement Loulou et ses rondeurs, et pas moyen de la faire glisser ! On dut s'emparer d'une paire de ciseaux et tailler dans le vif… du tissu, pour que Loulou puisse retrouver son look habituel.

Excellent souvenir aussi, de notre déjeuner sous de belles tentes dressées en plein désert avec de riches tapis sur le sol.

Entre deux bouchées d'un agneau succulent et d'une semoule fondante, un ou deux défenseurs de l'équipe de France avaient entrepris un marquage serré de Miss France, qui était aussi de la fête, accompagnée de Madame de Fontenay qui, même dans le désert, n'avait pas quitté son célèbre chapeau.

On eut droit, après les savoureuses pâtisseries orientales, à une impressionnante démonstration d'un dresseur de faucon, et à la visite d'un adorable bébé tigre qu'on se passa de main en main, comme une petite peluche, pour la photo souvenir. Mais le moment le plus fou, incontestablement, était à venir quand on proposa à quelques joueurs une kalachnikov pour s'exercer au tir sur de vieux bidons déposés à quelques dizaines de mètres. Le premier à solliciter l'arme fut, devinez qui : Éric Cantona.

On connaît le caractère parfois fantasque de l'attaquant et les rapports souvent compliqués qu'il entretient avec les médias. Aussi, quand il se tourna vers le petit groupe de journalistes français qui nous accompagnaient, mais ne savaient pas que l'arme n'était pas encore chargée, dans la position du tireur prêt à faire feu, ce fut panique à bord, tout le monde aux abris ! Je crois que le King en rigole encore.

Pas triste non plus, l'incident Papin lors du Koweït-France du 21 janvier. Le match était assez heurté et JPP, remplaçant n'en finissait pas, sur le banc de touche, de s'indigner du comportement agressif et violent des défenseurs koweïtiens : « Ils se croient vraiment tout permis ! Ils vont bien finir par nous en blesser un… Il faut se faire respecter… Attends un peu que je rentre, et je vais m'occuper d'eux. Ils ne vont pas être déçus ! » En deuxième mi-temps, Papin remplaça Cantona et on guetta avec gourmandise le traitement promis par notre JPP aux rugueux arrières centraux koweïtiens. Seulement voilà, sur un corner pour la France, Papin se trouva à la lutte sur une balle aérienne avec un certain Fodel Matar… et c'est le Français qui se retrouva au sol, le nez cassé, et obligé de sortir !

Psychodrame à Tirana

L'air du Koweït, qui allait être envahi six mois plus tard par les troupes de Saddam Hussein, était-il à ce point vivifiant et euphorisant ? En tout cas le résultat était là : après la virée au Koweït en janvier 1990, et jusqu'à la fin des éliminatoires de l'Euro 92, en novembre 1991, l'équipe de France va disputer douze matchs, et en gagner onze, seulement un 0-0 en amical contre la Pologne. Elle va, surtout, réaliser le grand chelem : huit victoires pour huit matchs, dans le groupe de qualification où elle se retrouvait avec l'Islande, la Tchécoslovaquie, l'Albanie et l'Espagne.

Du jamais fait, du jamais vu !

Très vite, l'évidence va s'imposer, même à un Platini que l'on ne peut pas soupçonner de ne pas aimer un jeu construit et léché, que cette nouvelle génération possède avec le tandem Papin-Cantona une sorte d'arme atomique. Quand ces deux-là carburent à plein régime, pas la peine de trop se creuser les méninges pour savoir si on joue avec deux, trois ou quatre milieux, s'il faut écarter, resserrer ou coulisser… On leur donne le ballon et ils se débrouillent. D'accord, le raccourci est un peu simpliste, mais Platini ne démentirait jamais que ça pouvait se passer comme ça. Voyez plutôt le tableau de bord de cette phase de qualification à l'Euro 92, de ce huit sur huit inédit.

Premier match en Islande : victoire 2-1, buts de Papin et Cantona. Deuxième match contre la Tchécoslovaquie : 2-1, deux buts de Papin. Troisième match en Albanie : 1-0, Papin et Canto forfait, Boli nous sauve la mise. Quatrième match contre l'Espagne : 3-1, buts de Papin, Sauzée et Blanc. Cinquième match contre l'Albanie : 5-0, deux buts de JPP. Sixième match en Tchécoslovaquie : 2-1, deux buts de Papin. Septième match en Espagne : 2-1, un but de Papin, un autre de Fernandez, superbe volée en ciseau aux 16 mètres. Huitième match contre l'Islande : 3-1, doublé de Cantona.

Lumineux, non ? Les deux hommes, sur le terrain, se trouvent presque les yeux fermés et JPP s'en souvient aujourd'hui encore avec un brin de nostalgie : « On n'avait pas besoin de se parler, on se trouvait tout de suite. Dès que l'un de nous deux avait le ballon, il savait ce que l'autre allait faire. On gagnait comme ça de précieuses secondes, qui nous ont souvent permis de faire la différence. »

C'est pendant le déplacement en Albanie, en novembre 1990, que je vais vivre un moment assez hallucinant. Trois semaines auparavant a éclaté l'affaire de la caisse noire de Toulon qui entraînera l'inculpation et l'incarcération de son manager, Rolland Courbis. Nous sommes à peine installés dans la banlieue de Tirana que nous parviennent de France, par des liaisons téléphoniques difficiles et mauvaises, des rumeurs alarmistes selon lesquelles, en marge de cette affaire de Toulon, Jean-Claude Darmon est placé en garde à vue.

Darmon est un personnage majeur du football français. Parti de rien dans les années 1970, il va littéralement inventer la publicité dans le football français. Ça commence à Nantes avec des calendriers et des livres d'or, puis viennent les panneaux autour des stades, le sponsoring sous ses formes les plus diverses, et enfin les droits TV. Qu'on aime le bonhomme ou pas – et ils sont nombreux à s'agacer de son intarissable bagout, de ses façons à la hussarde, de ses menaces à peine voilées, et de son incontestable réussite –, il faut lui donner acte de ses idées souvent novatrices et d'un incontestable succès dans ce secteur d'activité.

Jean-Claude Darmon va être dans le coup de tous les grands dossiers du football français pendant trente ans. Rares sont ceux qui lui tiendront tête et parviendront à entraver son action. Il y aura Tigana, pour des histoires de contrats publicitaires avant le départ pour le Mexique en 1986, mais cela reste très anecdotique. Il y aura surtout Platini, qui gardera toujours ses distances et mettra, en sa qualité de coprésident du comité d'organisation, son veto à toute intrusion de Darmon dans les dossiers pub, sponsoring, marketing de la Coupe du monde 98 en France.

Quand on apprend qu'un personnage de cette envergure est placé en garde à vue, c'est l'effervescence dans les rédactions. Je suis abreuvé de coups de fil des journalistes français basés dans le centre de Tirana, et qui exigent, ni plus ni moins, que Fournet-Fayard et Sadoul, qui accompagnent l'équipe de France, viennent s'expliquer dans un hôtel de la capitale albanaise.

Mes présidents commencent par refuser, et on peut les comprendre car on manque cruellement d'éléments avérés : « Qu'est-ce que tu veux que j'aille leur raconter », me demande Jean Sadoul qui, visiblement, refuse de croire que Jean-Claude, son cher Jean-Claude, puisse avoir quelque chose à se reprocher. Et, bien sûr, impossible de le joindre pour avoir un début d'explication.

On ne sait pas grand-chose, c'est vrai, mais j'arrive à les convaincre que la politique de la chaise vide n'est jamais bonne et que, au moins pour dépassionner les débats et ne pas donner l'impression de se défiler, il faut aller à Tirana. Alors nous voilà partis tous les trois à travers la campagne albanaise, découvrant, un peu sidérés, un pays verrouillé et qui doit en être, pour l'agriculture au moins, à peu près au niveau de la France de George Sand. Dans les champs, des femmes sans chaussures, les pieds enveloppés dans des chiffons, essaient de maîtriser une charrue que tire péniblement un gros cheval.

Arrivés sur place, au premier étage d'un petit hôtel sans charme, nous découvrons une pièce enfumée où s'entassent une quarantaine de journalistes français. Je reverrai toujours Philippe Broussard – le fils du célèbre commissaire ayant mis fin à la cavale de Jacques Mesrine – journaliste au *Monde*, debout sur une table et, tel Fouquier-Tinville, apostrophant Fournet-Fayard qui venait de dire… qu'il n'avait pas grand-chose à dire en l'état des informations en sa possession.

« Mais vous n'avez pas l'air de vous rendre compte que nous sommes en présence d'un énorme scandale ! Nous, les informations on les a : Darmon, dans au moins une dizaine de clubs, a monté des sociétés "Mondar", l'anagramme de son nom, et la justice est en train de découvrir le pot aux roses ! »

Tout cela n'était qu'une tempête dans un verre d'eau. Les fameuses sociétés Mondar se sont révélées n'être que des antennes tout à fait régulières de Darmon dans les clubs avec lesquels il était en affaires. Et, après avoir été inculpé « d'abus de biens sociaux, faux et usage de faux en écriture privée », celui que l'on surnommait « le grand argentier du football français » bénéficiera de deux non-lieux. Les incorrigibles complotistes continueront de dire qu'il n'y a jamais de fumée sans feu et qu'il y a « ce qu'on sait et ce qu'on ne sait pas » (?), mais rien ni personne n'empêchera Jean-Claude Darmon, 77 ans aujourd'hui, de poursuivre son très prospère business, avant de se retirer fortune faite.

Un match de filles pour la kermesse

Quand s'achève l'année 1991, sur le grand chelem de l'équipe de France, le Paris SG de Borelli est passé sous pavillon Canal+, Papin a décroché un Ballon d'or amplement mérité, et la FIFA a organisé en Chine la première Coupe du monde féminine de l'histoire. Sans la France qui est encore loin, très loin, des pays scandinaves et des États-Unis, vainqueurs de cette première édition. Le football féminin n'a été reconnu en France par la FFF, et encore du bout des lèvres, qu'en 1970 et au terme d'une longue bataille dont l'élément déclencheur relève pourtant plus de la plaisanterie que d'un réel militantisme.

Le journal *L'Union*, à Reims, avait l'habitude d'organiser chaque année une grande kermesse et d'y proposer une attraction un peu originale. Après un match de lilliputiens, Pierre Geoffroy, journaliste aux sports, en quête de propositions sortant de l'ordinaire, a soudain une idée pour le rendez-vous de 1968 : « Et pourquoi pas un match de foot disputé par des filles ? » Mais l'affaire allait connaître un développement tout à fait inattendu. Les filles, recrutées par petites annonces pour la kermesse, se prirent au jeu, et leur mentor encore plus. Jeune journaliste à *L'Équipe*, je me souviens des visites de Pierre Geoffroy, Faubourg-Montmartre, pour essayer de nous « vendre » le football féminin. Accueil poli, mais sans plus. Pour les journalistes de *L'Équipe*, mais aussi pour la quasi-totalité des Français, le football n'était pas un « sport de filles ». Point. Je faisais partie de cette immense majorité « machiste », mais j'allais me racheter largement par la suite. Initié aux attraits et aux subtilités du football féminin par ma future épouse, Élisabeth, douze saisons de division 1, je serais bientôt à ses côtés un supporter inconditionnel des Bleues, avec écharpe, casquette et drapeau bleu, blanc, rouge. Euros 2001 en Allemagne, 2005 en Angleterre, 2009 en Finlande, et 2013 en Suède ; Coupes du monde 2003 aux États-Unis, 2011 en Allemagne, 2015 au Canada et, bien sûr, 2019 en France, je n'ai presque rien manqué !

Il faut donc saluer la persévérance des Souef, Delahaye, Roy, Monier, pionnières de chez les pionnières, qui iront même disputer une Coupe du monde non officielle au Mexique en août 1971, après avoir déjà constitué l'ossature de la première équipe de France labellisée FFF. Celle qui avait joué et remporté (4-0) son premier match contre les Pays-Bas, le 17 avril 1971, à Hazebrouck.

Pendant de longues années, et en dépit des combats incessants de Marilou Duringer, de Dominique Crochu puis d'Élisabeth Loisel, le football des filles allait vivre chichement, presque toujours dans l'anonymat. La quasi-totalité des vingt mille clubs de la Fédération n'avait aucunement l'envie ni les moyens d'accueillir les filles, et quand un club arrivait à émerger, c'était surtout le résultat d'initiatives personnelles comme celles de Jacques Nowak à Poissy, Marie-Thérèse Policon à Saint-Maur, ou de Josette André à Saint-Brieuc. Tout cela pour un peu plus de deux mille licenciées au terme de la première saison d'existence officielle, et pour un championnat national qui ne verra le jour que trois ans après.

Je me souviens de toutes ces réunions du Conseil fédéral où le football féminin arrivait systématiquement en dernier point à l'ordre du jour… et passait souvent à la trappe. La pauvre Marilou Duringer, l'une des toutes premières joueuses licenciées et première femme élue au conseil fédéral, quittait la salle, effondrée, découragée, elle qui prêchait inlassablement dans le désert : « C'est toujours la même chose. Quand c'est le moment de parler enfin du football féminin, il n'y a jamais le temps ! » Elle a eu bien du mérite de ne jamais baisser les bras et j'ai plus d'une fois pensé à elle, à l'été 2019, au spectacle de l'énorme et réjouissant succès de la Coupe du monde féminine disputée en France pour la première fois.

Dans le sillage de Louis Nicollin, visionnaire et premier président d'un club pro, Montpellier, à y croire vraiment, deux hommes vont donner une impulsion décisive qui permettra la véritable explosion du football féminin en France. Jean-Michel Aulas, qui a compris très vite qu'il ne connaîtrait sans doute jamais avec les garçons l'ivresse d'un titre européen, et qui va faire de l'Olympique lyonnais au féminin le plus grand club du monde. Et Noël Le Graët, élu président de la FFF, qui va faire du football féminin une priorité absolue de ses mandats. Il confie à Brigitte Henriques, ex-internationale sous le nom de Brigitte Olive, élue sur sa liste et promue secrétaire générale, puis vice-présidente, de la Fédération, le soin de mettre en œuvre un plan de féminisation déjà bien élaboré avant leur arrivée aux commandes.

Succès total. Les effectifs vont taquiner les deux cent mille licenciées, la Coupe du monde organisée en France en 2019 a été, d'un point de vue populaire et médiatique, un énorme succès avec des audiences télé inimaginables, entre 7 et 10 millions de passionnés et passionnées conquis devant leurs écrans. Et à la rentrée 2019-2020, les clubs ont dû faire face à un nouvel afflux massif de filles de tous âges, qui ne laissent plus à leurs frangins ou à leur papa le monopole d'aimer et de pratiquer le football.

Une réserve toutefois dans cette belle histoire, qu'illustrent bien les limites de l'équipe de France éliminée en quarts de finale l'an dernier par les futures vainqueures américaines, en dépit d'un travail rigoureux et très professionnel de la sélectionneuse Corinne Diacre. Si Aulas a fait de l'OL féminin un club puissant et de référence, ce n'est pas seulement en s'appuyant sur les meilleures joueuses françaises, mais aussi en ayant recours massivement, très massivement, aux meilleures joueuses étrangères telles, hier, Hope Solo et Megan Rapinoe, les Américaines, Lotta Schelin, l'avant-centre suédoise, et aujourd'hui Ada Hegerberg, la Norvégienne, premier Ballon d'or féminin en 2018, ou Dzsenifer Marozsan, la numéro 10 allemande. Les meilleures joueuses françaises, attirées par les salaires mirobolants consentis par JMA, prennent sans se faire prier la direction de Lyon mais leur temps de jeu y est souvent limité face à l'énorme concurrence étrangère. Si Bouhaddi, Renard, Mbock, Henry, Majri, Le Sommer constituent bien l'ossature de l'équipe de France, nombreuses sont les jeunes joueuses, pourtant prometteuses et titrées dans les compétitions internationales de jeunes, qui acceptent de faire banquette pour quelques milliers d'euros. Certaines n'accrocheront jamais le wagon du haut niveau.

Ajoutez à cela un championnat hétérogène, où Lyon écrase toute la concurrence, suivi à grand-peine par le PSG, Montpellier ou Paris FC, tandis que tous les autres bricolent encore, et que trop de clubs pros tardent à jouer franchement la carte du football féminin, il faut alors convenir que, derrière l'euphorie d'une splendide Coupe du monde et la façade brillantissime de l'OL, il y a encore beaucoup, beaucoup de travaux à terminer. Nos Pôles Espoirs féminins font de l'excellent travail et permettent à nos sélections nationales de jeunes féminines d'accumuler les trophées : cinq titres de championnes d'Europe U 19, une Coupe du monde U 17 et, plus largement, quinze finales de compétitions internationales de jeunes en vingt ans, sous la direction de techniciens particulièrement compétents comme Guy Ferrier et Gilles Eyquem. Mais pour ce qui est du haut niveau, de la mise en place d'un authentique professionnalisme où les jeunes talents auraient toute leur place, le compte n'y est toujours pas. Brigitte Henriques, qui a abattu un travail considérable, et largement récompensé depuis huit ans, a toujours du pain sur la planche...

Les mots qu'il ne fallait pas dire

Avant de se pencher sur la préparation de l'Euro 92 en Suède, pour lequel on s'est donc si brillamment qualifiés, notre sélectionneur national à une autre mission, plus inattendue, à remplir. Pas n'importe laquelle puisqu'elle va le placer, à travers la retransmission télévisée d'un grand événement qui n'a rien à voir avec le football, sous le feu d'une actualité planétaire, et le regard de centaines de millions de téléspectateurs.

Michel Barnier et Jean-Claude Killy, présidents du comité d'organisation des JO d'hiver d'Albertville 1992, ont en effet choisi Platini pour être le dernier relayeur de la flamme olympique. Le secret a été bien gardé, et quand « le dernier relayeur » pénètre sous les projecteurs du stade de la cérémonie d'ouverture, on s'interroge encore sur son identité. Explication des présidents, presque étonnés de la question quand on leur demande le pourquoi de ce choix : « C'est le Français le plus célèbre dans le monde ! » Évident, non ? Oui, mais personne n'y avait pensé !

La torche olympique dans une main, celle d'un gamin de 9 ans dans l'autre, notre Michel national gravit solennellement les marches menant à la vasque et, bousculant la tradition, va laisser au jeune garçon qui l'accompagne, le soin et le privilège de faire passer le feu olympique de la torche à la vasque. Ce jeune garçon s'appelle François-Cyrille Grange. Une vingtaine d'années plus tard, son petit frère, Jean-Baptiste, sera sacré deux fois champion du monde de slalom (2011 et 2015).

Redescendu des cimes olympiques d'Albertville, Platini s'attache à préparer l'Angleterre-France de Wembley, premier des quatre matchs de préparation au programme avant le rendez-vous de l'été. Hélas, trois fois hélas, avant de partir pour Londres, il va avoir, lui qui connaît pourtant si bien le football et la mentalité des joueurs, une sortie malheureuse, quelques mots en apparence anodins, mais malencontreux qui ne vont pas être sans conséquence. Lui qui n'avait jamais eu le bonheur de jouer dans le mythique Wembley, il va dire à ses joueurs : « Les gars, vous avez fait un parcours de qualification exceptionnel, bravo ! Huit victoires en huit matchs, personne ne l'avait fait avant vous, fantastique ! Demain vous allez jouer l'Angleterre à Wembley. Un moment exceptionnel, savourez-le. Alors je ne vous donnerai qu'une consigne : faites-vous plaisir ! »

Dans la tête des joueurs, de beaucoup de joueurs, cette petite musique du « faites-vous plaisir » a résonné gaiement, et a commencé lentement, sûrement, mais insidieusement, son vilain petit travail de sape et de démobilisation. Un acteur de la rencontre, peu suspect de succomber à ce genre de poison puisqu'il s'agit de Didier Deschamps, dira on ne peut plus clairement les choses au retour de l'Euro : « J'ai ressenti une cassure terrible. On ne prenait plus les matchs au sérieux, mais seulement comme un plaisir, une récompense pour tout ce que nous avions réalisé auparavant. »

Un ressort est cassé, mais on ne le sait pas encore. Et il n'y a pas que cela. Dans le hall de notre hôtel du Touquet où nous préparons l'Euro 92, je surprends une conversation… tendue, entre un joueur marseillais et Bernard Tapie, visiblement à propos de problèmes d'argent, plus précisément de primes non payées entre le boss de l'OM et ses joueurs qui constituent un bataillon important de notre équipe nationale. Jamais très bon signe… Plus généralement, la rivalité OM-PSG sera toujours latente durant cet Euro. On ne peut pas dire qu'elle a pourri l'ambiance, mais elle n'a pas contribué à la détendre non plus.

Quoi qu'il en soit, l'équipe de France reste, aux yeux des pronostiqueurs, un candidat crédible à la victoire, à tout le moins à une place dans le dernier carré, lorsqu'elle se présente en Suède. Elle y a été précédée par une équipe du Danemark repêchée à la dernière minute, une fois prononcée la mise au ban des nations, pour motifs politiques, de la Yougoslavie en voie de décomposition, dix ans après la mort de Tito. Les Danois qui ont interrompu leurs vacances pour honorer cette invitation de la dernière heure figurent dans notre groupe avec la Suède et l'Angleterre, et envisager de sortir de ce groupe ne paraît pas, *a priori*, au-dessus de nos forces.

L'opinion très favorable de Michel Platini et la présence de neuf Marseillais dans le groupe avaient amené Jacques Bailly, le kiné de l'OM, à intégrer le staff médical où l'ostéo de Biarritz, Georges Etcheverry, ne manquait jamais une occasion de vanter la qualité des espadrilles de son cher Pays basque. Il était toutefois, en dehors de cela, d'une discrétion absolue – à l'image de Frédéric Mankowski, toujours fidèle au poste.

Aussi quand débarque l'ouragan Bailly, tchatcheur, volubile et démonstratif à souhait, l'harmonie ne sera pas toujours facile à réaliser. Surtout quand le kiné marseillais, venu avec ses méthodes, entreprend de soigner Amoros puis Papin, pour des bobos au pied, avec des cataplasmes de plante très chauds. Tellement chauds que, Bailly laissant filer le temps sans doute occupé à raconter l'un de ses exploits passés, les joueurs souffriront de sérieuses brûlures... Le président-pharmacien Fournet-Fayard ne sera pas le dernier à s'étonner du traitement appliqué. Jacques Bailly ne survivra pas à l'Euro 92, pas plus d'ailleurs qu'Etcheverry, seul Fred Manko s'inscrivant dans la continuité jusqu'en 2002.

« On a été nuls ! »

Quant à l'Euro des Bleus en lui-même, sur leurs trois matchs sans succès qui nous renverront vite fait à la maison, pas grand-chose à retenir sinon deux déclarations très explicites à l'issue du dernier match perdu contre les fameux Danois, alors qu'un troisième match nul pouvait nous suffire pour aller en demi-finale. Deschamps : « Il n'y avait plus d'équipe. On n'avait pas faim. Eux, si. » Le sélectionneur Platini n'est pas plus indulgent : « On a été nuls ! On ne méritait pas de se qualifier. À se demander si on a en France des joueurs capables à la fois de bien jouer et de gagner. »

Comme je le consignerai dans un rapport « personnel et confidentiel » demandé par Fournet-Fayard à tous les membres du staff, on ressentait « un énorme décalage entre le groupe homogène solidaire, dynamique et ambitieux de la phase de qualification, et la troupe passive, comme résignée, du tournoi final ».

Et j'en arrivais, en conclusion, à évoquer, pour tenter d'expliquer le fiasco, la façon dont le groupe avait été mené et géré, sur le terrain et en dehors du terrain. À évoquer, donc, Platini à propos duquel j'avançais, prudemment bien sûr, que le comportement très joueur, très cool, peut-être compatible avec des rassemblements de quelques jours, n'était pas forcément adapté à une vie en groupe de huit semaines, où le chef est obligé à épisodes plus ou moins réguliers de resserrer les boulons et de rappeler les fondamentaux régissant la vie d'une équipe en phase finale d'une grande compétition.

Ce n'était pas du goût de Platini, ni dans son tempérament. Plus d'une fois, je l'ai entendu répondre, quand on évoquait tel ou tel comportement, tel ou tel petit incident de parcours mettant en cause les joueurs : « C'est leur problème, pas le mien… » D'autres considérations sont sans doute à prendre en compte. Le sélectionneur, handicapé par une blessure, ne pouvait plus participer aux petits jeux sur le terrain et cachait mal sa contrariété. Il s'inquiétait aussi de la santé de son ami Jacques Vendroux, blessé un mois auparavant dans la catastrophe de Furiani.

Et puis, et surtout, mais je ne l'évoquais pas dans ce document rédigé quelques jours après notre retour en France, parce que c'était encore « secret », Michel Platini était déjà « démissionnaire ». Sa décision était prise, bien avant notre arrivée en Suède, de mettre un terme à sa fonction de sélectionneur dès après l'Euro. Une fonction qu'il avait acceptée plus pour dépanner, ou par jeu, que par envie et conviction, et dans laquelle on ne l'a jamais senti s'épanouir pleinement.

Toute la question est de savoir si cela s'est vu, senti, pendant cet Euro suédois, et a donc pu avoir des répercussions sur le comportement et sur le rendement de l'équipe. Jean-Pierre Papin me dira avoir ressenti un Platini « comme désabusé ». Un autre acteur de l'Euro me confiera : « On ne le savait pas, mais il n'était plus le même. On voyait qu'il avait pris du recul. »

Cette démission, Michel se met en tête de l'annoncer le 2 juillet à Zurich, au cœur même de l'événement que constituera la désignation de la France comme organisateur de la Coupe du monde 1998 ! Télescopage fâcheux sur lequel il sera impossible de le faire revenir. Et l'annonce choc sera bien faite alors que tout le monde est encore sous le coup de l'émotion suscitée par la désignation de la France.

Soixante ans qu'on attendait cela ! L'idée d'une candidature française avait été suggérée dès 1983 par Fernand Sastre, pour une organisation possible en 1990. Mais nos amis italiens étaient déjà dans les starting-blocks, et la France avait reporté ses ambitions à plus tard. C'est Jean Fournet-Fayard qui relancera le projet en 1986, Fernand Sastre et Gérard Enault montant un solide dossier de candidature, avec une lettre du président François Mitterrand, engageant formellement l'État à soutenir autant que nécessaire le projet.

Le dossier de candidature avait été déposé en grande pompe à Zurich le 1er février 1989 avec le joli et très explicite slogan, décliné sous de multiples formes : « Toute la France veut la Coupe du monde ». La candidature française l'emportera au premier tour par douze voix contre sept pour le Maroc et zéro pour la Suisse. Heureux hasard, ou pas, Platini sera vite désigné comme coprésident du Comité d'organisation aux côtés de Fernand Sastre, alors que la tendance dominante, à la FFF, était plutôt de lui confier un rôle de super-ambassadeur, sans doute prestigieux, mais dénué de véritable contenu ou de réelle influence. Michel, qui avait clairement fait savoir qu'il se verrait bien en « Killy de France 98 », allusion au rôle éminent du triple champion olympique de 1968 dans les jeux d'Albertville 1992, fera en sorte d'obtenir satisfaction. On a des amis et des réseaux ou on n'en a pas...

Houllier dans la lumière

Platini parti vers d'autres aventures, le numéro 2 devient le numéro 1, et Houllier endosse le costume du sélectionneur-entraîneur. Gérard Houllier est une « figure » du football français et international de ces quarante dernières années. Il y aura à peu près tout fait, et beaucoup réussi. Une grosse ambition le pousse très vite à quitter son Pas-de-Calais natal pour viser beaucoup plus haut. Après Nœux-les-Mines et Lens viennent le Paris SG, puis l'équipe de France. Il y aura encore la direction technique nationale, Liverpool, l'Olympique lyonnais, Aston Villa, New York Red Bulls... Entraîneur, sélectionneur, directeur sportif, conseiller, membre de commissions à la FFF, à l'UEFA ou encore à la FIFA.

Gros bosseur – il peut vous appeler à 2 ou 3 heures du matin s'il a une idée à vous soumettre –, dévoreur de matchs et de cassettes, il a, dans toutes ses fonctions, le goût d'innover et de moderniser. Il le fait, et le fait bien, avec beaucoup de pédagogie. Quand il est sur scène, il sait tenir son auditoire avec un discours bien structuré, des anecdotes savoureuses ou des « trucs » qui plaisent beaucoup. Ainsi, je l'ai vu, un jour où il voulait démontrer la force du collectif par rapport à l'individu, tendre un crayon à papier à une dame assise au premier rang : « Essayez de casser ce crayon, Madame. » La dame, assez facilement, casse le crayon en deux. Il prend alors un paquet de onze crayons et le tend à la dame : « Maintenant, essayez de casser ces crayons. » Elle n'arrive pas, malgré ses efforts, à casser le paquet de onze crayons. Et notre Gégé de conclure avec un grand sourire : « Vous voyez, on est toujours plus forts à onze que tout seul ! »

Du Houllier pur jus. Soucieux de plaire, de convaincre, d'avancer. D'avoir aussi un rôle de premier plan à la mesure de ses ambitions. Il a beaucoup, beaucoup d'amis, dans tous les milieux, notamment celui de la pub. Il entraînera, un temps, une sympathique équipe de copains autour d'Alain Cayzac et de Louis Gillet, qui s'autoproclamera « équipe de France de la pub ». Ses amis, comme beaucoup d'autres, vendront trop tôt la peau des ours israélien et bulgare et arboreront fièrement au printemps 1993 des T-shirts floqués dans le dos « Avec Gégé, c'est l'Amérique ». Il y en a même peut-être, parmi eux, qui l'ont poussé, à la même époque, à écrire un livre sur les secrets de la réussite dans le football, dont la mise en place dans les librairies avait été programmée le 18 novembre 1993... n'imaginant pas, une seconde, qu'on pourrait ne pas être qualifiés pour les États-Unis 1994 après avoir affronté les Bulgares la veille au soir.

Toujours partant quand se tendent micros et caméras, Gérard aime les médias qui le lui rendent bien. Plus d'une fois, Platini sélectionneur s'irritera des analyses techniques que son adjoint livrait à Patrick Urbini pour *L'Équipe* avant les matchs : « Qu'il aille carrément dire à l'entraîneur de nos adversaires comment il faut jouer pour nous battre ! » lâcha-t-il un jour, excédé, après avoir lu le journal dans l'avion qui nous emmenait disputer un match.

À propos de Gérard Houllier, la question reste posée de savoir si ce fut un handicap, ou pas, de n'avoir jamais joué au plus haut niveau. Ceux qui jalousaient son brio et sa réussite se plaisaient à prétendre que pour être un bon sélectionneur-entraîneur, il était indispensable d'avoir pratiqué au plus haut niveau, d'avoir connu, de l'intérieur, le fonctionnement et les codes de l'élite. Faute de quoi, il arriverait toujours un moment où ce manque se ferait sentir et où la crédibilité du boss en pâtirait. Le débat n'est toujours pas tranché, les exemples et les contre-exemples pouvant être versés au dossier.

Mais le gros point noir dans ce parcours remarquable reste la non-qualification de l'équipe de France dont il a la responsabilité, pour la Coupe du monde 1994 aux États-Unis. Ce n'est pas tant l'échec en lui-même qui marquera les esprits, que les circonstances du crash final. L'événement demeure, pour moi, le plus grand « choc », en même temps que la plus grande désillusion, de mes trente saisons au cœur des Bleus.

Où est passé Canto ?

Prenons les événements par ordre chronologique pour bien saisir tout ce qu'il y a eu d'invraisemblable dans cette affaire. Le tirage au sort des éliminatoires nous a placés dans un groupe costaud mais pas insurmontable, avec la Finlande, l'Autriche, la Suède, Israël et la Bulgarie. Dix matchs à jouer pour l'une des deux places qualificatives. Après des débuts ratés en Bulgarie, l'équipe de France va enchaîner six victoires et un match nul, pour un total de treize points sur quatorze possibles, entre octobre 1992 et septembre 1993 (la victoire est alors à deux points).

Une trajectoire royale qui, à l'automne, place les Bleus en position de super-favoris pour la première place. À l'approche des deux derniers matchs de la série de dix, la situation est on ne peut plus claire et confortable : un point, un petit point à prendre en deux rencontres au Parc des Princes, Israël d'abord et pour finir les Bulgares. Israël qu'on est allé étriller à Tel-Aviv 4-0 en février, Israël qui n'a gagné aucun de ses dix derniers matchs et qui est privée, en plus, de ses deux meilleurs joueurs. Et la Bulgarie, qui n'a jamais gagné en France, et pas même un match de qualif, ailleurs qu'à Sofia !

C'est au cours du séjour à Tel-Aviv que Cantona a... disparu. Toute l'équipe est réunie au rez-de-chaussée de l'hôtel dans une grande salle donnant sur la plage pour une intervention du sélectionneur. Et on n'attend plus que Cantona. Henri Émile monte dans la chambre d'Éric, personne. On se disperse aux quatre coins de l'hôtel : pas d'Éric. Et au bout de cinq minutes, dans la salle de réunion une voix s'élève : « Je le vois, il est là-bas ! » À deux cents mètres de l'hôtel, sur la plage, au bout d'une espèce de jetée qui s'avance dans la mer, Canto est là, seul sur un rocher, perdu dans ses pensées, une main sous le menton, tel le *Penseur* de Rodin.

Les séismes du parc

À la veille d'accueillir Israël, l'affaire semble entendue pour tout le monde, joueurs, staff, médias, supporters : l'Amérique, c'est pour demain. Cantona, égal à lui-même, se lâche dans une interview délire : « On gagne la Coupe du monde... je suis embrassé, je suis piétiné... on leur a marché sur la tête, je suis Gulliver ! »

Au Parc, le programmateur musical, qui n'a rien à voir avec l'équipe de France ou la Fédé, n'hésite pas à balancer *L'Amérique* de Joe Dassin. « L'Amérique, je veux la voir et je l'aurai... l'Amérique, si c'est un rêve, je le ferai... »

Mais ce qui était réputé impossible, inenvisageable, va pourtant arriver. On joue le temps additionnel contre Israël depuis 2 minutes 40 secondes, quand un dénommé Atar envoie la France au tapis, avec un 2-3 dont va se gausser toute l'Europe du football. « Défaut de concentration », tentera de plaider Houllier qui se projette déjà dans le tout à fait décisif cette fois, France-Bulgarie du mois prochain : « Oh les gars, c'est pas la fin du monde. On a grillé un joker, OK, mais on reste maîtres de notre destin, c'est ça qui compte ! »

Les Bleus aggravent leur cas, si l'on peut dire, en n'annulant pas une soirée prévue au Niel's, un établissement de l'avenue des Ternes. Je persiste à penser que l'initiative, au départ, était saine et louable : pour une fois les joueurs n'allaient pas s'envoler comme des moineaux dès la fin du match, ils avaient projeté, Canto le premier, de rester ensemble pour fêter une qualification que tous pensaient alors plus que probable. Évidemment, replacée dans le contexte d'une défaite assez pitoyable, la petite sauterie du Niel's pouvait paraître décalée, voire déplacée. On connaît la suite, ce France-Bulgarie de cauchemar, ce 1-1 qui nous qualifie encore à 89' 59'' – les images de l'INA en font foi – jusqu'au but de Kostadinov qui ruine le rêve en Bleu.

La France n'ira pas à la Coupe du monde 94 aux États-Unis. Elle a laissé échapper une qualification qui lui tendait les bras au terme de deux matchs « invraisemblables » sur son terrain fétiche du Parc des Princes, là où elle avait arraché tant de qualifications réputées historiques. Un séisme d'amplitude sept ou huit, sur une échelle de neuf, secoue alors, non pas le Parc des Princes – qui reste muet d'incrédulité et de stupeur –, mais tout le football français dont les têtes des deux plus hauts gradés tomberont bientôt dans la sciure du panier placé au pied de la guillotine médiatique.

« Accusé Ginola, levez-vous ! »

Numéro 1 sur la liste des « accusés », David Ginola. Le sélectionneur s'est focalisé sur son long centre malvenu de la 89e minute, et ses conséquences funestes. Mais il lui reproche aussi, et beaucoup avec lui, sa sortie déplacée le samedi précédant le match à Clairefontaine. Sans doute déçu du peu de temps de jeu qu'on lui accorde, le beau David s'en prend ouvertement, devant les médias, à Gérard Houllier qu'il tient pour responsable de cette situation qu'il ne goûte pas. Il laisse surtout entendre qu'il y a dans ce groupe, des « intouchables ». Il ne cite pas de nom, mais Papin et Cantona se sentent visés, et ils n'ont sans doute pas tort. Même si Ginola précisera bien plus tard : « Je n'ai jamais revendiqué de jouer à la place de JPP ou de Canto. J'ai juste dit que le sélectionneur était faible, influençable et influencé par la presse et certains joueurs. »

La nuance peut échapper, mais le mal était fait. À quelques jours d'un match décisif, c'est le genre de grenade qu'il faut éviter de dégoupiller devant les journalistes. Dès qu'il a connaissance des propos tenus, la première réaction du sélectionneur est de dire : « Dehors ! » Mais le staff, Jacquet en tête, le dissuadera de demander à Ginola de faire ses valises et de quitter Clairefontaine. Jean-Pierre Papin me confirmera même qu'il est allé, avec Cantona, voir le coach pour lui dire : « Laissons passer le match, on verra ça plus tard ! » J'en serais quitte pour rédiger un communiqué mi-chèvre mi-chou pour expliquer qu'on condamne les propos, mais pas le joueur. Nuance, toujours…

Autre cible favorite de ceux qui crient à la suffisance : les préparatifs soi-disant extravagants pour fêter la qualification avant l'heure. On aurait même bu le champagne à la mi-temps ! Soyons clairs. Oui, il y avait bien du champagne dans le camion de Manu, comme toujours dans des circonstances semblables, mais, comme toujours, il y est resté jusqu'au dénouement. Il n'y a donc jamais eu de champagne dans le vestiaire.

La décoration dudit vestiaire maintenant. C'est vrai que nos deux « flics », Lamour et Beaujouan, ont, en début de seconde période, après le retour des joueurs sur le terrain, placardé quelques affiches « World Cup 94 » et planté quelques petits drapeaux américains ici ou là. Sans que les joueurs évidemment sachent quoi que ce soit de cette petite mise en scène, hâtivement mais totalement escamotée quand les joueurs regagneront le vestiaire. Ce n'était peut-être pas l'idée du siècle, mais dans les circonstances évoquées, il n'est pas crédible de la retenir comme un facteur de l'échec.

La morale de l'histoire, Alain Roche, qui était sur le terrain contre la Bulgarie, la tirera lucidement lorsque je le sollicitai à l'été 2019 : « Arrêtons de nous raconter des histoires ou de réécrire l'histoire. On peut couper les cheveux en quatre, montrer du doigt Pierre, Paul ou Jacques. La vérité, c'est qu'on a eu ce qu'on méritait. Personne n'a été à la hauteur en cet automne 1993. Pas plus les joueurs que le staff. Je l'ai senti en arrivant à Clairefontaine avant Israël. On ne parlait que de l'Amérique. Les médias aussi ne parlaient que des États-Unis. Comment on allait se préparer, qu'est ce qu'on savait de ce grand pays… En arrivant au Parc c'était Joe Dassin et *L'Amérique*. Et ainsi de suite. Sur le but de Kostadinov, à la dernière minute, on n'est pas assez attentifs. Tous sans exception. On est en surnombre sur toutes les phases de jeu qui amènent le but, et les Bulgares vont faire soixante-dix ou quatre-vingts mètres sans être vraiment inquiétés. Impensable ! »

Vingt-cinq ans après, ce témoignage rejoint et justifie pleinement la déclaration à chaud de Didier Deschamps : « Nous sommes des ânes ! » Et le commentaire sans appel de Platini : « Faute professionnelle ». Le titre, à la une de *L'Équipe*, à prendre dans toutes les acceptions du terme, dit aussi parfaitement les choses : « Inqualifiable ».

Successions sur fond de corruption

Le président Fournet-Fayard, déjà ébranlé par le drame de Furiani, ne résistera pas cette fois au déchaînement médiatique, et Gérard Houllier sera emporté, pareillement, par cette lame de fond.

Pour la FFF, faute d'entente entre les prétendants, c'est le bon président Jacques Georges qui va, une fois de plus, « faire don de sa personne à la Fédération ». Ce Vosgien bon vivant, déjà dans l'entourage de l'équipe de France à la Coupe du monde 66 en Angleterre, puis président du FC Nancy, de la Ligue de Lorraine et numéro un de la FFF entre 1968 et 1972, sera ensuite président de l'UEFA de 1983 à 1990. Son intérim fédéral ne durera que quelques mois, jusqu'à l'élection de Claude Simonet le temps que les esprits s'apaisent. Pas très longtemps, puisque l'affaire dite « VA-OM », entamée en mai 1993, allait de nouveau faire la une des journaux. Une sordide affaire de corruption, trois joueurs de Valenciennes soudoyés pour lever le pied contre l'OM de Tapie à quatre jours de sa finale européenne, victorieuse, contre le Milan AC, à Munich.

Bernard Tapie… Personnage complexe et fascinant, capable de se faire aimer dans l'instant ou détester pour toujours. Bien cerner le personnage, le « juger » en toute équité n'est pas chose aisée. L'homme a du talent, beaucoup de talents même, qu'il exploita largement et avec une réussite certaine dans beaucoup de domaines. Son esprit d'entreprise est sans égal, son dynamisme impressionnant, comme sa force de persuasion à laquelle succombèrent bien des gens jusqu'au plus haut sommet de l'État. La façon, opiniâtre, implacable, avec laquelle il lutte encore actuellement, à l'hiver 2020, contre ses cancers, incite au respect.

Seulement, je me suis forgé progressivement l'intime conviction que Bernard Tapie fait aussi partie de ces personnages qui, pour aller au bout de leurs féroces ambitions, ne s'embarrasse pas de trop de considérations, taquinent et même franchissent la ligne blanche si cela peut les aider à aller plus vite plus loin.

Quand des amis de longue date, dont j'ai éprouvé l'honnêteté et la rigueur, me livrent certains témoignages, j'ai plus tendance à les croire que les démentis outrés et les indignations feintes de Tapie et de son entourage. Quand un journaliste chevronné et respecté me dit avoir été menacé directement, grossièrement même, au téléphone par Tapie lui-même pour un papier qui n'avait pas plu, je le crois. Quand un professeur de médecine sportive, le regretté Pierre Rochcongar, médecin du Stade rennais avant d'être celui de l'équipe de France, m'a dit sa certitude que les joueurs bretons avaient été drogués à leur hôtel marseillais lors de la collation d'avant-match, certains s'étant même endormis dans le vestiaire, je l'ai cru.

Je ne dis pas que c'est Tapie lui-même qui a tenu la seringue qui a injecté les somnifères dans les boissons des Rennais, mais ça ne change rien au fond de l'affaire. Pour une condamnation ferme, avérée, dans l'affaire VA-OM, après une tentative de subornation de témoin (Primorac) et la sollicitation d'un faux témoignage d'un ministre (Mellick), il traîne, derrière le bonhomme, un long cortège de suspicions et de coups fourrés. On est nombreux à penser que VA-OM ne fut pas le seul match traficoté du temps de l'OM de Tapie. Et que son passage dans le football, comme dans les affaires, comme en politique, recèle encore aujourd'hui trop de zones floues pour que l'on crie sans retenue : « Bravo l'artiste ! »

Non, l'ambition et la volonté de réussir, louables par elles-mêmes, ne justifient pas qu'on s'assoie trop souvent sur les principes et les règlements. Non, la fin ne justifie pas les moyens. Encore moins dans le football qu'ailleurs.

Jacquet ne se dérobe pas

Nous voici donc début 1994, dotés d'un nouveau président de Fédération, Claude Simonet, 63 ans, un homme du BTP, Nantais bon teint, et bienveillant. Et d'un nouveau sélectionneur que tout le monde, lui le premier, pense intérimaire,

Aimé Jacquet. Celui qui fut l'entraîneur du grand Bordeaux – ce n'est pas un hasard si son chalet montagnard à Thônes s'appelle « Les Girondins » – a connu une fin de parcours plus difficile à Montpellier puis à Nancy, avant d'intégrer la direction technique nationale.

Quand Houllier explose en vol après le double fiasco israélo-bulgare, Mémé est persuadé qu'il va prendre le même chemin. Adjoint du sélectionneur, il ne voit pas pourquoi et comment il n'aurait pas à assumer aussi sa part de responsabilité. Mais le Forézien, homme de devoir, ne se dérobe pas quand Jacques Georges et Noël Le Graët lui demandent de reprendre le flambeau que personne, du reste, ne convoite ni ne sollicite.

Il va d'abord refuser d'alléger le programme à venir de l'équipe de France, comme on le lui suggère avec insistance : aller affronter l'Italie à Naples, dans l'état de délabrement où se trouve la sélection, c'est aller à coup sûr vers une nouvelle fessée dont on n'a pas besoin. Jacquet ne l'entend pas ainsi. L'équipe de France n'a pas à s'accorder de pause. L'équipe de France continue et doit faire ce qu'elle a à faire, traumatisée ou pas. Contre toute attente, la France décroche sur le terrain du Napoli une courte mais ô combien appréciable victoire, sur un but de Djorkaeff bien servi par… Ginola. Jacquet n'a en effet pas chaussé les bottes de son prédécesseur pour faire de David le trop facile bouc émissaire de l'élimination. Il l'a maintenu, de même que Lama, Desailly, Roche, Le Guen et Cantona, autres acteurs de la soirée cauchemardesque du 17 novembre. Il a même fait de Cantona son capitaine. Précision pas forcément inutile, pour ceux qui persistent à penser et à dire que Jacquet aurait exclu Éric de l'Euro 96 et de la Coupe du monde 98 parce qu'il aurait redouté d'avoir à gérer dans son groupe un personnage complexe, fantasque, imprévisible, et on en passe.

Cantona n'a jamais dénigré l'équipe de France qu'il a toujours aimée et servie loyalement, même s'il lui est arrivé de manquer de respect à un sélectionneur, même s'il est quelquefois difficile à suivre et à décrypter dans ses comportements. S'il est respectueux de l'équipe de France, Éric ne l'est pas forcément de tout le monde. Pour preuve cette réunion tenue à Clairefontaine au printemps 1994. Essayant de tirer les leçons de l'échec retentissant du mois de novembre, les joueurs ont avancé, entre autres hypothèses, et sans doute échaudés par les déclarations ravageuses de certains avant Israël et la Bulgarie, qu'ils parlaient trop à la presse. Et surtout la veille du match. Donc ils veulent moins parler, et motus et bouche cousue à vingt-quatre heures du match. Nous y revoilà, arrive toujours un moment où c'est la faute des journalistes...

J'essaie d'expliquer en détail que cela va être dur à mettre en place, que les journalistes ont besoin de voir les joueurs pour travailler, au moins un minimum, et que s'il faut vraiment réduire la voilure, la veille de match ne peut pas donner lieu à un huis clos total. L'affaire est complexe et Aimé Jacquet me demande d'organiser une réunion avec les médias. Je joue donc les sélectionneurs... de journalistes, et constitue une petite délégation avec six représentants des différentes formes de presse. Aimé, lui, sélectionne six joueurs pour débattre avec eux, dont Cantona.

La réunion se passe bien, constructive, chaque partie essayant de faire valoir ses impératifs mais aussi d'écouter et de comprendre ceux de la partie adverse. C'est compliqué, mais on progresse, jusqu'à ce que notre Cantona, sans doute excédé par la longueur des débats se lève tout soudain, se tourne vers la délégation des journalistes et, théâtral comme il sait l'être, lance en se dirigeant vers la porte : « Messieurs, je vous pisse à la raie ! Au revoir ! »

Ce match de Naples sera pour Jacquet le premier d'une série de trente sans connaître la défaite. Pas question de parler déjà de renouveau, mais n'empêche qu'avec cette victoire en Italie, l'équipe de France envoie un signal encourageant : non, elle n'est pas morte. Elle a touché le fond, mais elle est en train de remonter vers la surface. Confirmation le mois suivant avec un séduisant 3-1 à Lyon contre le Chili, et surtout, fin mai au Japon, un succès appréciable dans la Kirin Cup, un tournoi organisé par une célèbre marque de bière japonaise. Double victoire sur l'Australie et le Japon. C'est au cours de ce séjour à Tokyo que nous connaîtrons un mini-tremblement de terre. Une banalité pour les

Japonais habitués à ces petites secousses, et dans des habitations parfaitement conçues pour les encaisser, mais une petite frayeur pour nous. Dans sa chambre du 45e étage de notre hôtel, Christophe Dugarry sentira nettement son lit bouger, au point de croire qu'un copain s'est glissé dessous pour le chahuter. « Arrête tes conneries ! » lancera-t-il, avant de se rendre compte qu'il n'y a personne dans la pièce !

Et Z. Z. est arrivé…

Avant d'attaquer les éliminatoires de l'Euro 96, c'est la traditionnelle – et défunte – rencontre amicale du mois d'août avec, cette fois, la République tchèque au programme. Un match joué à Bordeaux qui ne mériterait même pas qu'on l'évoque s'il ne s'y attachait un événement qui allait changer énormément de choses pour les années à venir : la première sélection, à vingt-deux ans, d'un certain Zinedine Zidane, entré en jeu à la 73e minute.

Zizou ne se contentera pas d'un baptême du feu ordinaire. En dix-sept minutes de jeu, il va tirer d'une bien délicate situation une équipe de France menée 0-2, en signant deux buts, un du gauche, un de la tête, aux 85e et 87e. Comme intronisation on ne peut pas faire beaucoup mieux. Et, comme Platini en 1976, il enfile son premier maillot bleu et marque le premier de ses 31 buts en tricolore contre des Tchèques. Troublant, non ? On ne le sait pas encore, mais il faudra attendre trois ans, dix mois et vingt-six jours pour que Z. Z. réussisse un autre doublé sous le maillot bleu, et ce sera en finale de la Coupe du monde contre le Brésil.

On ne va pas se raconter d'histoires, ces éliminatoires de l'Euro 96 sont un vrai calvaire. De 0-0 en 0-0, d'essais non concluants en matchs non aboutis, l'équipe de France traîne ses doutes et sa quête de repères, comme une âme en peine, tout au long de l'automne 1994. Même si elle ne perd pas, notre équipe nationale interroge plus qu'elle ne rassure. Jacquet a ses idées, ses plans, il multiplie les associations mais sans voir le ciel s'éclaircir vraiment.

Le vent de l'élimination souffle fort avant le France-Croatie de Nantes en avril 1995, mais Z. Z. est de retour et dans le coup de trois des quatre buts français. Il maintient le navire à flot. Nouvelle alerte rouge au moment du France-Pologne de la rentrée en août au Parc des Princes. À la 82e, 1-0 pour les Polonais, et penalty raté par Lizarazu, la trappe est grande ouverte sous les pieds des Bleus. Le sauveur sur ce coup-là s'appellera Djorkaeff avec son coup franc magique de la 87e. Plus de doute : tout se jouera à Bucarest le 11 octobre contre une Roumanie qui nous avait tenus en échec à l'aller à Saint-Étienne. Pas gagné...

L'accueil local est tout à fait conforme à ce que l'on pouvait attendre. Quand Fabien Barthez, qui va honorer sa deuxième sélection, vient reconnaître le terrain, il est salué par une énorme bordée de sifflets. L'œil pétillant, il me glisse, gourmand, en regagnant le vestiaire : « J'adore ces atmosphères hostiles ! Ça va être chaud, on va se régaler ! »

Et les Bleus se sont régalés. Les Bleus nous ont régalés. Le commando qui a fourbi ses armes à Clairefontaine prend tout de suite les choses en main : gros pressing, impact physique, duels gagnés, changements de rythme, tout y est. 3-1 à l'arrivée, il ne reste plus qu'à valider le billet pour l'Angleterre lors du dernier match contre Israël, le 15 novembre à Caen.

De ce match, dont on aurait pu dire en temps ordinaire qu'il n'était qu'une formalité, mais qu'on se garda bien de considérer comme tel depuis un certain 13 octobre 1993, je retiens surtout deux moments forts, émouvants, qui précédèrent le coup d'envoi.

Quarante-huit heures avant la rencontre, l'équipe de France était au Mémorial de la Paix, à Caen. Là, j'ai vu des garçons profondément émus devant ces milliers de petites croix blanches qui figuraient autant de victimes canadiennes, américaines, anglaises tombées pour la libération de la France. Je ne pouvais pas m'empêcher de faire le rapprochement avec une autre visite, au moins aussi bouleversante, lors d'un déplacement en Pologne, au trop célèbre camp d'Auschwitz. Nous en étions tous sortis très marqués, et j'avais dû éconduire sèchement un radio-reporter français qui s'était précipité sur notre groupe avec cette question d'un tact fou : « Alors, quelle impression ça vous fait ? »

L'autre émotion forte, juste avant le coup d'envoi, fut la minute de silence observée à la mémoire de Yitzhak Rabin, Premier ministre israélien assassiné le 4 novembre à Tel-Aviv à la fin d'une manifestation pour la paix, en soutien aux accords d'Oslo, sur la place des Rois-d'Israël. D'habitude, même dans les minutes de silence les plus respectées, il y a toujours un bruit incongru ou un braillard éméché qui vient perturber ce moment de recueillement. Là, rien. Un silence total, d'une profondeur saisissante.

Sur le terrain, l'affaire fut pliée sans trop de problèmes, même s'il fallut attendre l'avant-dernière minute et le but du 2-0 de Lizarazu pour que la cause soit définitivement entendue. Avec la deuxième place du groupe derrière la Roumanie nous étions bons pour l'Angleterre, mais ric-rac, sixièmes sur huit au classement des six meilleurs seconds qualifiés !

Le couperet n'était pas passé loin, mais on y était. Pour Aimé c'était une nécessité absolue. Pas pour la qualification en elle-même, mais pour tout ce que cette phase finale d'un Euro allait apporter d'expérience à son groupe. Aujourd'hui encore, il en est persuadé : « Cet Euro anglais était un passage obligé. Sans lui, nous n'aurions jamais réalisé la Coupe du monde qu'on a faite en 98. Aborder une Coupe du monde sans le vécu récent d'un tournoi final d'une grande compétition aurait été un handicap lourd, sans doute insurmontable. »

Tapie en prison

L'équipe de France vient à peine de décrocher sa qualification, que tombe le verdict dans l'affaire VA-OM. En appel, la peine de prison de Tapie a été réduite de trois à deux ans dont huit mois ferme. L'ex-ministre, ex-député, ex-président de l'OM dormira à la maison d'arrêt d'Aix-en-Provence du 3 février au 25 juillet 1997.

Cet épisode n'est glorieux pour personne, ni pour eux ni pour le foot, mais il n'y a pas de raison de le passer sous silence : entre les étés 1991 et 1997, Roger Rocher (Saint-Étienne), pour une histoire de caisse noire, Claude Bez (Bordeaux), pour pratiques frauduleuses, et Bernard Tapie (Marseille) pour corruption et subornation de témoins seront passés par la case prison. Trois hommes forts de notre football professionnel, trois hommes qui ont fait la pluie et le beau temps à l'époque de leur splendeur, trois hommes craints et qui, sans doute enivrés de leur réussite, ont cru que rien ne pouvait leur arriver. Trois hommes auxquels il faut, bien sûr, donner acte d'avoir réussi à hisser leur club au sommet, mais à quel prix ? Ils n'ont pas vu ou pas voulu voir les signaux d'alerte, les mises en garde de leurs proches, quand, au terme d'une progression méritoire, ils s'apprêtaient à basculer du mauvais côté et à braver les interdits pour plus de puissance, plus de résultats, plus de domination.

Les trois personnages ne sont sans doute pas à mettre dans le même sac, tous les trois avaient leurs bons côtés, Rocher surtout, mais ils avaient, de leur personne, à des degrés divers, une assez haute idée qui pouvait les conduire à des attitudes détestables.

Je me souviens de Tapie qui patientait dans mon bureau au troisième étage de l'avenue d'Iéna, pendant que le Conseil fédéral, au second, délibérait sur son cas en marge du déroulement judiciaire de l'affaire VA-OM. Apercevant par les fenêtres les journalistes massés devant la FFF, il m'avait demandé « T'as pas un seau d'eau, qu'on leur verse sur la gueule à tous ces connards ? » Sur les relations journalistes-Tapie, justement, il y aurait beaucoup à dire. Il avait pourtant essayé d'en mettre certains dans sa poche, et il n'avait pas trouvé porte close partout. Quelques-uns, et non des moindres, lui ont prêté une oreille attentive – trop, parfois. Quitte à hurler avec les loups quand le vent a tourné et que Tapie est devenu beaucoup moins fréquentable. Il est vrai que le football n'a pas le monopole de ces liaisons dangereuses qui sont, hélas, monnaie courante dans bien des sphères d'activité, et d'une tout autre importance. On va s'arrêter là...

Dès la qualification acquise, Aimé Jacquet a dressé son plan de bataille et nous l'a fait connaître. Importance d'un staff uni, solidaire, attentif et qui remonte les informations ; aménagements à prévoir dans tous les secteurs pour bien assurer la protection du groupe, de son travail, de sa concentration, de sa récupération ; vie du groupe où chacun, au-delà de ses attributions spécifiques, doit se sentir concerné en permanence et être prêt à donner un coup de main ; le jour du match, sacralisation du vestiaire dès l'arrivée au stade jusqu'à un quart d'heure après la fin du match ; importance primordiale des remplaçants (on ne gagne pas sans un banc costaud) ; respect strict des horaires, sinon pas de vie collective apaisée...

Le médical, la presse, l'intendance, les déplacements, les transferts, les réveils, tout est passé en revue, rien n'est laissé au hasard. Même l'usage des portables naissants est déjà envisagé et interdit dans les lieux stratégiques. Aimé n'a rien révolutionné, rien inventé. Il a simplement fait son travail, un travail minutieux, rigoureux, presque tatillon, qui explique mieux aussi pourquoi il a si mal vécu les querelles qu'on lui cherchait sur « le beau jeu » ou ses choix tactiques.

Quand il répétera, un peu maladroitement, après le titre de champion du monde : « J'avais tout prévu », ça ne voulait pas dire, bien sûr, qu'il était certain que rien ne pouvait nous arriver et nous empêcher d'aller au bout. Il voulait seulement mettre en avant que tout, absolument tout avait été fait, sur un plan très professionnel, pour anticiper un maximum de situations et toujours apporter les bonnes réponses.

Les choses n'ont pas vraiment changé aujourd'hui, sauf que le staff s'est étoffé et que les moyens de travail mis à disposition des joueurs et du staff n'ont plus rien à voir, les technologies modernes ayant tout révolutionné et plutôt deux fois qu'une. Mais pour ce qui est de l'exigence, du souci du détail, de la volonté d'anticipation, Deschamps me rappelle furieusement Jacquet. Étant entendu que les deux hommes n'ont pas le même tempérament, pas les mêmes rapports aux autres, pas les mêmes facilités dans les mêmes domaines.

Aimé, plus en retenue ; Didier plus extraverti, plus sûr de lui en apparence aussi. Mais dans l'intimité du vestiaire, pas tout à fait les mêmes mots, pas le même phrasé, mais la même foi, la même emprise sur le groupe, avec, peut-être, un peu plus de fougue et d'exaltation chez Aimé. Didier plus dans la sobriété.

Le face-à-face Jacquet/Cantona

Restons sur l'Euro pour aborder le cas d'Éric Cantona. Je le répète, Aimé n'a rien contre Éric. Au contraire, il ne manque jamais de souligner tout ce que l'équipe de France doit au talent du « King ». Il rappelle volontiers qu'après le traumatisme de l'automne 1993 et alors que certains quittaient déjà le navire, Éric a été le premier à relever la tête et le défi de la qualification à l'Euro 96. Au point de se voir confier le brassard de capitaine.

Après quoi, les événements ont éloigné Éric des terrains. Kung-fu, agression d'un supporter – certes insultant –, suspension de huit mois, on n'y revient pas. En son absence, l'équipe de France a beaucoup tâtonné, sans doute, mais elle a avancé et a fini par trouver une forme d'équilibre.

Et puis Éric est redevenu le King de Manchester. Chaque semaine, Canal+ nous montrait des images soigneusement sélectionnées où il apparaissait dans toute sa splendeur, buste droit, col du maillot relevé, et les deux ou trois actions d'éclat bien choisies par le monteur semblaient attester de sa toute-puissance et d'un talent intact. Les rapports des observateurs qui parvenaient à Jacquet étaient plus nuancés. Ils présentaient un joueur assez inconstant sur 90 minutes, parfois comme absent du match, mais toujours capable de ces gestes et de ces fulgurances imprévisibles qui faisaient sa réputation. Je me souviens d'une finale de la Cup à Wembley à laquelle j'avais assisté avec Aimé et Riton. Éric Cantona avait fait une première mi-temps plus que moyenne. Exilé sur l'aile droite, il ne participait pas au jeu et semblait attendre d'éventuels bons ballons. Et soudain, à cinq minutes de la fin, à l'entrée de la surface de réparation, il hérite d'un ballon bien pourri, réussit, au prix d'acrobaties spectaculaires, à le rendre exploitable et à l'expédier dans le but. Victoire de MU, Canto homme du match, et les gros titres dans les journaux du lendemain sur le héros du jour et de la finale.

Tel était Éric, redevenu un joueur tout à fait sélectionnable au moment où Aimé Jacquet doit faire ses choix pour l'Euro. En Angleterre, personne n'imagine un instant qu'il puisse ne pas être dans la sélection. Mais le sélectionneur de l'équipe de France n'a que faire des images de la télé et des tabloïds anglais. Il a une approche beaucoup plus globale. Et quand il arrive en Angleterre, accompagné d'Henri Émile, pour un entretien franc et sans détour avec Cantona, sa stratégie est arrêtée et il va la présenter ainsi au joueur de Manchester.

Aimé. – Pour l'animation du jeu, avec Youri et Zizou, je pense avoir trouvé la bonne formule mais devant, en l'absence de Papin blessé, je suis encore à la recherche d'un numéro 9. Veux-tu être ce numéro 9 ?

Silence. Dans la tête du King ça doit cogiter dur...

Éric. – Coach, je ne suis pas un 9. J'ai besoin de bouger, de dézoner. Je ne me vois pas rester planté, en pointe en attendant les ballons... Je suis plutôt un neuf et demi qui a besoin de liberté. Et je pense aussi pouvoir apporter quelque chose dans l'animation offensive.

Aimé. – Je te comprends Éric, mais moi, j'ai besoin d'un vrai numéro 9. Tu veux ou tu veux pas ?

Long silence.

Aimé. – Alors, Éric c'est oui c'est non ?

Éric. – C'est non.

Aimé. – Dommage... Mais si j'ai un souci avec Youri ou Zizou, je peux quand même compter sur toi ?

Éric. – On en reparle...

Voilà comment Éric Cantona, pour un choix qui lui appartient et qui est tout à fait respectable s'est autoexclu de la sélection pour l'Euro 96. Bien loin de la version alambiquée selon laquelle Jacquet n'aurait pas voulu dans son groupe d'un joueur difficile à gérer, etc. On connaît la chanson.

Au milieu des moutons

L'équipe de France, lorsqu'elle arrive à l'Euro 96, présente un bilan flatteur et encourageant de six victoires pour six matchs depuis janvier 1996. Et notamment un 1-0 à Stuttgart, le 1er juin, contre l'Allemagne. Au-delà du résultat, remarquable, le souvenir d'un petit séjour très sympa en Forêt-Noire dans l'auberge réputée de la famille Sackmann. Une soirée très conviviale entre bons vins et chansons que notre sélectionneur bien aimé termina... difficilement. Redescendu de sa chambre à minuit passé en quête d'une bouteille d'eau minérale, il était tombé sur une joyeuse réunion d'Allemands du troisième voire quatrième âge. L'amitié franco-allemande avait été vantée... et arrosée. Aimé se souvient leur avoir chanté la *Marseillaise*, et... le trou noir. L'anecdote, on s'en doute, meubla beaucoup de conversations dans le voyage retour vers Clairefontaine, surtout quand on connaît l'hygiène de vie rigoureuse du sélectionneur et son souci de ne jamais verser dans l'excès, en rien.

L'équipe de France, pour l'Euro, avait élu domicile dans le Northumberland, au George Hotel de Chollerford, un petit manoir plus *british* que *british*, avec son *lounge* aux fauteuils et aux canapés rebondis dans les tons pastel, dans lesquels nous passerons des soirées très sympathiques une fois le travail de la journée terminée, avec gros cigares et *irish coffees*. Aimé Jacquet, entre deux visionnages de cassettes, venait passer quelques minutes avec nous mais il repartait aussi vite, incommodé par l'odeur de nos cigares.

Les installations presse se trouvaient à un quart d'heure de là, dans le gymnase de la Haydon Bridge High School, qui abritait aussi notre terrain d'entraînement, construit et tracé pour la circonstance sur un espace habituellement occupé par les moutons que l'on voyait en nombre autour de notre terrain et qui étaient visiblement les maîtres du comté.

C'est en arrivant là que, plusieurs fois, Aimé s'arrêtera pour observer un match de cricket, essayant vainement d'en comprendre les règles, mais échouant visiblement à bien décrypter ce que faisaient tous ces messieurs en pantalon blanc. Après trois séances d'observation de quelques minutes, il renoncera et décrétera pour toujours : « Ce jeu est bête, sans intérêt », sans doute vexé de n'avoir pas compris les subtilités de ce sport et ses règles. Il ne s'arrêtera plus jamais devant les messieurs en pantalon blanc au pli impeccable avec leurs petits gilets en fil d'Écosse, frappés de l'écusson de leur club plus que centenaire.

En revanche, il appréciera beaucoup le spectacle des écolières et des écoliers en uniforme qui, à chacune de nos venues, formaient une haie d'honneur pour applaudir les joueurs. Ces jeunes de 12-14 ans avaient aussi passé beaucoup de temps et mis beaucoup de cœur à décorer notre gymnase-salle de presse aux dominantes bleu, blanc, rouge. Le nom de chaque joueur figurait sur les murs sous forme de guirlandes en papier, et ce n'est qu'à la fin du séjour que je remarquai que, si tous les noms avaient été impeccablement orthographiés, Lebœuf était devenu Lebouef.

Oh les filles, oh les filles…

Il ne nous échappa pas, en revanche en arrivant au Saint James's Park, pour le premier match contre la Roumanie, que le drapeau de la France était celui… des Pays-Bas ! Les couleurs étaient les bonnes, mais pas dans le bon sens. Pas suffisant pour perturber l'équipe de France, l'empêcher de bien négocier ce match d'ouverture et de l'emporter sur un but de Dugarry à l'issue d'une confrontation tendue et longtemps incertaine.

C'est avant le match suivant, à Leeds, contre l'Espagne, qu'on vécut un petit incident dont on allait pourtant faire notre profit pour les compétitions à venir. En question, les femmes des joueurs.

En France il n'y avait pas encore de règle bien définie sur la présence des épouses ou des compagnes. En 1958, Europe 1 avait lancé une souscription pour payer le voyage des femmes en Suède ! En 1986, c'est la Fédération qui avait pris l'initiative d'organiser pour les épouses des joueurs et du staff un déplacement de trois jours au Mexique entre le dernier match de poule et le huitième de finale contre l'Italie. Avant cet Euro 96, le problème avait été abordé lors d'une réunion préparatoire à la Fédération et il avait été simplement convenu que celles qui le désireraient seraient intégrées dans un voyage que la FFF organisait pour ses dirigeants et quelques cadres à l'occasion du match de Leeds. Et c'est Élisabeth, qui n'était pas seulement l'assistante d'Aimé, mais aussi ma compagne et future épouse, que l'on avait missionnée pour chaperonner les visiteuses, mais sans préciser ni surtout leur dire, ce qu'elles auraient le droit de faire ou pas, et si elles pourraient voir leur mari ou pas. Dans leur esprit c'était évident, « Sinon on a la télé à la maison », dira même l'une d'elles. Évident pour elles, mais pas pour Aimé Jacquet qui entra dans une colère noire quand il découvrit à l'entraînement du jeudi après-midi, cinq ou six de ces dames qu'avaient très vite repérées photographes et caméras.

Dans le vestiaire, coup de gueule du coach devant des joueurs éberlués : « L'esprit de groupe a été bafoué… Il faut savoir ce que vous voulez… On n'est pas en colonie de vacances. » L'absence de directives précises au départ, le zèle malvenu d'une relation proche des joueurs et de leurs épouses qui avait organisé le coup en douce avaient débouché sur cet incident de parcours heureusement sans gravité dont Aimé tira très vite la leçon. Le dossier de préparation de la Coupe du monde à peine ouvert, il dit à Élisabeth : « Pas question de revivre ce genre de situation. Pour 98 tout doit être planifié, prévu, décidé à l'avance. Tout le monde doit être au courant de ce qui est autorisé et de ce qui ne l'est pas. Aucune improvisation. C'est un problème trop sensible pour qu'on laisse quoi que ce soit au hasard. Si tu réussis ça, avec les directives que te donnera Riton, on aura déjà fait un bout de chemin pour atteindre notre objectif ! » Comme quoi, du négatif peut naître du positif…

J'ai surtout retenu du décisif France-Bulgarie à Newcastle l'attitude déplorable de l'avant-centre bulgare Hristo Stoitchkov, qui passa son temps à insulter Desailly et à l'humilier de propos racistes du genre « noir de merde ». Le Bulgare fut averti dès la troisième minute, mais c'est miracle que le grand Marcel ait résisté encore 87 minutes à l'envie qui devait le démanger d'allonger son pitoyable adversaire.

D'un quart de final rugueux contre les Néerlandais, dans un stade noyé d'orange et qui nous amena au bout de la prolongation et du suspense, à l'épreuve des tirs au but, je ressortirai, outre le match de Bernard Lama, décisif sur un tir de Seedorf à la 89e, décisif encore en arrêtant le tir au but du même Seedorf sur la sixième tentative néerlandaise, l'attitude contrastée et controversée de l'entraîneur Guus Hiddink. Pas terrible, quand je l'entends traiter le quatrième arbitre de « *hijo de p…* ». Mais grand seigneur quand il vient, malgré l'élimination, féliciter les joueurs français dans leur vestiaire qu'il quittera sous des applaudissements nourris

Il est 10 h 30, le matin de la demi-finale contre les Tchèques, quand Aimé m'informe du forfait de Didier Deschamps, blessé, et du réaménagement qu'il vient de décider en incorporant Lamouchi, mais aussi en faisant monter Desailly d'un cran et en plaçant Alain Roche en défense centrale aux côtés de Laurent Blanc. Info que je répercute aussitôt aux agences françaises en leur communiquant la composition de l'équipe telle qu'elle vient de m'être donnée. Aimé conviendra plus tard qu'il a eu tort de se précipiter de la sorte : « Rien ne m'obligeait à prendre et à annoncer des décisions dans la minute. Ça m'a servi de leçon. »

L'arrivée à Old Trafford se fait sous escorte… de deux magnifiques chevaux qui ont pris le relais des motards à trois cents mètres de la grille d'entrée. Spectacle très étonnant, vu de ma fenêtre au premier rang du car !

Tout petit match contre nos adversaires tchèques qui ira, comme le précédent, jusqu'à l'épreuve des tirs au but. Mais, cette fois Lama ne fera pas de miracle, et Reynald Pedros, en se ratant à 5-5, mettra le mot fin à l'aventure des Bleus en Angleterre. Cela n'empêchera pas Jacques Chirac, après que l'on se sera mis d'accord avec Jean-François Lamour sur l'heure de l'appel, d'adresser ses félicitations à Aimé Jacquet, et d'essayer de relativiser la défaite avec l'une de ces formules dont il a le secret : « Dans la vie il y a des hauts et des bas. Comme disait ma grand-mère, les hauts on les méprise, les bas on les reprise… »

Un bilan contesté

Avec ou sans Deschamps en demi-finale, l'équipe de France avait-elle les moyens de faire mieux à cet Euro ? La question est d'un intérêt très relatif. Ce qui est significatif en revanche, c'est cette place de demi-finaliste européen, deux ans seulement après le séisme de l'automne 1993. C'est sa troisième place à l'indice FIFA, sans oublier la deuxième position de nos clubs à celui de l'UEFA, une situation qu'on ne reverra peut-être jamais. Ce qui est important, c'est que les Bleus ont trouvé une défense pour les cinq ans à venir. Et même si Zidane, handicapé par une blessure au fessier suite à un accident de voiture a fait un Euro très moyen, on sent, on sait qu'on a trouvé un leader technique d'exception. Un bilan qui satisfait amplement Jacquet et la quasi-totalité du monde du football mais pas les médias, *L'Équipe* en tête, qui décrète l'Euro sinon raté, du moins frustrant et largement insuffisant sur le plan du jeu.

Ah ! nous y voilà ! Le jeu, le beau jeu… Même en fouillant les dictionnaires et les Archives nationales, on ne trouve nulle part de définition du « beau jeu ». Chaque saison, les palmarès s'enrichissent de résultats et de noms qui resteront gravés dans le marbre et dans les mémoires, mais, champion de France, d'Europe, ou du monde du « beau jeu », on n'en trouve trace nulle part !

Aimé Jacquet, avant la Coupe du monde 98 avait eu cette repartie un peu sèche, en réponse à un journaliste qui venait précisément le titiller sur la qualité du jeu de l'équipe de

France : « Le beau jeu, ça n'existe pas ! » Reprise de volée immédiate dans les journaux, sans nuance non plus : « pour Jacquet, le jeu n'a pas d'importance », « un sélectionneur qui se moque de la façon dont joue son équipe... » ; « le résultat, rien que le résultat, voilà une vue bien étroite et cynique du football... ».

Comme je lui suggère, le soir même de cette conférence de presse, qu'il aurait pu et dû être plus explicite, j'ai eu droit à une belle explication de texte : « Philippe, cite-moi un entraîneur qui dit à ses joueurs avant d'entrer sur le terrain : "Tout pour le jeu, tout pour le beau jeu, le résultat n'a aucune importance !" Il n'y en a pas ! La finalité du sport, surtout chez les professionnels, c'est quand même de gagner, d'être meilleur que l'autre ! Moi, je m'organise en fonction de mon potentiel du moment et de ce que je sais des forces et des faiblesses de l'adversaire, pour faire le meilleur résultat possible. C'est ça, le haut niveau. Si, à partir de là, de l'organisation mise en place, le jeu est séduisant, tant mieux. »

Et moi, aussitôt : « Parfait, voilà ce que tu aurais dû dire en conférence de presse ! » Aimé, coupant : « Ah, non ! Je ne vais pas me mettre à leur raconter ça ! » Et pourquoi pas ? Quel mal, quel inconvénient y aurait-il eu à développer un thème de ce genre en conférence de presse ? J'ai toujours trouvé étrange cette manie qu'ont eue tous les sélectionneurs de vouloir en dire le moins possible, de me demander de retenir des informations qui n'étaient pourtant pas des secrets d'État, et qui n'allaient pas nuire à la sécurité ou aux performances de l'équipe.

Président, on sera champions du monde !

Aimé, convaincu depuis longtemps qu'il ne trouvera jamais grâce aux yeux de *L'Équipe*, laisse aboyer la caravane et, persuadé du bien-fondé de ses méthodes et de ses analyses, continue imperturbable de tracer son sillon. Après avoir fait son bilan de l'Euro, très éloigné de celui des médias, il s'en va trouver le président Simonet, pour lui exposer son plan de bataille et ses demandes :

1. Roger Lemerre en renfort dans le staff. À l'Euro, Aimé s'est rendu compte qu'à vouloir trop en faire, il ne faisait pas tout aussi bien et minutieusement qu'il le souhaitait. En particulier pour ce qui était de l'attention apportée aux joueurs qui jouaient peu ou pas du tout. Il n'est pas allé chercher bien loin le renfort nécessaire, il a choisi celui qui avait fini major de sa promotion d'entraîneur !

2. Le docteur Ferret, à disposition exclusive de l'équipe de France dès janvier 1997. Pour entretenir un dialogue constant avec les médecins des clubs de nos internationaux, dont beaucoup étaient partis à l'étranger. Pour planifier aussi des tests et des examens indispensables avant une grande compétition. Le dentiste lyonnais qu'il chargera du bilan et des soins dentaires n'a pas laissé un souvenir impérissable, sinon celui de ses très coûteuses factures à la Fédération, et pour des résultats disons… incertains. Didier Deschamps en sait quelque chose…

Et, les yeux dans les yeux, il lâche à Claude Simonet : « Président, si vous validez mon plan de travail, si vous me donnez tous les moyens de travailler comme je l'entends, je vous le dis, le 13 juillet, la Coupe du monde elle est là, sur votre bureau ! » Elle y sera. Il va sembler long, tortueux, et semé d'embûches le chemin qui nous sépare encore de l'événement. Ces vingt-quatre mois entre chien et loup, sans rencontre officielle puisque l'organisateur est qualifié d'office, où il faut multiplier les essais tout en essayant de dégager une équipe type réclamée à cor et à cri, ce n'est pas évident à gérer. Alors, Aimé Jacquet va procéder par étapes, à son rythme, levant le pied ou accélérant selon les circonstances.

Dans ce slalom très spécial, la première défaite de l'ère Jacquet surviendra au Danemark en septembre après trente matchs (vingt victoires, dix nuls). Trente matchs sans défaite, la plus belle « série » des Bleus depuis leur naissance en 1904. Tout simplement.

En fait, le premier vrai cap que s'est fixé Aimé Jacquet pour faire un point précis, et espérer en terminer avec les essais, c'est le Tournoi de France en juin 1997. Il pense être, à ce moment-là, capable de faire un état des lieux assez complet et, qui sait, avoir trouvé son équipe de départ pour la Coupe du monde. Mais les hommes proposent et les événements disposent. Une arrivée au compte-gouttes des joueurs que leurs clubs n'ont pas mis beaucoup de bonne volonté à libérer – certains rejoignant même la troupe à vingt-quatre heures du premier match – et, par conséquent, une préparation nulle et non avenue ne vont pas permettre au sélectionneur ni de composer les équipes qu'il souhaite ni de tirer les enseignements qu'il espérait.

Le jour où Aimé a douté

Au terme des trois rencontres, 1-1 avec le Brésil à Lyon, défaite 0-1 contre l'Angleterre à Montpellier et 2-2 avec l'Italie au Parc des Princes, Jacquet, dépité, reconnaît ne pas avoir avancé d'un pouce. Plus révélateur encore, dans la voiture qui l'emmène après le dernier match contre l'Italie chez Le Père Claude où l'on a pris nos habitudes d'après match – ce restaurant du 15e arrondissement qui nous préparait sa succulente tête de veau, tant appréciée de Roger Lemerre.... et de Jacques Chirac, un visiteur régulier –, il lâchera à Henri Émile : « Je crois qu'on ne va pas y arriver... » Petit coup de mou qui ne durera que quelques minutes. Car, jamais, aucun d'entre nous, même dans nos réunions les plus restreintes, n'avait entendu et n'entendra plus jamais Aimé douter ou exprimer la moindre réserve sur la capacité du groupe à atteindre l'objectif fixé. Tout compte fait, l'événement le plus notable lié à ce tournoi restera la petite tentative de révolte des joueurs, au château de Pizay, près de Lyon, où l'on prépare France-Brésil. Objet du litige : les chaussures. Encore les chaussures...

Cette fois à Lyon, il ne s'agit pas de prime, comme en Argentine en 1978, mais bien d'une liberté revendiquée pour chacun de porter les chaussures de la marque de son choix. Aimé Jacquet tombe des nues. Déjà que rien ne se passe comme prévu dans l'approche de ce Tournoi de France, si en plus il faut gérer un mini-putsch des joueurs...

La décision finale n'étant pas de son ressort en tout état de cause, il en réfère aussitôt au président Simonet que l'on voit arriver dare-dare au château de Pizay, flanqué du DG de la Fédé, Gérard Enault. Dans son coin, Gilles Bocq, le représentant d'Adidas auprès de la sélection, se fait tout petit.

La réunion de crise ne sera pas bien longue. Aimé, qui ne veut surtout pas que le conflit s'éternise, dit aux joueurs qu'il comprend leur démarche et l'approuve sur le fond, mais que le moment est très mal choisi pour la faire valoir. Il demande au président s'il peut s'engager à ce que la liberté des joueurs, pour le port des chaussures, soit acquise dès la saison 98-99. Marché conclu. Grâce à l'intervention de Jean-Claude Darmon auprès de Robert Louis-Dreyfus, patron d'Adidas, les Bleus auront la liberté, après la Coupe du monde, de jouer avec les chaussures de leur choix.

Il me reviendra, une fois de plus, de rédiger le communiqué à transmettre à l'AFP. Signé : « Didier Deschamps, capitaine, et les joueurs de l'équipe de France », il expose ceci : « Après avoir entendu, ce lundi après-midi 2 juin, le président Claude Simonet, nous avons pris la décision de respecter jusqu'au terme de la Coupe du monde 98, les modalités du contrat liant la Fédération française de football et Adidas. Le mouvement que nous avons mené à l'occasion de France-Suède pour obtenir la libre utilisation des chaussures de notre choix en équipe nationale était juste et il le demeure. L'objectif visé sera atteint, inéluctablement. Toutefois, soucieux de respecter le Tournoi de France et les prestigieux adversaires que nous allons être amenés à y affronter, soucieux, également, de préparer et de disputer la Coupe du monde dans notre pays, dans un indispensable climat de sérénité, nous avons pris, collectivement, ce jour, la décision de surseoir à notre action, dans les conditions évoquées. »

Le France-Suède évoqué dans le communiqué, disputé en avril au Parc des Princes, avait effectivement donné lieu, dans le plus grand secret, à une première tentative des joueurs d'obtenir la liberté de porter les chaussures de leur choix. Didier Deschamps était venu trouver Manu, un beau soir, et lui avait dit de passer toutes les chaussures au cirage noir, de façon à faire disparaître toutes les bandes blanches Adidas. Un ordre du capitaine, ça ne se discute pas, et Manu avait pris brosse et cirage pour maquiller tous les crampons. Sauf que le contre-ordre allait arriver, à peine la pénible besogne achevée, venant, cette fois, d'Henri Émile. Si Riton le dit, Manu le fait… C'est donc au trichloréthylène que De Faria entreprit de défaire ce qu'il venait de faire, et il y mit tant de cœur qu'il termina pratiquement saoul, enivré par les vapeurs du trichlo !

TROISIÈME PARTIE

UNE COUPE DU MONDE ET UN EURO POUR L'HISTOIRE

(1998-2002)

Kopa, connais pas

Étape toujours très attendue dans une montée vers la Coupe du monde, le tirage au sort de la phase finale. La FIFA, comme à son habitude, a fait les choses en grand. L'écrin de ce grand show du 4 décembre est le stade Vélodrome de Marseille dont tout un virage a été aménagé en scène géante.

Sous la baguette d'un Monsieur Loyal inégalable dans ce genre d'exercice, le polyglotte secrétaire général de la FIFA, Joseph Blatter, le tirage au sort est effectué par Carlos Alberto Parreira, Beckenbauer, Carnus, Weah, dont on ne sait pas encore qu'il deviendra président de la république du Libéria, Papin, Trésor et Kopa. Pour la touche féminine, Julie Foudy, la star du *soccer* aux États-Unis. Le public est très jeune et réservera à toutes ces stars, lorsqu'elles seront appelées sur la scène, leur lot d'applaudissements plus ou moins nourris. Les anciens Marseillais, surtout JPP, ont droit à un traitement de faveur, mais quand arrive le tour de Raymond Kopa, indifférence générale, seulement quelques timides applaudissements. Visiblement, pour cette assistance composée très majoritairement de moins de 20 ans, le nom de Kopa ne dit pas grand-chose, ils ne savent pas quel immense joueur il a été dans les années 1950-1960 sous les couleurs de Reims, du Real Madrid, et aussi de l'équipe de France.

« Normal », me dira un journaliste marseillais auquel je faisais part de ma surprise : « Ils n'étaient pas nés... » Pas nés... La fameuse excuse, que j'appelle bêtement « le syndrome de l'escalope » (panée). Excusez-moi... Je peux comprendre que Didier Deschamps ne veuille pas faire référence au sinistre France-Bulgarie de 1993 qu'il a joué, quand il a à mettre en garde les joueurs de 2019 contre les dangers présentés par un tel adversaire. C'est exact, la plupart n'étaient pas nés ou très, très jeunes, donc sans souvenir. Mais que des ados ou de jeunes adultes, souvent pratiquants, qui se disent passionnés de football, ne sachent pas qui est Kopa, j'avoue que j'ai du mal à le comprendre.

À propos de ce tirage au sort, je voudrais dire ma surprise d'avoir entendu Michel Platini, coprésident du comité d'organisation, dire en mai 2018 au micro de France Inter qu'on avait donné un petit coup de pouce à la France en la plaçant en « position favorable » dans le tableau final. À ma connaissance, c'est une pratique très courante, et jamais remise en cause, dont ont bénéficié tous les précédents pays organisateurs. Parler de « petites magouilles » me semble donc abusif.

L'explication du Montana

Avant d'enterrer l'année 1997, il ne faut surtout pas oublier d'évoquer le stage de Tignes du 21 au 27 décembre. Pour les bienfaits de l'altitude – et on reviendra en Savoie en mai – comme pour la cohésion du groupe, Aimé avait convaincu, non sans peine, les uns et les autres de passer les fêtes de Noël ensemble, en famille, à la montagne. Pour certains qui, depuis leur naissance, avaient toujours passé Noël à la maison avec les parents et grands-parents, ce ne fut pas évident. Pas de foot au programme, pas une séance de travail même en salle : de la détente et de la convivialité, rien d'autre.

C'est pour cette raison qu'Aimé trouva totalement déplacé – et il ne se privera pas de le dire – le contrôle antidopage diligenté par le ministère des Sports le 26 décembre. Claude Simonet, avec sa rondeur habituelle avouera sa « surprise », mais le président de la LNF, Noël Le Graët n'ira pas avec le dos de la cuillère : « C'est indécent, débile et grotesque. » Aucun des trois hommes n'était évidemment, par principe, contre les contrôles antidopage. Simplement, ils estimaient que faire ça le lendemain de Noël, à la fin d'un stage avec femmes et enfants, où il n'y avait eu strictement aucune activité sportive, ça n'avait pas de sens.

L'importance et la portée de ce stage ne sont pas non plus à chercher dans la composition de la liste des « invités » où ne figuraient pas les joueurs retenus en Angleterre pour le Boxing Day, mais où l'on trouvait, en revanche, beaucoup d'éléments qui ne seront pas de la fête du mondial, comme Gava, Goma, Keller, Laslandes, Maurice, N'Gotty, Ouédec ou Pedros. Ce n'était en rien une présélection et le choix effectué ne tenait pas compte de la forme du moment.

Si je m'attarde sur ce rassemblement à l'hôtel Montana, c'est parce qu'il s'y tint, mine de rien, une réunion des cadres avec le sélectionneur, dont tout le monde convient aujourd'hui qu'elle fut importante et fondatrice. Le menu de Noël, concocté par le Chef Jean-Paul Yvernogeau, avait été apprécié : foie gras frais de canard aux figues séchées, civet de canard au vin de Savoie, petit trou au genépi, fromages affinés et trilogie de chocolats au coulis d'oranges confites. Non seulement apprécié, mais arrosé comme il convient. La bonne chère, le bon vin, aident à délier les langues, à se confier. Et dans les conversations qui se prolongèrent parfois fort tard, il apparut à Henri Émile que le sélectionneur et les joueurs n'étaient pas tout à fait sur la même longueur d'onde. Ces derniers ne comprenaient pas toujours où voulait en venir Jacquet ni les chemins qu'il empruntait. Ils n'étaient pas imperméables, non plus, aux critiques qui pleuvaient régulièrement sur Jacquet et ses options de jeu. Riton, fine mouche, remonta l'information et convainquit sans mal Aimé d'organiser une réunion avec ses joueurs cadres, Deschamps, Blanc, Lama, Desailly et Zidane, notamment.

Celle-ci eut lieu pendant plus d'une heure au rez-de-chaussée, dans le bureau du directeur du Montana, et chacun en ressortit rasséréné. Aimé, d'avoir pu expliquer dans le détail ce qu'il faisait, comment il le faisait, et dans quel but, et les joueurs, d'avoir mieux compris la méthode Jacquet et obtenu les réponses aux questions qu'ils se posaient.

L'année 1998 commence par l'inauguration du stade de France, le 28 janvier. – 7 °C, un temps à ne pas mettre un footballeur dehors, un terrain gelé, moche, dangereux, dur comme du béton. L'entraîneur espagnol, Javier Clemente, vient même trouver Aimé Jacquet pour lui expliquer que ce n'est pas raisonnable de jouer sur un terrain comme ça. Notre sélectionneur est perplexe, mais pas très longtemps... Le président de la République, Jacques Chirac, est là, l'événement est attendu, si on avait dû reporter le match il aurait fallu y penser la veille. Maintenant que les spectateurs sont là, on ne peut pas annuler... Pour des motifs qui n'ont pas forcément grand-chose à voir avec le football, il faut jouer. On (les officiels) a décidé. On (les joueurs) va jouer.

Le baptême a donc lieu et la nouvelle enceinte parisienne, splendide stade moderne de quatre-vingt mille places, longtemps baladé par les politiques entre Melun, Sénart et Évry, finalement implantée à Saint-Denis par la volonté du Premier ministre Édouard Balladur, ne pouvait rêver meilleur parrain que Zinedine Zidane, auteur du seul but du match.

Pas besoin de faire un dessin...

L'adversaire à suivre est la Norvège, ce qui pourrait paraître banal si la rencontre n'avait pas été fixée à Marseille. Aïe, aïe, aïe... Marseille, c'est aussi là qu'on doit jouer notre premier match de Coupe du monde contre l'Afrique du Sud. Or, les Marseillais ne se contentent pas de détester le PSG, ils en veulent terriblement à « Paris », au sens le plus large, les Parisiens, la Fédé, la Ligue, qui leur ont « volé » le titre de champion de France 1993. On a beau leur expliquer que c'est plutôt Tapie et son OM qui ont « volé » le titre cette année-là, en trichant sur VA-OM, au minimum, et qu'il est donc logique que le titre 1993 ne figure pas à leur palmarès, rien n'y fait. Ils s'estiment spoliés et exigent qu'on leur restitue leur bien.

Les renseignements qui remontent jusqu'à l'avenue d'Iéna sur l'ambiance prévisible le 12 juin au stade Vélodrome ne sont pas encourageants. Aussi, à la mi-février, nous voilà partis, Aimé, Riton, Bergeroo et moi, à la rencontre des clubs de supporters marseillais, en leur fief, pour leur expliquer, avec moult précautions, qu'ils ont peut-être de bonnes raisons de se comporter comme ils le font, mais que là, il s'agit de l'équipe de France, de la Coupe du monde, et qu'on a besoin d'eux.

Ils n'en démordent pas. Ils veulent voir Simonet et Le Graët, qu'ils affublent de quelques jolis noms d'oiseaux, et ils veulent qu'on leur rende le titre de 1993 ! L'un des plus déterminés, des plus grossiers aussi, nous affirme qu'il ne mettra pas les pieds au stade et qu'il en profitera pour… sa femme, et plutôt deux fois qu'une, compris ? Oui, oui, parfaitement compris, pas besoin de nous faire un dessin.

On rentre à Paris, pas plus rassurés que cela, mais à l'arrivée, nos craintes se révèleront non fondées. Aussi bien contre les Norvégiens en amical et malgré un 3-3 mi-chèvre mi-chou, que tout au long du France-Afrique du Sud pour le Mondial, les encouragements ne feront pas défaut aux Bleus dont tout le monde, à Marseille comme ailleurs, a bien fini par comprendre qu'ils défendaient une cause nationale bien au-dessus de nos misérables petites querelles intestines.

Un code de bonne conduite

Pendant que Jean-Marcel Ferret poursuit méthodiquement son suivi médical des joueurs, je m'attelle, à rédiger à la demande d'Aimé un « code de bonne conduite ». On pouvait y lire :

« Portables : leur usage est interdit à table, dans les vestiaires, lors des réunions. 1 000 francs par infraction.

Exactitude : une vie collective bien vécue repose d'abord sur le respect des horaires fixés. Tout retard sera donc soumis à amende. Sur la base des horaires indiqués par Henri Émile, sur le programme journalier porté sur le *paper-board* à l'entrée de la salle à manger, et la montre de Philippe Bergeroo faisant foi :

– Jusqu'à trois minutes de retard, 200 francs.

– Puis, par minute supplémentaire, 200 francs. »

Était évoquée aussi dans ce code de bonne conduite la nécessité d'être à l'heure aux rendez-vous fixés pour les soins médicaux : « ... le médecin, l'ostéo et les kinés sont soumis à un planning serré et ne peuvent pas passer leur temps à la recherche ou à la relance des joueurs en retard. » La presse ne pouvait pas être absente de ce document de référence, et il était précisé, entre autres, que pour toute interview TV qui se ferait hors des magnifiques panneaux de nos sponsors, il en coûterait 1 000 francs au contrevenant.

À l'arrivée, et comptabilisant toutes les infractions répertoriées, une somme très coquette sera récoltée. L'équipe de France en fera don aux Restos du Cœur.

Avant de passer de la théorie à la pratique, il y a encore un rendez-vous délicat à bien négocier : l'annonce de la fameuse liste. C'est pour le 5 mai à Clairefontaine. Il y a un moment que Mémé a pris sa décision : ce sera une liste de vingt-huit ramenée à vingt-deux avant le départ pour Casablanca et le tournoi Hassan-II. Aujourd'hui encore, il maintient que si c'était à refaire il n'agirait pas autrement, sauf pour le départ des exclus qui serait mieux anticipé et préparé. Mais il n'entend pas dévoiler ses batteries tout de suite, réservant ses explications pour la grand-messe télévisée du 5 mai.

Le 23 avril, dans le grand salon de la résidence Équipe de France à Clairefontaine, au retour d'un 0-0 en Suède, le staff technique (Jacquet, Bergeroo, Lemerre, Émile) a longuement débattu des derniers ajustements à apporter à la liste. Certains champions du monde ne savent pas, ou n'imaginent pas, que ce jour-là ils ont bien failli passer à la trappe... C'est à l'issue de cette réunion que je rédige avec un soin tout particulier, pesant chaque mot, le communiqué que je vais envoyer à l'Agence France-Presse pour annoncer le rendez-vous du 5 mai. Textuellement : « Aimé Jacquet communiquera, le 5 mai à Clairefontaine, la liste des joueurs retenus pour la préparation à la Coupe du monde. »

Ni plus ni moins. Pas question de trente ou de vingt-huit ou de vingt-deux. L'AFP publie mot à mot le communiqué que j'ai envoyé, et tous les médias le reprennent ainsi... sauf *L'Équipe* qui annonce le lendemain à la une : « Les 22 connus le 5 mai ». Lecture trop hâtive du communiqué ? Négligence ? Ou ultime tentative de forcer la main du sélectionneur ? Rayez les mentions inutiles.

Et le 6 mai, après la conférence de presse du sélectionneur expliquant pourquoi il ouvrirait la concurrence pendant le début de la phase de préparation pour ne pas s'enfermer trop tôt dans un choix définitif, ce moqueur : « Et on joue à 13 ? » sur huit colonnes à la une du quotidien sportif, assorti d'une photo délibérément peu gratifiante du sélectionneur, bouche grande ouverte, et d'un édito peu amène sur « Cet entraîneur si peu entraînant ».

La nuit des maudits

La Nuit des maudits, c'est le titre de l'excellent livre de Karim Nedjari qui retrace le départ de Clairefontaine des six « exclus » de la liste initiale à vingt-huit noms du sélectionneur. Aimé savait que ce moment viendrait, qu'il serait difficile, et qu'il y aurait certainement quelques larmes. Il s'y est préparé.

Quand Letizi, Djetou, Laigle, Ba, Lamouchi et Anelka entendent frapper à leur porte après le dîner du vendredi 22 et aperçoivent Henri Émile ou Philippe Bergeroo qui s'étaient réparti la pénible besogne, ils ont déjà compris. Pas la peine qu'on leur dise que le sélectionneur les attend chambre 15. Ils savent instantanément que, pour eux, c'est la fin du voyage.

Aimé a choisi ses mots. Il veut être bref mais prendre aussi le temps de dire aux exclus que telle est la vie de la sélection, impitoyable, dure, peut-être injuste, parfois. Qu'il comprend et respecte leur immense déception. Qu'ils ont, malgré tout, par leur engagement et leur état d'esprit irréprochable, bien servi l'équipe de France qui ne les oubliera pas, que... Il n'aura pas le temps d'aller au bout de son petit discours de circonstance : Lamouchi, poliment mais fermement, l'interrompt : « Ça va, coach, on est des professionnels, on a compris. Vous avez fait votre choix, on le respecte. Pas la peine de nous en dire plus. »

Et le rideau tombe.

Nous avions pensé, à tort, en situant ce moment, difficile mais incontournable, après le dîner du vendredi, que les six joueurs concernés quitteraient Clairefontaine après le petit déjeuner du samedi, une heure ou deux avant la conférence de presse au cours de laquelle le sélectionneur devait communiquer la liste officielle et définitive des vingt-deux. Mais nos amis n'eurent qu'une envie, une fois informés de leur sort – et on peut les comprendre –, quitter Clairefontaine, ce lieu désormais maudit, tombeau de leurs illusions mondialistes. Il fallut donc organiser à la hâte leur départ et, contrairement à ce qu'on a pu lire sur l'épisode, on ne les a pas « jetés », ou laissés en plan, livrés à leur triste sort, en pleine nuit, à la grille du domaine de Clairefontaine. Ils y furent conduits seulement après que l'on se fut assuré que chacun avait un proche ou un taxi commandé pour venir le chercher. Lionel Letizi, qui voulait regagner Metz tout de suite et qui, à cette heure de la soirée, n'avait plus de train, fut raccompagné à son domicile lorrain par notre officier de sécurité, Jean-Pierre Cantin, qui effectua l'aller et retour dans la nuit. L'arrivée sur place donna même lieu à une scène assez cocasse, à 3 heures du matin. Dans l'émotion du moment, Lionel n'arrivait pas à se rappeler du code du système de protection de son domicile et quand ils pénétrèrent dans la maison déserte, l'alarme se déclencha, évidemment. Étonnement des voisins réveillés en sursaut et venus aux nouvelles : « Qu'est-ce que tu fais là ? Tu n'es pas avec l'équipe de France ? »

De Vautrot à la « VAR »

Avant le départ pour Casablanca, Michel Vautrot, le patron de l'arbitrage français était venu à Clairefontaine, accompagné de Marc Bata, transmettre aux joueurs les habituelles recommandations de la commission d'arbitrage de la FIFA. Michel Vautrot est l'un des tout meilleurs arbitres, sinon le meilleur, que notre football ait jamais connu. Le Franc-Comtois, déjà, costaud, grand, dégageait une autorité naturelle qui manque à trop de directeurs de jeu aujourd'hui. Michel savait quand il pouvait se permettre un semblant de complicité avec les joueurs, et quand il fallait sortir le bâton et le carton. Unanimement apprécié, il a arbitré en Coupe d'Europe, en Coupe du monde et a été classé, deux fois, meilleur arbitre du monde en 1988 et 1989. Membre des commissions d'arbitrage de l'UEFA et de la FIFA, directeur national de l'arbitrage français, il sera injustement mis à l'écart en 2003 pour avoir eu le courage de dénoncer certaines pratiques douteuses dans le milieu de l'arbitrage français. Bien insuffisant pour ternir une excellente réputation, comme en témoignera, entre autres marques de considération, cette place à son nom, à Dampierre dans le Jura.

C'est une pratique constante, qu'un arbitre de premier plan vienne, avant le début du tournoi, informer les joueurs de son pays des points sur lesquels la FIFA a décidé d'être particulièrement vigilante cette année-là. La séance est assortie de la projection de petits films de démonstration avec commentaires ou petits pictogrammes explicites, pour que les joueurs comprennent bien ce qui est correct ou pas, autorisé ou interdit. Et on annonce la sanction encourue, coup franc, direct ou indirect, penalty, carton jaune, carton rouge…

Ces soixante ou soixante-dix minutes rituelles donnent lieu, bien souvent, à des discussions serrées entre les participants qui, entre eux, ne sont pas toujours d'accord sur l'interprétation à donner à tel ou tel geste, telle ou telle action. « Il n'y a pas faute, il joue le ballon » est l'argument le plus souvent entendu, comme si le fait de jouer le ballon – qui n'est pas à négliger bien sûr – pouvait excuser et absoudre l'excès d'engagement et surtout la violence. Ces chamailleries attestent surtout de la difficulté d'arbitrer et de prendre les bonnes décisions dans une fraction de seconde, alors qu'au fil des années, les joueurs, de mieux en mieux préparés, n'ont cessé de courir plus vite et de muscler leur jeu, et que les systèmes de jeu ont densifié l'occupation de certaines zones où une chatte ne retrouverait pas ses petits.

Et on voudrait que l'arbitre, avec les quarante-quatre jambes et les quarante-quatre bras qui passent sous ses yeux dans un ballet incessant et étourdissant, voie tout ce qui se passe, devant, derrière, à gauche et à droite ! Et juge tout, et de tout, infailliblement dans la fraction de seconde…

Et puis, la « VAR » est arrivée. La *video assistant referees*, ou « assistance vidéo à l'arbitrage » en bon français, avant même son introduction, avait, d'emblée, divisé le monde entier en deux camps farouchement opposés. Platini avait pris la tête du camp « cachez cette vidéo que je ne saurais voir ! », largement minoritaire, face à une majorité, dans laquelle je me rangeais, et qui disait : « Enfin ! »

Enfin, va cesser cette absurdité qui faisait que l'arbitre était le seul à ne pas disposer des moyens d'appréciation et de contrôle fournis par les images des caméras de la réalisation télévisée présentes dans chaque stade pour prendre ses décisions. Alors que des millions de téléspectateurs voient et revoient l'action à profusion, il est le seul décideur et il est le seul à ne pas avoir tous les éléments pour bien juger ! Stupide. Sauf, qu'à l'expérience, les choses n'allaient pas se révéler aussi simples. D'abord, même avec dix images et dix ralentis d'angles différents de la même action, on n'arrive pas toujours à se faire la même opinion, indiscutable. Et mille exemples récents ont clairement établi que les modalités d'usage de la VAR restaient à établir précisément.

Et, la VAR, simple assistance pour l'arbitre terrain qui la sollicite quand il veut, pour ce qu'il veut ? La VAR, limitée aux quatre situations prévues par le Board ? Ou la VAR, souveraine quand l'arbitre vidéo se substitue à l'arbitre terrain pour le reprendre et corriger ses décisions ? Et l'écran de contrôle au bord du terrain : quand, pourquoi, comment ? Sans parler de la durée d'interruption de la partie, qui peut varier entre trente secondes et plus de cinq minutes. Normal ? En tous cas, il y a urgence à accorder tous les violons.

L'Équipe contre Jacquet

L'événement approche à grands pas après une double victoire (Belgique et Maroc) au tournoi Hassan-II à Casablanca, et un dernier test positif contre la Finlande à Helsinki. De la confiance engrangée, encore, mais un contenu qui n'a toujours pas l'heur de satisfaire les médias censeurs. C'est au terme de ce match en Finlande que Thierry Roland ponctuera son commentaire d'un pessimiste : « Ah, ça, je vous le dis, Jean-Michel, c'est pas en jouant comme ça que les Français vont gagner la Coupe du monde ! » Ejnès, dans *L'Équipe*, donne à peu près dans le même registre en considérant qu'on est « au pied de l'Everest en espadrilles ».

Avant d'en venir à la grande et belle histoire, comme aux petites histoires, de cette seizième Coupe du monde de l'Histoire, la première à trente-deux pays (quinze européens, cinq africains, cinq sud-américains, quatre asiatiques et trois d'Amérique centrale), je voudrais évoquer et évacuer une bonne fois pour toutes, et même si j'y ai déjà fait allusion ici ou là, ce que l'on a appelé le « différend *L'Équipe*/Jacquet ». On a même parlé de guerre...

Quelle part attribuer, dans l'immense vague de bonheur qui me submergea et me tira des larmes au soir du 12 juillet 1998, au fait que l'exploit porte la signature d'Aimé Jacquet, homme tellement droit, tellement intègre, tellement humain, mais tellement critiqué, moqué, vilipendé, parfois méprisé et insulté, tout au long des cinquante-quatre mois passés à la tête de l'équipe de France ? Parce que l'homme que j'avais vu travailler pendant tout ce temps-là, modèle de professionnalisme, scrupuleux, irréprochable, avait souffert en silence. Ses proches, plus encore, avaient été meurtris de la mise en cause perpétuelle de son travail et de ses capacités, pour des appréciations forcément subjectives sur le jeu ou sur la tactique, qui ne valaient pas ça parce qu'elles avaient débordé sur l'homme, bassement attaqué.

Aussi, parce que, au cœur d'une polémique qui n'enflamma pas seulement le petit monde des médias, se trouvait « mon journal », où j'avais passé plus de seize ans, LE quotidien sportif du pays. Et, s'il ne fut pas seul en cause dans une campagne de dénigrement qui dépassa souvent les bornes, si ce n'est pas dans ses colonnes que fleurirent les propos les plus abjects sur le sélectionneur des Bleus, il n'en cristallisa pas moins toutes les rancœurs, à commencer par celle d'Aimé, à proportion de la notoriété du titre, de sa réputation de sérieux, et de leader d'opinion. C'est pour avoir suivi le vent mauvais de suspicion et d'ironie douteuse, soufflé par *L'Équipe* jusqu'à ce que les événements tournent à sa confusion, que des magazines, qui ne s'intéressent au football qu'une fois tous les quatre ans, se sont laissé aller à des propos et des caricatures franchement déplacées.

Comment avait-on pu arriver à ces excès coupables ? Pourquoi Aimé Jacquet ne put-il retenir, dans ses premières déclarations à la presse, moins d'une heure après avoir été porté en triomphe par ses joueurs, et reçu l'ovation en forme de merci des quatre-vingt mille spectateurs du stade de France, oui, pourquoi ne put-il retenir son célèbre et définitif « Je ne pardonnerai jamais » ?

Au lendemain du séisme de l'automne 1993 qui vit la Coupe du monde américaine passer sous le nez des Français dans les circonstances ahurissantes évoquées plus haut, Aimé Jacquet était donc persuadé que son statut d'adjoint lui vaudrait de suivre Gérard Houllier sur le chemin du bannissement. Promu, au contraire, il allait sans délai s'atteler à qualifier la France pour l'Euro 96. Cette phase de qualification, on l'a vu, fut laborieuse, pénible. Plus d'une fois on fut tenté de croire que les Bleus n'y arriveraient pas, plus d'une fois ils côtoyèrent le précipice de l'élimination mais sans jamais y tomber. Jacquet le sait, le voit, mais il avance, pas à pas, à la recherche de la bonne formule, des bons ingrédients.

Un divorce trop tôt consommé

Mais à *L'Équipe*, on n'a ni cette patience ni cette confiance. Le temps médiatique n'est pas le temps des techniciens et, très vite, devant des matchs peu probants, la conviction s'ancre chez les responsables de la rubrique football que ce Jacquet n'est vraiment pas l'homme de la situation, et que ce n'est pas avec ses options de jeu trop frileuses qu'on peut espérer quoi que ce soit à l'Euro 96, à condition déjà de s'y qualifier, et encore moins remporter la Coupe du monde 98 à la maison.

Après moins d'un an, le divorce est consommé, les positions déjà tranchées. Trop tranchées. Non seulement la France va se qualifier pour l'Angleterre, mais elle sortira de cet Euro 96 toujours invaincue, éliminée seulement en demi-finale par les Tchèques, aux tirs au but. Résultat presque inespéré dans le contexte du moment, mais pas du tout suffisant pour *L'Équipe* qui fustige « un jeu indigent ».

Je veux bien créditer mes anciens camarades d'une attitude de bonne foi au début de l'ère Jacquet. Ils étaient parfaitement dans leur droit et dans leur rôle en pensant et en écrivant qu'il n'y avait pas de quoi grimper aux rideaux devant le spectacle trop souvent proposé par les Bleus en 1994 et en 1995. Et, du même coup, en émettant des réserves sur les options de celui qui était aux commandes, en passant quand même un peu vite sur l'ampleur du chantier. Mais il y avait sans doute d'autres façons, d'autres mots pour faire comprendre les choses et les dire. Comme on peut dire, à propos d'un élève, qu'il peut mieux faire, sans s'en prendre à l'instit et le traiter d'incapable.

Mais, là où je ne peux plus les suivre, c'est dans leur obstination, après cet Euro anglais trop sévèrement jugé, à pinailler encore et toujours sur ce que faisait Jacquet, confronté aux seuls matchs amicaux et aux pièges qui vont avec, à adopter des positions souvent à la limite de l'ironie grinçante, et à soutenir jusqu'au bout qu'on n'arriverait à rien avec lui. Ce n'était pas toujours dit aussi nettement mais entre les lignes se dissimulait bien mal le peu de crédit accordé au sélectionneur de l'équipe de France. Avec un titre comme « C'est quoi ce match ? » ou le fameux « Et on joue à 13 ? » déjà évoqué.

Ce climat plus que tendu entre *L'Équipe* et Jacquet – alors même que *France Football*, l'hebdomadaire faisant partie du même groupe Amaury, était beaucoup plus nuancé et prêtait une oreille attentive aux actes et aux propos du patron des Bleus – ne pouvait pas ne pas trouver son prolongement dans le grand public où les sceptiques et les anti-Jacquet, suivant le mouvement, se faisaient de plus en plus nombreux.

Pour illustrer cette atmosphère si particulière et si peu agréable pour nous, je verserai au dossier ces extraits des centaines de lettres reçues en 1996, 1997 et début 1998 au siège de la FFF, nommément adressées à Aimé Jacquet. Je les tiens à disposition de ceux qui seraient tentés de mettre en doute la virulence de certains propos qui vont être révélés ici.

> « Depuis votre prise de fonction, l'équipe de France ne possède aucun fond de jeu et aucune âme. Le secteur offensif est totalement délaissé et il est anormal de considérer Djorkaeff et Zidane comme de véritables attaquants. Dans ces conditions, comment espérer passer ne serait-ce qu'un tour lors de la prochaine Coupe du monde. »
>
> R. M., 83140 – Six-Fours

> « Vos choix sont incompréhensibles et ne donnent pas sur le terrain des résultats probants. Les prestations de l'équipe de France me font craindre une Coupe du monde catastrophique. »
>
> P. C., 16000 – Angoulême

> « Je considère que tous ceux, dont vous faites partie, qui espèrent voir la France réaliser un grand Mondial sont inconscients... Parlons de Zidane : après un Euro aussi

nul, cela sautait aux yeux qu'il fallait se passer de lui et chercher une autre solution. »

M. O., 27720 – Dangu

« Cette équipe ne dépassera pas le premier tour. On a de bonnes individualités, mais à quelques mois de l'échéance vous en êtes encore au stade d'essais inutiles et sans succès. »

J.-L. P., 85000 – La Roche-sur-Yon

« Aux ch..., Jacquet ! »

A. G., 69000 – Lyon

« Vous avez du football une conception assez désordonnée et peu convaincante... Vous avez pratiquement les meilleurs joueurs, mais vous ne savez pas les utiliser. »

J.-Y. A., 29260 – Ploudaniel

« Le plus grave dans tout cela, c'est que ce sera le parfait *loser* qui sera à la tête de l'équipe de France pour la Coupe du monde en France ! »

J.-P. G., 91230 – Montgeron

Mais la palme de la constance dans la critique, aigre, systématique, revient sans conteste à ce correspondant breton courageusement anonyme qui a abreuvé Aimé Jacquet de dizaines de cartes postales toujours en provenance de Dinan et de Saint-Malo. Morceaux choisis :

« Vous n'avez pas l'autorité pour ce job ni l'envergure. Vous êtes dépassés par les événements. »

« Vous devez laisser la place à un entraîneur ayant une influence incontestée sur l'équipe grâce à ses compétences techniques et psychologiques. »

« Votre équipe manque d'âme, de détermination, de réalisme, car elle manque d'un vrai manager, d'un meneur d'hommes que vous n'êtes pas [...] la France va rater sa

Coupe du monde par votre aveuglement dans un non-discernement évident. »

« Qu'attendent Simonet et Le Graët pour vous remplacer ? Cédez votre place à des techniciens incontestés comme Tigana, Roux, Giresse, Wenger ou Suaudeau. »

Nous avions choisi, avec Élisabeth, l'assistante d'Aimé, de ne pas montrer tous ces courriers au sélectionneur. On se contentait lors des déjeuners auxquels il nous conviait volontiers dans les petits restaurants autour de la Fédération de lui donner la tendance générale, mais sans le mettre en face de propos pas seulement contestataires, mais souvent méchants et grossiers.

Le sélectionneur eut droit aussi à des envois beaucoup plus originaux pour ne pas dire folkloriques. Comme ces longues pages de recommandations et de schémas tarabiscotés adressées par un certain C. S., « commandant d'artillerie en retraite et officier de la Légion d'honneur », qui s'imaginait sans doute pouvoir transposer aux terrains de foot ce qu'il avait appris à l'école de guerre. Jugez plutôt : « La discipline faisant la force principale de l'équipe de France, il importe que l'entraîneur obtienne de ses joueurs une obéissance entière et une soumission de tous les instants… Il apparaît fort bien que si les joueurs évoluent dans la zone GHIL (voir croquis), ils se fatiguent moins que s'ils évoluent sur tout le terrain (CDEF). » Notre stratège suggère aussi que « l'opération corner soit menée à la même cadence que celle utilisée par les mécaniciens qui changent les pneus en Formule 1, c'est-à-dire dix secondes environ » et recommande surtout « que les joueurs maladroits qui shootent dans les bois (poteau, barre) soient écartés de l'équipe ». Bon sang, mais c'est bien sûr, il suffisait d'y penser !

Pour revenir à des considérations un peu plus sérieuses et essayer de rester lucide et objectif dans cette guéguerre qui s'éternisait, le monde du football, à la quasi-unanimité, était derrière Jacquet. À l'image de Michel Platini et de Guy Roux qui ne se faisaient pas prier pour dire et redire leur confiance dans la façon dont le sélectionneur menait sa barque. Ou comme le comédien Pierre Arditi, qui y alla de son coup de gueule : « Bon sang, laissez-le travailler ! » Pas plus que les autres, il n'affirmait qu'on allait soulever la Coupe du monde, ils estimaient seulement que l'équipe était en de bonnes mains, celles d'un grand professionnel qui connaissait son affaire et qui tirerait certainement le meilleur parti du groupe qu'il avait façonné et préparé.

Rien n'y fit. Même pas le sondage BVA publié dans *L'Équipe* le 18 juin 1997 au lendemain du Tournoi de France, dont il ressortait que 72 % des sondés « faisaient confiance » à Aimé Jacquet pour la Coupe du monde, même s'ils doutaient à 60 % des chances des Bleus de lever le trophée à la tribune officielle. Avec ce commentaire savoureux du journaliste chargé de l'explication de texte : « N'y aurait-il pas comme une fracture entre l'opinion publique et ceux qui sont en partie censés la faire ? »

Bonne question…

Même ce genre de télescopage ne modifia en rien l'attitude de *L'Équipe* qui multiplia coups de griffes et allusions perfides jusqu'au bout. Nous avions cru naïvement, avec Aimé, qu'une sorte de « cessez-le-feu » interviendrait début 1998. Doux rêveurs que nous étions…

Examen de conscience

Puisque le dénouement est connu et pour ne plus avoir à y revenir, je vais, en guise de conclusion, verser au dossier deux documents inédits, postérieurs à la victoire du 12 juillet. D'abord, des extraits de la lettre que le directeur de la rédaction de *L'Équipe* – dont la démission, proposée, avait été refusée par son président – adressa, le 21 juillet, à tous les journalistes et employés du quotidien :

« Nous avons essentiellement pêché par manque d'humilité. Nous avons parfois oublié qu'il s'agissait de sport et pris nos certitudes pour des évidences. Sans doute n'avions-nous pas toujours tort dans le fond, mais la forme a été parfois inutilement arrogante. »

« Que reproche-t-on à *L'Équipe* ? Un délit d'opinion, tout simplement. On nous reproche de ne pas être des supporters mais des journalistes, alors que tant de nos confrères confondent allègrement les deux genres. La question n'est même plus de savoir si nous avions raison ou tort de critiquer, car nous sommes, de toute façon, coupables d'avoir osé critiquer. »

« *L'Équipe* continuera à s'engager. Pour le plus grand bien de ses lecteurs et du sport qui est notre passion commune. Mais nous ne ferons pas non plus, entre nous, l'économie d'une réflexion tant sur le sens de notre métier, que sur notre fonctionnement. Cette réflexion passe par l'analyse précise et sans concession de ce qui nous a empêchés d'y voir clair. Nous la ferons. »

« J'ai été, comme vous tous, secoué par les agressions des derniers jours. Mais croyez bien que je n'en suis désormais que plus résolu à me battre à la tête de cette rédaction que je m'honore de diriger et où je ne vois ni voyous, ni malhonnêtes, ni incompétents. »

Quand le directeur de la rédaction de *L'Équipe* parle des « agressions de ces derniers jours », il fait allusion, notamment, à l'accueil hostile réservé un peu partout depuis le 12 juillet aux journalistes de *L'Équipe*, et particulièrement à ceux en mission sur le Tour de France, où les insultes pleuvent et où les voitures siglées *L'Équipe* essuient crachats et caillassages.

C'est pour stigmatiser cet état de fait qu'un très bon journaliste de *L'Équipe* m'adressa dès le 15 juillet un courrier que je trouvai émouvant, à transmettre à l'entraîneur des champions du monde. À vous de juger :

« J'aurais aimé vous écrire pour vous féliciter. Aussi étrange que cela puisse vous paraître j'ai compati aux tourments que vous avez endurés sous le feu des critiques précédant la Coupe du monde, y compris celles publiées par le journal dans lequel je travaille. J'ai même pu comprendre l'envie de revanche qui vous a étreint au soir de votre triomphe.

[...] Si je vous adresse cette lettre c'est pour vous faire part de mes sentiments amers, pour vous avoir entendu proférer lors du JT de 20 heures, le 13 juillet sur TF1, les déclarations publiques les plus injurieuses qui soient envers le journal où je travaille depuis près de vingt ans, donc envers moi, envers tous mes confrères de toutes les rubriques de ce journal, mais aussi envers tous les autres employés de *L'Équipe*, des typos aux coursiers.

[...] Plongé dans votre vendetta envers trois ou quatre membres de notre rédaction, vous nous avez ce jour-là, TOUS traités de "voyous", de "malhonnêtes" ? Et vous nous avez décerné le prix de l'Imbécillité, ajoutant que pareille presse était la honte de la France. Je vous écris, parce que, croyez-le ou non, mes confrères de la rubrique football m'ont assuré que vous étiez un type bien, honnête et responsable...

[...] Et je n'avais pas encore vécu les jours suivants pendant lesquels, moi qui n'ai jamais écrit une ligne sur votre compte, ni même sur l'équipe de France ni sur le mondial, j'ai dû sans cesse me disculper de péchés que je n'avais pas commis, auprès de ma vieille mère, de mon marchand de journaux, de mes amis, sans oublier les confrères, ces merveilleux confrères qui avant les demi-finales vous écharpaient en privé comme en public et qui, bien sûr, aujourd'hui, assurent tous avoir perçu votre génie du management dès que vous étiez venu au monde...

[...] Je suis persuadé que, si vous êtes vraiment l'honnête homme que vous et ceux qui vous ont approché aimez à décrire, vous éprouverez, un jour, le besoin de nous présenter vos excuses... »

Ai-je besoin de préciser que d'excuses à *L'Équipe*, il n'y en eut jamais ? Aimé, marqué, lui et les siens, au fer rouge, par ces années de tourments et de discrédit, respecta scrupuleusement son « Je ne pardonnerai jamais », lancé au soir du 12 juillet. Il avait aussi perçu, peut-être à l'excès, à travers toutes ces mises en cause de son travail, comme un relent de condescendance d'une intelligentsia journalistique parisienne, pour le petit gars du Forez, titulaire du certificat d'études et d'un CAP d'ajusteur-fraiseur. C'était trop.

« J'ai honte de ce qu'ils ont fait de mon journal »

Il faut encore savoir que, longtemps, bien longtemps avant le terme de l'aventure Coupe du monde, plusieurs rédacteurs de la rubrique football de *L'Équipe* s'arrangèrent pour faire savoir à Aimé Jacquet, directement ou par mon intermédiaire, qu'ils se désolidarisaient tout à fait de la ligne éditoriale du journal. Et que Jacques Goddet, l'historique Jacques Goddet, le fondateur en 1946 et président d'honneur de *L'Équipe*, confia à un haut responsable rédactionnel du groupe Amaury, quelques jours avant la finale : « J'ai honte de ce qu'ils ont fait de mon journal. »

Contre toute raison, j'ai essayé deux ou trois fois, ces vingt dernières années, de voir s'il n'existait pas, quand même, une possibilité que les ennemis d'hier, à défaut d'excuses ou de pardons réciproques, enterrent au moins la hache de guerre. L'échec était programmé jusqu'à ce que se profile, un jour, l'éventualité d'une rencontre entre Aimé Jacquet et le directeur général de *L'Équipe*, qui n'était plus celui de 1998.

Je n'ai pas eu le temps d'espérer longtemps. Aimé Jacquet, dans une interview accordée au *Monde*, stigmatisa une nouvelle fois, parlant du traitement de la Coupe du monde par *L'Équipe*, « une presse malhonnête ». La rédaction de *L'Équipe*, qui pensait en avoir enfin terminé avec ces années d'opprobre, exigea et obtint que le directeur de la publication porte plainte contre Aimé Jacquet pour diffamation.

Le procès eut lieu, après que j'ai collationné dans deux énormes dossiers tout ce qui avait été écrit par *L'Équipe* sur Aimé entre 1994 et 1998, et donna lieu à un verdict que les plus fins juristes considèrent toujours comme particulièrement original. En résumé : oui, il y a bien eu diffamation de la part de monsieur Jacquet envers la rédaction de *L'Équipe*, mais vu la teneur de ce que cette même rédaction a écrit sur monsieur Jacquet pendant quatre ans, il n'y aura pas de condamnation !

Coupe du monde 98 : action !

Nous y voici… On l'a tellement attendue… Une petite contrariété avait précédé notre premier match à Marseille, qui avait eu le don de mettre le sélectionneur en colère. Nous étions descendus au Moulin de Vernègues, à Mallemort, comme l'équipe de Michel Hidalgo avant sa demi-finale de l'Euro 84 contre le Portugal. Et nous n'étions pas seuls dans l'établissement. Quand nous voulûmes gagner notre salle à manger pour le dîner, après l'entraînement de la veille au stade Vélodrome, il nous fallut passer par une autre salle, noire de monde. Des dîneurs visiblement très au courant de l'identité de leurs voisins à venir, puisque sur chaque table ou presque il y avait des appareils photo et des carnets avec un crayon pour la signature d'autographes ! Stupéfaction et colère d'Aimé Jacquet, que l'on s'employa tous à calmer en constituant comme un cordon sanitaire pour le passage des joueurs, en expliquant avec le sourire aux supporters frustrés que ce n'était pas le moment des photos et des autographes, et qu'ils auraient tout le temps d'en faire le lendemain après le match. Je ne crois pas qu'Aimé très, très contrarié, ait mangé grand-chose ce soir-là. Mais Henri Émile avait aussitôt fait le nécessaire pour que, dès le lendemain matin, au petit déjeuner, on puisse avoir un espace cent pour cent privatisé. Et les choses, effectivement, rentrèrent dans l'ordre, conformes aux légitimes exigences de tranquillité d'une équipe engagée en Coupe du monde. Une belle surprise nous attendait, le matin du match, lors de la traditionnelle promenade de 11 heures. La patrouille de France, venue en voisine de Salon-de-Provence, survola à plusieurs reprises notre hôtel histoire de souhaiter, à sa façon, le meilleur à l'équipe de France sur le point de se lancer dans l'aventure.

Je conserve de l'avant-match contre les Sud-Africains le souvenir intact, presque obsédant, des chants des Bafana Bafana qui nous parvenaient à travers les cloisons pas bien épaisses des vestiaires du stade marseillais. Des chants et une musique, lents, répétitifs, sourds qui finissaient par devenir envoûtants. Après tout, c'était peut-être le but de l'opération, d'essayer de nous endormir avec ces rythmes traditionnels qui étaient aussi source de motivation pour eux. Mais quelques joueurs de chez nous, eurent vite fait de mettre le holà en enchaînant ces phrases hyper-classiques, mais toujours toniques dans un vestiaire : « Concentrés, tout de suite ! », « Attentifs ! », « Attention au deuxième ballon ! », « On ne lâche rien ! » Bref, toutes ces phrases conventionnelles et incontournables que j'ai entendues pendant trente ans de fréquentation des vestiaires des Bleus.

Si à peu près tout a changé dans le football en trente ans, le vestiaire, en dehors d'une architecture plus adaptée, est resté le même, par tout ce qui s'y passe, par tout ce qui s'y dit. Par les comportements des uns et des autres. Par des rituels immuables, les placements choisis une fois pour toutes, les regards échangés, les étreintes furtives à quelques minutes du coup d'envoi, les mots forts, espacés, scandés, du coach, sur fond de ce bruit sec, si caractéristique, des crampons sur le carrelage.

Des moments uniques, forts, prenants, quand les gorges vont se nouer à l'appel de l'arbitre, quand le rythme cardiaque va s'accélérer. Et toujours les mêmes mots d'encouragement mutuel jusqu'à l'entrée sur le terrain. Et l'attente dans le couloir d'accès au terrain, une fois les joueurs des deux équipes sorties du vestiaire et alignés derrière l'arbitre. Encore des moments très particuliers, très subtils, où l'on entend une mouche voler, jusqu'à ce qu'un cri de guerre jaillisse d'une poitrine d'un camp ou de l'autre.

Même quand il ne se passe rien en apparence dans ces moments-là, il s'y livre toujours comme une lutte d'influence. Par les comportements, la démarche, la manière de regarder l'adversaire ou de l'ignorer superbement alors qu'on est côte à côte, presque corps à corps. À l'inverse, parfois, on voit des coéquipiers en club et adversaires du jour en équipe nationale aller l'un vers l'autre pour une brève accolade. Mais le sourire ne dure jamais bien longtemps, chacun regagne son rang et retrouve vite le masque grave, presque hostile, du compétiteur sur le point de rentrer dans l'arène.

Un match contre l'Afrique du Sud pas trop compliqué, si ce n'était par un violent mistral, remporté par trois buts à zéro dont le premier signé Dugarry qui ne put s'empêcher, alors, de se tourner vers la tribune de presse pour tirer la langue. Même s'il avait quelques raisons d'en vouloir aux journalistes qui ne l'avaient pas beaucoup ménagé, dont certains avaient même jugé sa présence parmi les vingt-deux très discutable, pour ne pas dire imputable à sa seule proximité avec Zidane, c'est le genre de comportement bébête dont les joueurs devraient apprendre à se passer. Samir Nasri sera un peu moins discourtois à l'Euro 2012, quand, après son but, il se tournera vers les journalistes, un doigt sur la bouche. Enfantillages. Mais, dans le soulagement d'un but enfin marqué, on peut comprendre que le joueur ait envie de se manifester, après avoir traversé tous ces moments de doute et de critique. C'est à l'issue de la rencontre que Vincent Candela montera sur un banc du vestiaire pour s'adresser à ses camarades : « Les Sud-Africains ont beaucoup chanté avant le match, maintenant c'est à notre tour de chanter. » Et il entonna le désormais célèbre *I Will Survive* qui allait devenir l'hymne de l'équipe de France tout au long de cette Coupe du monde. Henri Émile demandera le soir même au chauffeur de notre bus de se procurer la cassette de Gloria Gaynor. On n'avait pas fini de l'entendre...

De retour à l'hôtel, un comité d'accueil plutôt sympathique nous attendait. Les épouses des joueurs et du staff avaient concocté sur l'air des *Champs-Élysées* de Joe Dassin – décidément, il ne nous quitte pas ! – quelques couplets où elles mêlaient joliment félicitations, message de confiance et d'espoir, mots d'amour même.

Le lendemain, au réveil, nous apprenions le décès de Fernand Sastre. L'homme à qui le football français devait tant, l'âme, avec Michel Platini et Jacques Lambert, du comité d'organisation de cette Coupe du monde qui allait se révéler une magnifique réussite. Mais la grande faucheuse n'avait même pas permis à Fernand de savourer la première victoire de cette équipe de France qui, sous son mandat, avait offert à notre football son premier titre, l'Euro 84. Une minute de silence sera observée le lundi 13 avant notre entraînement à Mallemort, et les joueurs porteront un brassard noir au bras gauche le 18 juin. Henri Émile, avant le coup d'envoi du match contre les Saoudiens, ira, discrètement, remettre un fanion du match signé par toute la délégation française, à madame Sastre, en témoignage de l'affection et du respect de toute l'équipe de France pour le président trop tôt disparu.

Zizou voit rouge

L'expulsion de Zidane à la 71e pour avoir laissé traîner ses crampons sur le dos d'un adversaire à terre reste l'élément marquant du deuxième match contre l'Arabie Saoudite (4-0). Tête basse, notre numéro 10 quitte le terrain, passe tout à côté d'Aimé Jacquet qui ne lui accorde pas le soupçon d'un regard, déjà occupé à imaginer la restructuration de l'équipe après ce coup dur. Aimé avait pourtant dit lors de sa causerie : « Pas de fautes inutiles, on a déjà pris trois cartons contre l'Afrique du Sud. Ça va, maîtrisez vos nerfs. »

Voilà Zizou seul, tout au fond de cet immense vestiaire, avec le visage des mauvais jours. Un moment fort que Stéphane Meunier, l'auteur du superbe *Les Yeux dans les Bleus*, saura saisir avec son petit appareil photo, en entrouvrant la porte une seconde avant de laisser le stratège des Bleus seul face à lui-même. Belle photo en noir et blanc, qui reste l'un des documents marquants de l'épopée des Bleus dans cette Coupe du monde.

Zinedine n'est pas toujours le garçon calme, posé, presque timide qu'il donne à voir. Ce n'est pas un hasard s'il terminera sa carrière avec quatorze cartons rouges, dont deux en Coupe du monde, le dernier étant celui de la finale 2006 après la provocation de son « ami » Materazzi. Avec le sang berbère qui coule fièrement dans ses veines, avec son vécu à la Castellane, quartier nord et parfois tumultueux de Marseille, il peut monter très vite dans les tours s'il se sent attaqué dans son intégrité physique ou sali dans son honneur. Il le concède d'ailleurs avec un petit sourire en coin :

« Heureusement, j'ai eu une éducation pas sévère mais stricte, avec des parents vigilants sur les grands principes, et mes frères aînés qui n'hésitaient pas à me recadrer quand il le fallait. Sans eux j'aurais pu me perdre un peu en chemin... » Encore un petit sourire coquin...

Pour le troisième et dernier match de poule, à Lyon, contre le Danemark, Aimé Jacquet, pour concerner un maximum de joueurs, entreprend, qualification en poche, un large remaniement de son équipe qui ne concernera pourtant pas le poste de gardien de but, comme il l'avait envisagé. Bernard Lama, pressenti pour remplacer Barthez est venu expliquer au sélectionneur : « Ce n'est pas que je ne veuille pas jouer, coach. Mais si je me rate, vous perdez votre gardien numéro deux pour le restant de la compétition. Et si je fais un malheur, on met une pression inutile et peut-être dommageable sur Fabien. Alors, c'est sans doute mieux que je ne joue pas. » Aimé se rangera sans problème à cette argumentation cohérente et Bernard ne jouera pas. Ce qui n'empêchera pas « l'équipe B » de gagner 2-1 et d'être la troisième formation de l'histoire, en seize éditions, à ouvrir sa Coupe du monde à domicile par trois victoires, après l'Uruguay en 1930 et l'Italie en 1990.

Après ce match, les dix-neuf joueurs de champ du camp français ont d'ores et déjà participé à la Coupe du monde 98. Dont Emmanuel Petit, à peine nostalgique quand il évoquera sa présence sur cette même pelouse de Gerland quatorze ans plus tôt, lors du lever de rideau de Danemark-Espagne en demi-finale de l'Euro 84. Le fait d'avoir pu concerner ainsi tous les joueurs du champ, après seulement trois matchs, ne sera pas étranger au très bon climat au sein du groupe France jusqu'à la fin de l'épreuve. Même sur toute la durée d'une compétition, avec six ou sept matchs, et pas seulement trois, c'est rarissime. Roger Lemerre y parviendra aussi à l'Euro 2000 victorieux, mais ni aux Euros ni aux Coupes du monde qui suivront le patron de l'équipe de France n'aura la possibilité ou la volonté de faire participer ainsi l'intégralité de son effectif, hors gardien naturellement, à l'épreuve. Christanval, Silvestre, Boghossian et Sagnol ne joueront pas une minute de la Coupe du monde 2002, pareil pour Marlet et Govou à l'Euro 2004, pour Givet, Boumsong et Chimbonda à la Coupe du monde 2006, Squillaci, Vieira et Diarra à l'Euro 2008, ou Réveillère et Planus en Coupe du monde 2010. Plus récemment encore, Valbuena et Matuidi ne rentreront pas sur le terrain à l'Euro 2012, ni Cabella et Mangala en Coupe du monde 2014, pas plus que Jallet, Schneiderlin et Digne à l'Euro 2016, ou Rami en Coupe du monde 2018.

Le déplacement à Lens, pour le huitième de finale contre le Paraguay, nous allons l'effectuer en car. Après la voie des airs pour Marseille, le rail pour Lyon, on prend la route. « Changement d'herbage réjouit les veaux », dit le dicton, changement de locomotion réjouit aussi les Bleus qui peuvent de surcroît, en sortant, enfin, de leur bulle de Clairefontaine, réaliser que la population du pays est en train de se prendre au jeu de cette Coupe du monde, à leur jeu. Qu'un courant de sympathie porteur d'espoir accompagne dorénavant cette équipe de France. Les coups de klaxon et les gestes de sympathie perçus sur l'autoroute du Nord, à l'aller comme au retour, ne trompent pas.

Un Lolo en or

France-Paraguay restera pour beaucoup le match de deux hommes. José Luis Chilavert, l'imposant gardien du Paraguay qui aime bien venir tirer coups francs et penalties, au point d'inscrire 67 buts dans sa longue carrière, et Laurent Blanc, Lolo « le Sauveur », qui, avec son but en or de la 114e sur centre de Pirès et remise de la tête de Trezeguet, nous sortira d'une situation qui commençait à devenir très, très pesante.

Jusque-là on avait assisté à un irritant attaque-défense. Zidane, autorisé exceptionnellement, bien que suspendu, à s'installer sur le banc de touche français était intenable. Riton me dira, le soir, avoir découvert à Lens un Zizou qu'il ne connaissait pas hors du terrain, criant, se levant, exhortant ses camarades, esquissant quelques pas de danse avec Duga assis à ses côtés, ou arrachant rageusement des morceaux de gazon pour les jeter au loin. Une belle preuve en tous cas de l'implication du banc dans le match, et de la solidité d'un groupe où il n'y avait pas d'un côté les titulaires, et de l'autre les remplaçants, mais seulement vingt-deux types unis et soudés pour aller chercher la Coupe. Aimé Jacquet, non plus, ne manquera pas de souligner l'attitude de Z. Z. : « Il a eu un comportement moteur, il est resté en permanence au plus près de l'équipe. Quand il joue il ne manifeste pas une telle présence de tous les instants ; sur le banc il était intenable. » Peut-être l'entraîneur qui sommeillait en lui, et qui allait réussir de manière éclatante au Real, commençait-il à se manifester. Allez savoir.

On était au milieu du gué. Ou on s'arrêtait en quarts, et on allait quand même en prendre plein la pipe, Jacquet en tête, ou on se retrouvait dans le dernier carré et le feu passait au vert, pour que l'on s'autorise à parler, au moins, de contrat rempli.

S'il est un 0-0 qui ne dit pas du tout ce que fut le contenu d'un match, c'est bien ce score nul et vierge sur lequel se conclut, après cent vingt minutes de jeu, le quart de finale France-Italie disputé en plein cagnard, le vendredi 3 juillet au stade de France. Les joueurs des deux équipes se connaissaient-ils trop bien ? Desailly pour côtoyer au quotidien Costacurta et Maldini au Milan AC, Djorkaeff, Pagliuca, Bergomi et Moriero à l'Inter, Deschamps et Zidane, Pessotto et Del Piero à la Juventus, Thuram, Cannavaro et Di Biagio à Parme ? Les Français du Calcio, en tout cas, ne vont pas manquer d'abreuver Aimé Jacquet et leurs camarades de renseignements fouillés sur nos adversaires de ce quart de finale. Ils appréhendent plus que tout d'avoir, dans l'éventualité d'une défaite, à subir, semaine après semaine, dès les retrouvailles de la saison 1998-1999, les moqueries de leurs coéquipiers. Les Transalpins ne laisseraient pas passer une telle aubaine de rabattre un peu le caquet de nos coquelets. Alors, nos « émigrés italiens » ont prié et supplié toute la troupe de leur éviter d'avoir à vivre ça !

La première période des Bleus est splendide, sans doute la plus aboutie depuis le début de la compétition, mais ça ne rentre pas. Même l'incorporation de Henry et de Trezeguet n'empêchera pas que l'on en arrive aux tirs au but. Philippe Bergeroo, adjoint d'Aimé Jacquet et entraîneur des gardiens s'en va rejoindre Fabien Barthez qui s'est isolé à une extrémité de notre banc de touche. Philippe, toujours consciencieux, a visionné tous les penalties, tous les tirs au but de l'équipe d'Italie depuis au moins deux ans et, ses notes à la main, entreprend d'informer Fabien sur les habitudes de tir des uns et des autres. Il n'ira pas bien loin, interrompu par un Barthez hyper-décontracté : « Ça va, grand, laisse tomber… Je vais le faire au feeling, comme d'habitude… » Bergeroo déchirera illico le précieux document si patiemment élaboré, et quand Fabien demandera, quand même, à y jeter un coup d'œil, il ne trouvera que des confettis…

Et ça commence. Zidane : 1-0 ; Baggio : 1-1. Lizarazu rate… mais Barthez arrête le tir d'Albertini. 1-1, toujours. Trezeguet : 2-1 ; Costacurta : 2-2. Henry : 3-2 ; Vieiri 3-3. Blanc : 4-3… Si Di Biagio marque, on repart pour une nouvelle série avec arrêt à la première différence faite. S'il rate, c'est gagné. Sur le banc, Candela qui le connaît bien, puisqu'ils portent tous les deux le maillot de la Roma, nous crie : « Il va mettre une mine au-dessus ! » Course d'élan, frappe puissante et montante. Trop puissante et trop haute pour que Barthez puisse intervenir. Mais tellement montante, qu'elle va s'écraser, plein centre, dans un bruit mat sur la barre transversale du but français.

Tout le stade a immédiatement compris que la France était en demi-finale de la Coupe du monde. 80 000 spectateurs… sauf, devinez qui, notre Fabien qui a suivi, fataliste, la trajectoire du boulet de canon de Di Biagio, mais qui n'a pas compris que là, maintenant, c'était fini, c'était gagné. Sur sa ligne, il s'est tourné vers le banc français avec de grands signes des bras, semblant interroger de ses yeux grands ouverts et incrédules : « C'est fini, c'est bien fini ou ça continue ? »

Adorable et fantasque Fabien, reconverti avec un succès certain dans la course automobile. Le bonhomme pouvait paraître, je dis bien paraître, insouciant et un peu déconnecté des réalités, mais quand il prenait place dans son but c'était un lion, le fauve était lâché. Barthez, qu'il pleuve ou qu'il vente, ne jouait qu'en manches courtes alors qu'Adidas ne proposait que des maillots de gardiens avec manches longues. Alors, rituellement, avant chaque match, Manu De Faria prenait un ciseau et coupait les manches au-dessus du coude. Et moi, allez savoir pourquoi, je récupérais les bouts de manches et je les gardais ! Sur le moment, je n'avais aucune idée d'une éventuelle utilisation à venir. Mais quand j'entrepris en 2008, pour le dixième anniversaire de la victoire, de constituer un petit musée des Champions du monde pour une exposition itinérante, je pris mes quatorze bouts de tissu et les disposai joliment dans un grand cadre sous verre, qui allait constituer, avec le fameux carnet noir d'Aimé Jacquet, l'une des « attractions » les plus prisées des six cents objets exposés. Cette exposition fit étape dans une dizaine de villes, Nantes, Lyon, Saint-Étienne, Strasbourg, Saint-Maur, à côté de Châteauroux, et aussi le stade de France où elle attira plus de vingt mille visiteurs en deux mois. Au sujet de cette belle aventure, je serais bien ingrat si je ne remerciais pas ici mes amis Claude Maignan et Jacques Chauvineau pour leur aide et leurs précieux conseils, sans oublier Jean-Louis Legrand (Adidas) sans la bienveillance duquel je n'aurais jamais pu aller au bout de ma folle idée.

La folie Thuram

On a quelques raisons de se méfier de la Croatie, notre adversaire des demi-finales. Une équipe solide et expérimentée, encore jamais rencontrée, qui vient de battre la Roumanie en huitièmes, de sortir la grande Allemagne en quarts, et dont l'entraîneur, Blažević est passé maître dans l'art d'amuser la galerie.

Mais, l'équipe de France est sereine. Vraiment. C'est acquis : maintenant, avec cette présence dans le dernier carré, personne ne pourra parler de Coupe du monde ratée.

Les derniers snipers ont déserté les toits avoisinants, dépités sans doute que cette équipe de France, si limitée à leurs yeux, arrive toujours à passer l'obstacle, un coup grâce à un but en or, un autre à cause de la maladresse d'un adversaire lors des tirs au but. Ils ne savent pas encore que le plus dur, pour eux, reste à vivre avec le doublé d'un joueur qui n'a encore jamais marqué en sélection et qui ne marquera plus jamais jusqu'à sa 142e et dernière cape, record à battre !

D'ailleurs, le joueur en question s'est fait gentiment chambrer et exclure du cercle des possibles buteurs, la veille au soir, alors qu'ils étaient quelques-uns autour du billard à Clairefontaine, à discuter du geste original ou de la petite pitrerie qu'ils feraient s'ils avaient le bonheur de marquer en demi-finale. Son cas sera rapidement réglé par Youri : « Cherche pas, t'es pas concerné, tu marques jamais... sauf contre ton camp. » Au moins, ça avait le mérite d'être clair...

Au moment du toss, Didier Deschamps a remis à Boban, le capitaine croate un fanion de l'équipe de France qui n'est pas tout à fait comme les cinq premiers qu'il a déjà offerts. Aimé Jacquet et les joueurs ont décidé de faire coudre, sur le fanion de France-Croatie, l'écusson de l'escadron de gendarmerie du Pas-de-Calais auquel appartenait Daniel Nivel, sauvagement agressé le 21 juin à Lens par des hooligans allemands. Un beau geste unanimement salué.

Après vingt minutes de jeu, l'affaire est vraiment bien engagée. L'équipe de France maîtrise son sujet et son adversaire, elle est, c'est évident, sur la bonne trajectoire, celle qui va la mener tout droit à la première finale de Coupe du monde de son histoire. Ne reste plus qu'à concrétiser cette domination et l'affaire sera entendue. Mais soudain, plus rien sous la pédale. Panne de courant, coup de mou terrible, à partir de la 25e minute on ne voit plus qu'une équipe sur le terrain et c'est la Croatie. On est même très bien payé avec un 0-0 à la mi-temps. Le coup de mou, il est pour Jacquet. Il a beau chercher il ne trouve pas. Il ne comprend pas comment cette équipe a pu se déliter soudainement, perdre ses fondamentaux, et errer comme une âme en peine sur le terrain.

En regagnant le vestiaire, incrédule, comme perdu, il confie à Philippe Bergeroo : « Je ne reconnais plus mon équipe... Je ne vois pas ce qu'on peut faire... » Alors, le Basque qui connaît bien son Mémé et le respecte infiniment va oser le bousculer. Il sent que l'électrochoc dont a besoin l'équipe de France, il doit être d'abord pour le patron, sinon rien ne va se passer et on va aller en pente douce, inexorablement, vers l'élimination. Il n'hésite pas, il prend le sélectionneur par le col de la veste de son survêtement et, les yeux dans les yeux, il lui crie : « Tu vas les massacrer ! »

Réaction immédiate du sélectionneur. Son carnet noir à la main, avec lequel il tape régulièrement sur la table du vestiaire pour ponctuer son discours, il pique une énorme colère et se lance dans un monologue musclé : « Vous croyez quoi ? Que ça allait être facile ? Que vous alliez entrer sur le terrain avec le tapis rouge ? Si une finale de Coupe du monde, ça ne vous intéresse pas, vous n'avez qu'à le dire ! Continuez comme ça et vous êtes tranquilles, la finale elle sera pour la Croatie ! »

Pendant trois minutes ce sera du même tonneau. Du lourd, du vrai. Qui fait mal. Les joueurs, tête baissée, lèvent à peine les yeux pour apercevoir ce Jacquet qu'ils n'avaient jamais vu dans un état pareil. C'est à peine si Deschamps osera se lever pour aller faire son habituel petit tour de vestiaire, échanger trois mots avec Zizou et préciser un point ou deux avec Desailly.

L'orage est passé. Suivant les conseils de son fidèle adjoint, Aimé les a bien « massacrés ». Trop ? C'est en tout cas ce que va penser le sélectionneur lorsque, la partie à peine reprise, Asanović, dans le rond central pique le ballon à Deschamps, adresse une passe lobée dans l'axe. Šuker, du point de penalty, marque malgré la sortie de Barthez.

1-0 pour la Croatie. Sur le banc, Jacquet, de plus en plus inquiet, se tourne vers Bergeroo : « Tu m'avais dit de les bouger, mais je pense que j'ai tapé trop fort... » Il n'aura pas le temps de s'interroger très longtemps, car commence alors, à partir de ce but de Šuker, un épisode qui va s'inscrire très largement au-dessus du normal et du plausible, pour nous emmener dans la sphère de l'invraisemblable. On veut, bien sûr, parler de Lilian Thuram, celui qui s'était fait chambrer la veille autour du billard, celui qui n'avait jamais marqué et qui ne marquera jamais plus !

Acte I – Thuram s'en veut. Si Šuker n'est pas hors-jeu sur la passe d'Asanović qui amène le but croate, c'est parce qu'il a un peu tardé à s'aligner sur ses camarades, et qu'il a « couvert » l'attaquant. Il doit faire quelque chose.

Acte II – Sur l'engagement français, le ballon arrive à la limite de la surface de réparation croate. Thuram, qui traîne déjà aux avant-postes, le chipe dans les pieds de Boban, sollicite le une-deux avec Djorkaeff qui, de l'extérieur du droit, lui rend la balle dans la foulée. Du point de penalty, Thuram marque.

Acte III – Lilian n'a pas désarmé. En égalisant à 1-1, il a rattrapé son erreur sur le but croate, c'est bien. Mais maintenant il faut aller chercher la victoire. Cette qualification il la veut, il la faut. À la 70e, sur l'une de ces montées qu'il n'a cessé de multiplier depuis le début de la seconde période, Lilian tente un une-deux avec Henry. Ça ne marche pas aussi bien qu'avec Youri sur le but égalisateur, mais il conserve la balle et, arrivé aux seize mètres, légèrement décalé sur la droite, il enroule un tir du gauche. But. 2-1.

Pas la peine d'en raconter beaucoup plus. L'image de l'arrière-droit français agenouillé sur la pelouse, les yeux écarquillés, l'index de la main droite en travers de la bouche, a fait mille fois le tour du monde. Le Parmesan confiera que la ruée de ses camarades venus le congratuler lui a causé une belle frayeur : « Ils me sont tous tombés dessus ! À un moment il y a en a un qui a dit : laissez-le respirer. Il a bien fait, j'étais tout près de tomber dans les pommes… »

Quand Mémé casse les codes

Les Bleus ont renversé la situation. Rien ni personne ne pourra les priver de « leur » finale, pas même la trop sévère expulsion de Laurent Blanc à l'entame du dernier quart d'heure. Bilić, son bourreau, qui a bien abusé l'arbitre, viendra s'excuser d'avoir privé Lolo de la finale, mais le mal est fait. Pour nous tous, la joie de la qualification est réellement assombrie par le sort injuste dont est victime notre numéro 5. Pas lui... Pas pour une finale de Coupe du monde ! Le coup de blues de notre délégation sera à peine adouci par les centaines de fax et de télégrammes que nous découvrirons à notre retour à Clairefontaine.

Au fur et à mesure de leur arrivée, nous affichons les plus beaux, les plus drôles et les plus émouvants, des dessins d'enfants aussi, sur les murs du hall d'entrée de notre résidence qui ressemblera bientôt au PC d'une armée en manœuvre, avec ses cartes et ses croquis partout.

Le personnel de la Fédération ne sera pas en reste, qui nous fera parvenir trois immenses feuilles de *paper-board* sur lesquelles chacun y est allé de son petit mot. Extrait de ces dédicaces à Aimé.

« Quand on reste fidèle à ses idées, on est toujours récompensé. Merci pour ces moments forts, toutes ces émotions. Tes joueurs, ton staff et toi vous êtes nos champions ». F.

« Tu m'as fait pleurer, tu m'as fait rire, tu me fais vivre. Merci. » I.

« C'est le triomphe de l'humilité, du travail et de la passion. » N.

« On l'a rêvé, Aimé l'a fait. » A.

« Merci pour tout. Tu es fantastique et vous allez la gagner. » S. et F.

« Tu aurais pu nous dire que c'était ça le bonheur... » B.

Préparer une finale de Coupe du monde chez soi, contre le Brésil, tenant du titre, n'exige pas de déployer des trésors d'imagination pour motiver les troupes. Le souci du sélectionneur, au contraire, va être de lutter contre l'excitation ambiante, de ne pas laisser les joueurs se griser des perspectives somptueuses que leur propose ce 12 juillet. Pour cela, il va faire dans l'inattendu, il va casser les codes. D'abord en décrétant une journée de détente, de l'autre côté de la rue, au château de la Voisine, domaine de la société Ricard où l'équipe de France de rugby a longtemps préparé ses matchs avant de disposer de son centre de Marcoussis. Un lieu que je connais bien pour y avoir suivi plusieurs points presse de Kovács dans les années 1970 lorsque nous n'étions pas encore « chez nous » à Clairefontaine et que nos Bleus fréquentaient épisodiquement la Voisine.

Au programme de cette journée « décontract », style colonie de vacances, pétanque, pêche à la ligne, balade à vélo, équitation aussi... mais cette dernière activité pour l'encadrement seulement ! Laurent Blanc, l'exclu de la finale, loin de ressasser son amertume dans son coin, va se révéler tout au long de la journée, un équipier parfait, impliqué à 100 %, attentif à tout et à tous. Il va aller de groupe en groupe, discuter avec les uns et les autres, multipliant encouragements et conseils au gré des circonstances. Un comportement de seigneur. Il va même dire à Zidane, évoquant la finale : « Il faut que tu marques, c'est dans ces matchs-là qu'il faut être grand. » Le conseil sera retenu, deux fois même.

Autre innovation le samedi soir, quand Aimé Jacquet dit à Riton d'inscrire sur le *paper-board*, au programme du 12 juillet : « 11 heures : rassemblement sur le terrain Platini ». Les joueurs manifestent leur étonnement : « C'est quoi ça ? On n'a jamais eu entraînement un matin de match, et on nous sort ça le jour d'une finale de Coupe du monde... »

Là encore, Mémé a voulu rompre avec la routine. Bien sûr que personne n'a travaillé comme un forcené une fois sur le terrain. C'était plus un regroupement informel, au gré des affinités, qu'une authentique séance de travail. Même pas un réveil musculaire. Djorkaeff essayait d'expliquer le phénomène Ronaldo : « Tu es à côté de lui, tu vois la balle... et puis tu la vois plus... tu ne sais pas où elle est passée, et puis, tiens, elle est là ! » Le seul travail réel fut une ultime répétition de la mise en place sur les coups de pied arrêtés. La suite des événements montrera qu'elle avait eu toute son utilité, le sélectionneur insistant sur « les coups » qu'il y aurait à jouer, sur corner en notre faveur, contre des Brésiliens évoluant en zone, mais sans suivre rigoureusement l'adversaire.

« On avait la chair de poule »

Le moment fort, vraiment très fort, de l'avant-finale avant le départ de Clairefontaine fut la causerie d'Aimé Jacquet. L'intervention du coach marqua les esprits parce qu'elle fut de très haut niveau sur le plan émotionnel. Djorkaeff l'évoquera très joliment quelques années plus tard : « Dans sa causerie, Aimé a commencé tranquille, puis, d'un coup, il a monté le ton. On avait la gorge serrée, la chair de poule. Ce qu'il était en train de nous dire, ça venait de tellement loin que ça sortait tout seul... Ce fut un grand moment d'hommes, le dernier vraiment entre nous... Quand nous nous sommes levés, nous aurions pu aller au stade en courant... C'est un raz-de-marée qui nous a portés de Clairefontaine au stade de France... J'avais la certitude qu'il ne pouvait rien nous arriver. »

Et dire que pendant des mois et des mois on avait cherché querelle au sélectionneur sur son prétendu manque de charisme, évoquant même un entraîneur si peu entraînant... Le film de Stéphane Meunier se chargera de rétablir la vérité, révélant l'homme et le professionnel au plus profond, un Jacquet sous toutes ses facettes, mais je ne peux pas m'empêcher, une nouvelle fois, de penser à tous ceux qui parlent, décrètent et condamnent sans savoir, sans tout savoir d'une aventure d'une complexité folle, qui se joue au moins autant du côté de l'humain que sur le plan technique, et qui s'évertuent à tout ramener à des considérations tactiques et à des options de jeu !

Quelle méprise ! Et quand, après la finale victorieuse, l'un des plus fidèles opposants à Aimé, après avoir quand même pris acte du résultat, croit bon de préciser qu'il ne partage pas toujours les options footballistiques du sélectionneur, j'ai envie de lui dire : « Mais arrête ! On n'en a rien à faire de tes réflexions tactiques sur le foot à grands coups de 4-3-3, ou de 4-2-3-1 ! Arrête de nous servir ton football-fiction ! De brasser du vent... De faire croire que le football se joue au tableau noir et que les joueurs, qu'il pleuve ou qu'il vente, quelle que soit leur humeur du jour, vont pouvoir appliquer à la lettre, comme des robots, tel ou tel plan de jeu. Tu n'as pas vu, tu n'as pas compris que c'est surtout une affaire d'hommes, et qu'il y a entre ces types-là quelque chose de très fort, qui les unit, les soude et les rend presque invincibles ! Raconte ce que tu vois, et ne va pas essayer d'expliquer à des mecs qui ont gagné la Coupe du monde que ça aurait été mieux s'ils avaient joué comme ci ou comme ça ! »

Bon… je me calme.

Quand notre bus franchit, à 18 heures ce 12 juillet, la grille du centre technique, et qu'Aimé voit les mille, peut-être deux mille, supporters, massés à la sortie, et dont le bus doit fendre les rangs à dix à l'heure, par précaution, il me dit : « On ne sera jamais à l'heure au stade de France ! » Comme si la finale pouvait commencer sans nous…

Il est magnifique, le spectacle de ces supporters qui crient leur confiance et arborent des pancartes « Gagnez-la pour Lolo ». Tout au long du parcours, sur la nationale 10, ce ne seront que grands gestes d'encouragement, drapeaux bleu, blanc, rouge agités, baisers envoyés. Un hélicoptère de TF1 survole notre car en permanence et Pascal Praud, sur une moto de la chaîne, joue au chat et à la souris avec les motards de la police nationale qui essaient de lui interdire d'approcher de trop près notre véhicule. Les joueurs sont marqués, émus, par tant de ferveur et de manifestations d'espoir. Et s'il en était encore pour douter tant soit peu que c'est bien toute la France qui est derrière les Bleus, ils sont édifiés.

Le faux forfait de Ronaldo

Au stade de France, énorme moment de stupeur, d'incrédulité aussi, quand on nous distribue la feuille de match où Ronaldo figure parmi les remplaçants. « C'est de l'intox ! Sûr qu'il va jouer », affirment deux ou trois joueurs, qui ne croient pas une seconde au forfait du Fenomeno. Aimé Jacquet, plus circonspect, demande si on peut avoir un peu plus de renseignements sur le pourquoi et le comment de cet invraisemblable coup de théâtre. Parti à la pêche aux infos, j'apprendrai, par bribes, que Ronaldo a fait pendant la sieste une sorte de crise d'épilepsie, qu'il a été emmené à l'hôpital, mais qu'il est là. OK il est là, mais dans quel état ? Jouera ? Jouera pas ?

Il se dirait plus tard qu'il allait mieux mais qu'il n'était pas flambant, d'où sa non-titularisation sur le premier document. Il se dirait aussi qu'un gros bras de fer s'était engagé, au cœur et autour de la Seleção, entre les tenants d'une position de sagesse (remplaçant) et ceux, dont ses sponsors, qui faisaient le forcing pour qu'il joue à tout prix. Ces derniers avaient eu, visiblement, gain de cause puisque, peu avant 20 heures, et comme le règlement l'y autorisait, on nous distribuait une feuille de match rectificative où Ronaldo était bien titulaire avec son numéro 9.

Deux buts de Zidane donnaient aux Français une avance appréciable à la mi-temps, mais sans amener quiconque à dire que c'était gagné, et surtout pas Deschamps qui, dans son petit tour de vestiaire habituel, prêchait prudence, vigilance et humilité : « Rien n'est fait… On ne s'enflamme surtout pas… On repart comme si on était toujours à 0-0… » En réalité, une énorme confiance l'habitait, presque une certitude que le titre était là, à portée de la main et qu'il ne nous échapperait pas. Mais le capitaine connaissait trop le football et les hommes pour tenir un autre langage. Là aussi, il aurait fallu bien plus que l'expulsion de Desailly à vingt minutes de la fin pour empêcher les Bleus d'aller au bout de leur aventure. Mieux, ils auront les ressources et le panache de marquer un troisième but par Manu Petit à la dernière minute, le millième but de l'histoire bientôt centenaire de l'équipe de France.

« Je peux avoir un autographe ? »

Après, c'est la folie, les émotions peu ou pas du tout contenues, ces scènes mille fois relatées, Aimé porté en triomphe par ses joueurs, les vingt-deux et le staff technique à la tribune pour recevoir les médailles et soulever la Coupe.

Resté sur la pelouse avec les autres membres du staff, me vient alors l'idée, allez savoir pourquoi, de demander un autographe à Ronaldo ! Il est à côté de moi, qui observe, bien nostalgique, ses bourreaux, il les applaudit même timidement. Et moi qui n'ai plus demandé d'autographe à personne depuis mes 16 ans, quand j'allais attendre Colonna, Piantoni, Jonquet et les autres Rémois à la sortie du Parc des Princes, ou quand, sur le chemin de l'école Notre-Dame, je croisais Gina Lollobrigida qui tournait *Notre-Dame de Paris* aux studios de Boulogne, avenue Jean-Baptiste-Clément, là, à bientôt 55 ans, je me mets en tête de demander un autographe à Ronaldo… Je déchire une feuille de papier du fameux carnet noir qu'Aimé Jacquet m'a confié avant de monter à la tribune, et je m'en vais, comme un gamin, quémander un autographe à l'un des plus grands joueurs du monde !

Dans le vestiaire, la folie, toujours. Chirac et Jospin qui viennent féliciter les champions du monde ont droit, comme les autres, à de belles éclaboussures de champagne avant de poser pour la photo de famille. J'ai observé attentivement Jacques Chirac et Lionel Jospin, chaque fois qu'ils sont venus féliciter les Bleus pendant cette Coupe du monde, ou encore à l'Euro 2000, et faire une photo avec eux. Et j'ai remarqué, autant qu'apprécié, leur comportement attentif l'un à l'égard de l'autre. Jospin veillait toujours à se tenir un peu en retrait du président, protocole et déférence obligent, mais Chirac se retournait aussi souvent pour s'assurer que son Premier ministre n'était pas trop loin de lui. Presque touchant…

Il est beaucoup plus de minuit quand on quitte enfin le stade de France pour Clairefontaine où Aimé Jacquet a décidé depuis plusieurs jours qu'on passerait la soirée entre nous, rien qu'entre nous, avec nos épouses, et quel que soit le résultat. Dans le car qui nous ramène à Clairefontaine, c'est un énorme chahut. Les joueurs chantent et crient, le trophée en or massif passe de main en main, embrassé, caressé, cajolé.

Mes débuts de journaliste à *L'Équipe, France Football*, ici avec Georges Boulogne en 1968.

Avec l'équipe de France juniors en partance pour le tournoi UEFA 1969 en RDA (à gauche en haut de la passerelle).

Sortie du livre sur Michel Platini, *Football en fête*, en 1977.
En présence de Rouyer, Rey, Keruzoré, Battiston...

En interview avec Johan Cruijff après un match
de l'OM contre l'Ajax, à Amsterdam en novembre 1971.

Dans le vestiaire des Bleus, félicités par Jacques Chirac et Lionel Jospin, après leur victoire de l'Euro 2000 à Rotterdam.

Après la Coupe du Monde 98, balade en hélicoptère en compagnie d'Aimé Jacquet, Michel Drucker aux commandes et rencontre avec Jean-Paul Belmondo au retour.

Dans le rôle du metteur en scène pour la photo officielle avant la Coupe du Monde 2018.

La Coupe du Monde couverte de baisers avec Kylian Mbappé.

Dernière conférence de presse à Moscou, le 13 juillet 2018... avec les félicitations d'Antoine Griezmann !

Tout sourire avec Paul Pogba
et le précieux trophée.

Une indispensable proximité et complicité avec le sélectionneur Didier Deschamps.

Entouré des deux hommes qui ont offert la Coupe du Monde à la France, Aimé Jacquet et Didier Deschamps.

On mettra plus d'une demi-heure pour parcourir le dernier kilomètre entre l'église du village et le centre technique tant il y a de monde à 2 heures du matin pour nous accueillir et nous fêter. Mais on ne voulait pas manquer, Aimé le premier, ce contact, ce soir de fête, avec ces gens de Clairefontaine et des environs, si fidèles, qui n'avaient cessé à chaque départ et à chaque retour, de nous manifester leur attachement.

J'avais été assailli de demandes pour qu'au moins un pool de journalistes puisse nous accompagner un moment à l'intérieur de la résidence Équipe de France, et fournir à l'ensemble de la profession, quelques images de ces moments exceptionnels. Après un titre de champions du monde, cela me paraissait légitime.

C'était compter sans Aimé Jacquet, son fort ressentiment pour les médias dans leur ensemble, mais plus sûrement son envie profonde de ne partager ces moments uniques qu'avec « les siens », ceux avec lesquels il se sentait en communion totale et sincère. J'eus beau insister, rien n'y fit.

Une journaliste faillit quand même passer à travers les mailles du filet et de ce non définitif et non négociable. Marianne Mako, ex-TF1 et, cette année-là, pigiste à *Paris Match*, avait réussi à se glisser, avec la complicité de mesdames Pirès et Lebœuf – celles de 1998 –, dans le car des épouses qui avaient suivi le nôtre depuis le stade de France. Pour n'attirer l'attention de personne, Marianne s'était couchée au fond du car et, une fois franchies les grilles de Clairefontaine, s'était redressée, persuadée d'avoir réussi son coup, et de tenir un fameux scoop, seul journaliste au contact des nouveaux champions du monde fêtant leur titre. Cette fois, c'est moi qui fus inflexible : j'avais dit non à l'AFP, à TF1, à *L'Équipe* et à tous les autres, aucune exception n'était envisageable. Marianne nous a quittés, fort dépitée, au moment où le feu d'artifice commençait à éclairer de ses premières fusées la nuit de Clairefontaine. Ce n'était que le début d'une soirée très festive, très arrosée, cigares, vins fins, liqueurs, comme on lisait sur les menus avant l'arrivée de McDo. Avec Aimé très appliqué dans sa *Macarena*, Youri dans un kazachok endiablé, pendant que

Lolo et Liza s'entre-déchiraient leur chemise dans une parodie de strip-tease.

Des messages par milliers

Pendant la fête, le fax n'arrêtait pas de crépiter et de cracher ses messages de félicitations venus du monde entier :

« Tout le peuple français vous aime et vous dit merci. » – M. C., Valras

« Merci, merci, merci ! Dans chaque foyer français des millions de cœurs ont battu à l'unisson du vôtre et des larmes de joie ont perlé à nos paupières quand vous avez soulevé la Coupe. » – C. G., Vannes

« Mon cœur n'a jamais autant débordé d'intensité et de fièvre. Vous m'avez fait vibrer et pleurer de joie. » – M. G., Sauve

« Vous êtes notre rayon de lumière dans ce monde de brutes. » – X., Cantal

« Vous avez uni tout un pays qui est constamment divisé sur n'importe quel sujet. Je suis fière et heureuse, pour vous, pour mon pays. » – C.

« Merci Monsieur Jacquet de nous avoir donné ce magnifique exemple de persévérance, de combativité, d'humilité et d'intégrité. » – F. K.

« Merci Monsieur Jacquet pour l'espoir que vous avez fait naître dans ce pays, pour les yeux brillants des enfants. Vous avez la force des grands hommes qui défendent leurs idées quand tout, autour, n'est que critique, incompréhension et méchanceté gratuite. » – Anonyme

« Un grand merci pour ce merveilleux moment de bonheur. Un grand merci et pardon. Pardon d'avoir douté de vous, pardon d'avoir hurlé avec les loups. » – J.-J. F., Hareville-sous-Monfort

Tout le monde y va de son petit mot, la brigade des stupéfiants du 36, quai des Orfèvres, Richard Bohringer, l'équipe radio nuit du commissariat de Lille, la brigade de prévention de la délinquance juvénile de Strasbourg, la Fédération française de volley-ball, la Brasserie du Théâtre de Laval, Georges Mauduit et les internationaux du ski français, le Technocentre Renault de Guyancourt, et tant d'autres... Les politiques aussi : le président du Sénat René Monory, Alain Madelin, André Bord et même Christine Boutin, députée des Yvelines et vice-présidente du conseil général du 78 qui se dit certaine que l'environnement et le climat de Clairefontaine ne sont pas pour rien dans le succès des Bleus ! Il y a aussi une certaine Amélie qui demande à son « Bixente adoré » s'il veut l'épouser. Mais ceci ne nous regarde pas...

La grande et belle aventure de deux mois aurait dû, aurait pu, se terminer là à 6 heures du matin lorsque Aimé Jacquet est parti se coucher en emmenant la Coupe du monde avec lui. Les joueurs avaient prévenu depuis longtemps : le 13 au matin, vacances ! Et quand Henri Émile avait fait part, au lendemain de la demi-finale, du souhait du président de la République de recevoir, vainqueur ou pas, l'équipe de France à l'Élysée pour la garden-party du 14 Juillet, la réponse de Deschamps, Blanc et autres cadres consultés avait été on ne peut plus nette : pas question, on ne va pas perdre deux jours de vacances !

Mais Riton aime bien Chirac. Je crois même qu'il a collé des affiches électorales pour lui quand il était jeune prof d'éducation physique à Égletons, en Corrèze. Alors, il va ruser. Il va mettre dans le coup Anne, la compagne de Lolo, et Claude, l'épouse de Dédé. Leur expliquer, comme il sait si bien le faire, que c'est difficile de refuser au président, que c'est la fête nationale, que ça ferait très mauvais effet si on déclinait l'invitation...

Et ça va marcher. Quand le sujet est de nouveau abordé à Clairefontaine, les irréductibles d'hier, sûrement bien chapitrés au téléphone par les complices de Riton, ne soulèvent plus aucune objection. Henri Émile peut annoncer fièrement à son ami Jean-François Lamour que c'est OK pour la garden-party de l'Élysée.

Et c'est parti pour quarante-huit heures de festivités non-stop.

Lundi, pour gagner Paris, nous allons bénéficier – privilège rarissime – de l'escorte officielle de la présidence de la République, avec le fanion du président flottant sur la moto du chef d'escorte. Nous rejoignons ainsi la FFF pour un déjeuner, toujours avec nos épouses. Avant de passer à table, JT de 13 heures de TF1 présenté en direct de la FFF par Jean-Pierre Pernaut, le vrai trophée en or massif sur le plateau. C'est juste avant de monter dans le bus à impériale, direction les Champs-Élysées, qu'on substituera au trophée authentique une réplique qui a tout l'air de la vraie… mais pas en or massif.

La descente des Champs-Élysées fut hallucinante. Tout le monde se souvient, de l'Étoile au rond-point des Champs-Élysées, de cette avenue noire de monde… On a parlé d'un million de personnes, sur les trottoirs, sur la chaussée, laissant à peine un étroit passage pour que notre car puisse progresser à une allure de tortue, protégé par un double cordon de gardes mobiles se tenant par les coudes et résistant tant bien que mal à la pression de cette foule impressionnante. Une pression telle que, pour éviter des incidents, des débordements, et même des malaises dont on commençait à être témoins, de plus en plus anxieux, décision fut prise, après plus de deux heures de ce bain de foule XXL, de ne pas aller jusqu'à l'arc de Triomphe, et de bifurquer à gauche dans l'avenue George-V au niveau du Fouquet's.

Le Lido pour finir la soirée, et le lendemain le palais de l'Élysée. D'abord pour un déjeuner sympa avec la visite des rugbymen du Stade français et de Johnny Hallyday. Et la sortie, très attendue, sur le perron, à l'arrière du Palais, côté jardin où se massait la foule des invités, avec ce lapsus, qui fit beaucoup rire, du président de la République, très fier de présenter, au milieu des Champions, « la Coupe de France… euh, la Coupe du monde ! »

La *Marseillaise* de l'Élysée

J'allais encore vivre une scène très forte, très émouvante, tout au bout de cet après-midi élyséen, quelques minutes avant la séparation définitive. On commençait à se dire au revoir, quand je remarquai Lilian Thuram et Bixente Lizarazu, le dos tourné à la salle, se tenant par la taille, le visage contre un épais rideau rouge en brocard. Que diable pouvaient-ils bien faire là, à ce moment-là, dans cette position-là ? Arrivé derrière eux, je commence à deviner les paroles de la *Marseillaise* ! Une dernière fois, avant de se quitter, après cinquante-cinq jours de vie commune, les deux coéquipiers avaient voulu se remettre dans la position qui avait été la leur avant les matchs, pendant les hymnes et, rien que pour eux, ils s'offraient et partageaient une dernière fois l'hymne national. Scène très forte qui disait beaucoup de cette force collective qui unissait ces garçons, liés par un serment d'aller au bout de l'aventure, comme un pacte qui transcende et magnifie tout.

Cette force intérieure colossale, cette solidarité à toute épreuve, qui avaient échappé à beaucoup, et d'abord aux médias, avaient pesé d'un poids énorme dans la conquête de l'étoile. Philippe Bergeroo pense même, vingt ans après, n'avoir jamais connu une telle ambiance : « Leur état d'esprit était vraiment exceptionnel. Hypersérieux dans le travail, et très détendus une fois sortis du terrain. Ça rigolait tout le temps. Après les repas, ils restaient parfois plus d'une demi-heure à table, à échanger, à plaisanter. Même en 1984 et en 1986, où ça se passait très bien, ce n'était pas comme ça. On était comme portés par une énorme vague, et on se disait chaque jour un peu plus : c'est pour nous, ça ne peut pas nous échapper ! »

Cette fois, c'était bien le clap de fin pour les nouveaux champions du monde… Mais pas tout à fait encore pour ceux qui constituaient la garde rapprochée du sélectionneur. Aimé avait voulu que le 14 juillet au soir on se retrouve, nous sept et nos épouses, pour un ultime repas ensemble chez Bisson, le restaurant de la place du Château à

Rambouillet tenu par le chef des Bleus. Nous voilà attablés, Aimé Jacquet, Philippe Bergeroo, Roger Lemerre, Henri Émile, Jean-Marcel Ferret, Manu De Faria et moi, dans la salle du fond où personne ne pouvait nous voir ni nous déranger.

C'est sans doute en raison de cette immunité, aussi de la pression qui retombe, de la satisfaction profonde du travail accompli, de la perspective des vacances, que sais-je encore, que la soirée fut particulièrement débridée, que Bibiche (Bisson) dut descendre à la cave plus d'une fois chercher des bouteilles bien poussiéreuses, avant que l'on attaque les alcools hors d'âge. Même les plus sages d'entre nous oublièrent ce soir-là d'être tout à fait sages, et tout le monde ne rentra pas en parfait état de marche – au sens premier du mot – à Clairefontaine. Le reste… restera entre nous.

L'heure de Roger le magnifique

Comment prolonger l'état grâce qui accompagne forcément un titre de champion du monde ? Comment surfer sur la vague d'un tel succès, en faire son profit, sans se laisser aveugler ni détourner du bon chemin par les paillettes, et les courtisans de la vingt-cinquième heure ? Sachant que Jacquet avait annoncé dès le mois de mars dans une interview à *France Football* : « Le 12 juillet à minuit, je cesse d'être sélectionneur. J'ai fait le tour d'honneur avec mes champions du monde au stade de France, et je retourne travailler à la DTN auprès des sélections de jeunes. »

Le départ surprise à Liverpool du directeur technique national, Gérard Houllier, laissait un grand vide à ce poste stratégique, et il fut demandé, sans plus attendre, au patron des champions du monde de prendre la suite. Aimé s'attendait à tout sauf à ça. Un poste de cette dimension, avec tout ce qu'il implique de dossiers à monter et à suivre, de réunions interminables, de budgets à gérer, de compromis à trouver inévitablement, ce n'était surtout pas pour lui.

Il ne se sentait pas les épaules assez larges pour une telle fonction, même bien entouré. Son trip, son milieu, c'était le terrain, le rectangle vert comme il disait.

Mais comment refuser de faire profiter le football français de l'immense crédit qui était le sien désormais ? Alors, en bon soldat, comme à l'automne 1993, il a dit oui et s'est mis au boulot. Avec la précieuse assistance du DTN adjoint, Jean-Pierre Morlans, il fera même un très bon DTN. Il ramera un peu, au début, pour assimiler les codes et les mécanismes complexes de la fonction, mais il poursuivra sur la route tracée, et sera surtout un patron à l'écoute du terrain. Il sera aussi l'un des tout premiers, bien avant Aulas, à booster la pratique du football féminin, et à donner à Élisabeth Loisel, sélectionneuse et animatrice nationale, les moyens de faire plus et mieux pour les filles.

Et pour l'équipe de France, on fait quoi ? Pas de souci, on prend les mêmes bonnes vieilles recettes, le second devient le premier et on continue. Voici donc Roger Lemerre.

Depuis Henri Guérin en 1964, Roger est le douzième à occuper le poste et à avoir le titre de sélectionneur-entraîneur. À 57 ans, il est aussi le plus âgé à entrer dans la fonction. Mais s'agissant d'un personnage comme lui, l'âge n'a pas grand-chose à voir. Son dynamisme, son enthousiasme, son sens du devoir et du service sont tels qu'il est de toutes les époques. Au moment où j'écris ces lignes, il vient tout juste, à 78 ans, de quitter la barre de l'Étoile du Sahel en Tunisie. Après 470 matchs de division 1 entre 1961 et 1975, six sélections en équipe de France et un parcours d'entraîneur long comme le bras, en France, en Tunisie, au Maroc, en Turquie, en Algérie.

Difficile de bien cerner ce Normand du Cotentin. Hors des sentiers battus, certainement. Il a des principes et il s'y tient. Il a aussi l'art des formules bien à lui, du genre « Si mon chapeau savait pour qui je vote, je brûlerais mon chapeau », qui vous laissent perplexe.

Quand il prend les rênes de l'équipe de France derrière Jacquet, le 17 juillet 1998, Roger, annonce, solennel, qu'il n'est « pas là pour entraîner les champions du monde, mais pour les accompagner ». Traduisez : je ne vais pas avoir le ridicule de prétendre apprendre quelque chose à des gars qui sont champions du monde, mon job va être de les accompagner de mon mieux sur la voie royale qui est la leur. De fait, il apportera un minimum de retouches au groupe des vingt-deux constitué par Aimé Jacquet. Dix-huit Champions du monde 98 seront présents à l'Euro 2000.

Cette qualification ne va pas être plus facile à décrocher que ne l'avait été celle à l'Euro 96 anglais. Dans un groupe de qualification relevé avec la Russie, l'Ukraine, l'Islande, Andorre et l'Arménie, tout se jouera à trois fois rien lors d'une dernière journée à rebondissements.

C'est au soir de cette qualification sur le fil que Lemerre va encore nous gratifier d'une de ces phrases qui disent tout et rien à la fois : « Dorénavant, je suis et je demeure le premier supporter de l'équipe de France. » Les appels des journalistes ne tardent pas : ça veut dire quoi ? Il s'en va ? Il prépare sa sortie ? Je n'en sais pas beaucoup plus qu'eux. Mon Roger, droit comme un I, drapé dans sa solennité, n'explique rien et ne change rien à ses habitudes. Il prend néanmoins le parti de raréfier et, très vite, de cesser tout contact en tête-à-tête avec les journalistes. Dorénavant il fera le minimum syndical, rien de plus.

Jusque-là, il avait, comme tous ses prédécesseurs, répondu dans une proportion raisonnable aux demandes d'interviews individuelles qui arrivaient chaque semaine sur mon bureau. Il plaisantait même sur le sujet : « Tu m'as mis une chaîne autour du cou, comme les montreurs d'ours, et tu promènes ton ours de plateau télé en rédaction… » Pas méchant comme réflexion, plutôt sympa même, sauf que l'ours allait se révéler vraiment ours et dire stop à tout, hors prestations collectives autour des matchs. Je lui fis bien remarquer, début 2000, que cette attitude, en rupture totale avec les traditions étaient d'autant plus regrettables qu'il possédait naturellement, et contrairement à d'autres avant lui – et j'ajouterai après –, une réelle aptitude et une aisance à l'échange et au dialogue ; rien n'y fit. Il se verra décerner, trois saisons de suite, le « prix Citron » de *France Football*.

Fric-frac et coquilles

Comme on ne change pas une formule qui a fait ses preuves, nous retournons à Tignes au printemps 2000 pour préparer notre Euro. C'est au cours d'une journée de travail à Bourg-Saint-Maurice – entraînement le matin sur le terrain municipal, déjeuner et sieste dans un hôtel voisin, et de nouveau entraînement l'après-midi – qu'on allait vivre un épisode savoureux.

À l'heure du déjeuner, une fenêtre de notre vestiaire avait été fracturée et un sac volé, celui de Guy Stéphan. L'adjoint de Lemerre était contrarié, pas tant pour le survêtement et les maillots disparus que pour son ordinateur dans lequel figuraient des documents de travail. Je lui proposais d'en faire état auprès des médias régionaux et nationaux qui seraient à l'entraînement de l'après-midi, des fois que le voleur, pris de remords à la lecture d'un écho, veuille restituer l'ordi… J'étais en train de raconter ma petite histoire à mes confrères quand l'un d'eux me demande la marque de l'ordinateur volé. J'interpelle l'entraîneur adjoint : « Guy, quelle marque ton ordi ? » La réponse arrive aussitôt : « Sharp. La marque c'est Sharp ». Et le lendemain, on put lire dans *L'Équipe* : « Un membre du staff tricolore, Marc Sharp, s'est fait voler son ordinateur. »

À rapprocher de cet autre dérapage phonétique quand j'étais encore à *L'Équipe*. Dans un papier dicté depuis le stade aux sténos, j'indiquais qu'en lever de rideau, « l'équipe de France scolaire » avait battu son homologue écossaise 2-1. Et dans *L'Équipe* ça a donné : « l'équipe de Frantz Köhler a battu […] ». Sacrées coquilles… Un de mes bons camarades qui avait retrouvé, un jour, son papier, dicté par téléphone, complètement dénaturé par une sténodactylographie plus qu'approximative, aura ce joli mot : « Ce n'était plus un article, c'était un plateau de fruits de mer… »

Nous emménageons à Genval, belle banlieue de Bruxelles, où le directeur du Château du Lac, trop heureux d'accueillir les champions du monde, n'a pas hésité à abattre un mur pour nous permettre d'avoir, depuis nos chambres, un accès direct à la salle de restaurant sans avoir à passer par le hall d'accueil du rez-de-chaussée. On est très bien.

Mais moi je ne le suis pas du tout lorsque nous arrivons près d'Ostende, à l'hôtel La Réserve, le 10 juin, à la veille de notre premier match contre le Danemark, à Bruges. Au moment de quitter Bruxelles, Didier Deschamps est venu me voir pour me dire qu'il avait décidé de ne plus parler aux médias. Il s'estime victime d'une campagne de presse visant à l'écarter du onze de base au profit de Vieira. Et plutôt que de nourrir la polémique en répondant aux critiques, il a décidé de se taire et de donner sa réponse sur le terrain. Définitif et non négociable. J'ai beau lui dire qu'il fait une grosse bêtise, que son rang de capitaine ne l'autorise surtout pas à ce genre d'attitude, de toute façon contre-productive, il n'en démord pas. Affaire classée. Mais Didier aura l'honnêteté de reconnaître plus tard qu'il aurait mieux fait de m'écouter !

Annoncer aux journalistes français, dont certains sont venus tout exprès de Paris à Ostende pour la conférence de presse, que le capitaine leur fait faux bond, ne va être ni facile ni plaisant. Mais je ne suis pas au bout de mes peines. Alors que, sur la fin du déjeuner, je fais signe à Thuram, l'autre élu du jour devant les médias, que ça va être bientôt l'heure d'y aller, voilà qu'il se défile à son tour : « Ah non, je suis mal foutu, et puis j'ai pas envie d'y aller. Un autre jour si tu veux, mais pas aujourd'hui. » Là encore, mes tentatives de persuasion seront vaines et quand Lilian reviendra à de meilleurs sentiments, une bonne demi-heure plus tard, le mal est fait et mon mini-drame déjà en place.

Il avait bien fallu que j'aille voir la centaine de journalistes présents dans la salle de presse où ils attendaient le début des opérations, pour leur expliquer que… euh… voilà… Il n'y aurait pas de joueur français en conférence de presse aujourd'hui. Mais, m'empressai-je d'ajouter, Roger Lemerre sera là dans quelques minutes. Lequel Roger attendait sagement le moment d'entrer en piste, dégustant son café avec ses adjoints dans la salle à manger.

Le ras-le-bol des journalistes

Ce jour-là, le dévoué Gilles Guérin, de *La Voix du Nord*, responsable des syndics de presse à la puissante, utile et précieuse Union des journalistes de sport en France, était là en voisin et allait prendre la tête d'une véritable révolte des journalistes : « Une fois de plus, on se moque de nous ! Une fois de plus, les caprices des joueurs nous mettent dans l'impossibilité de faire correctement notre travail. Certains d'entre nous ont fait 500 kilomètres aujourd'hui pour trouver porte close ! C'en est trop ! Je vous propose, en guise de représailles, de boycotter la conférence de presse de Roger Lemerre ! »

La grève est votée. Il me faut maintenant aller trouver Roger, lui expliquer la situation, lui dire que les journalistes ne veulent ni le voir ni l'entendre, et qu'il peut aller faire sa sieste. Le connaissant bien, je m'attends à une réaction… à la Lemerre, et je ne suis pas déçu.

Il se dresse, comme un diable sort de sa boîte et me lance, plus solennel que jamais : « Aussi vrai que je m'appelle Roger, Léon, Maurice Lemerre-Desprez, je te le dis, Philippe, à compter de ce jour je ne parlerai plus jamais aux journalistes ! » Même pas le temps de lui expliquer qu'il faut qu'il abandonne cette idée – même si ses raisons d'agir ainsi ne sont pas toutes mauvaises –, qu'on est à l'Euro, que le sélectionneur a des obligations, au moins la veille et les jours de match, qu'il est… déjà parti.

Comme je pressens des lendemains délicats, je prends soin d'appeler le président Simonet et le DG de la FFF, Gérard Enault, proche du sélectionneur en raison de ses origines du Haut-Cotentin, pour les informer du clash, leur faire part de la position intenable du sélectionneur, et leur demander d'intervenir directement auprès de Roger pour tenter de le raisonner. Je n'en doute pas, le syndicat des journalistes va monter au créneau, et prendre la Terre entière à témoin de son infortune et du comportement d'enfants gâtés des joueurs de l'équipe de France et de leur sélectionneur. Ça ne manquera pas.

Après bien des palabres et des interventions et pressions venues de très haut, les choses finissent par rentrer dans l'ordre, et Roger Lemerre est bien à la tribune pour la conférence de presse qui précède notre second match contre les Tchèques, toujours à Bruges. Mais non sans m'avoir demandé de préparer un communiqué dans lequel il entend dire clairement comment les choses se sont passées, ce qu'il pense de tout cela et, plus largement, tout ce qu'il a sur le cœur s'agissant des relations et du comportement des médias. Voilà ce que ça donne :

> « C'est uniquement en application du règlement médias de l'Euro 2000 que je me trouve ici aujourd'hui. Je n'oublie rien et surtout pas que vous avez refusé le dialogue samedi dernier à Ostende et que vous avez rompu ce lien que vous évoquez avec tant d'insistance entre le public de l'équipe de France et les acteurs. Dans mon esprit, si un lien est rompu, c'est entre vous et moi : vous en portez la responsabilité. Quant à l'autre lien, celui que vous estimez indispensable, par votre intermédiaire, entre la sélection nationale et son public, je me demande quelle en est la nature, quelle en est la valeur, au regard de ce que l'on peut relever chaque jour dans les médias d'approximations, d'inexactitudes, d'allusions ou interrogations malsaines, d'amalgames, quand il ne s'agit pas d'inventions pures et simples ou de paroles volées, dans le mépris le plus total des règlements en usage et de la vie privée d'une équipe. Je redis aussi une dernière fois que la liberté de chacun est inaliénable, celle des joueurs comme la mienne : liberté de parler ou de se taire, de faire ou de ne pas faire. Je réaffirme enfin qu'aucune influence ou pression ne s'exerce, dans quelque sens que ce soit, sur les agissements de quiconque.
>
> Roger Lemerre, Bruges, 15/06/2000 »

Je dois à l'honnêteté de préciser que cet enchaînement d'événements s'était déroulé dans un contexte particulièrement délicat pour Roger. Dès la fin du match contre le

Danemark, le 11 juin, nous lui apprenions que son père était au plus mal. Il quittera le stade très vite pour tenter de le revoir vivant mais il arrivera trop tard. Digne, courageux et professionnel, il fera un aller-retour dans un avion mis à sa disposition par la FFF, pour les obsèques à Bricquebec et reviendra aussitôt, discrètement et courageusement, reprendre son poste à la tête des Bleus.

C'est après nos deux victoires sur le Danemark et la République tchèque, et avant d'affronter les Pays-Bas, que nous parvient un énième message d'une mystérieuse association, qui a son siège dans le 4e arrondissement de Paris et qui affirme, très sérieusement, recevoir des messages à nous transmettre signés « Fernand Sastre et la grande famille du football de LÀ-HAUT ». On pouvait deviner comme un reproche dans celui du 21 juin 2000 adressé à Roger Lemerre : « Mes amis, je suis bien là auprès de vous, mais vous avez du mal à ouvrir vos cœurs pour que la Magie Divine opère. Laissez-vous guider par Nous. De là-haut, nous trouvons toujours la parade. Essayez d'accepter que nous ayons un rôle déterminant dans votre équipe et parlez de notre Aide, entre vous d'abord, puis aux autres, avec vos mots à vous, vos ressentis, votre foi. Car de la foi, vous en avez en vous, en votre équipe soudée, en vos capacités collectives. Il vous manque un petit plus, c'est la confiance en Nos Voix et nos actions à travers vous. »

Pour les incrédules, les croyants, les athées et tous les autres, j'atteste solennellement de l'existence de ces documents que j'ai conservés… pieusement.

Coaching gagnant

Je ne sais pas si la « Magie Divine » a opéré ou si le cœur de nos joueurs a été touché par la grâce, mais en tous cas, ils vont faire preuve d'un sacré tempérament et les aléas du jeu ne vont pas leur être franchement défavorables, au cours des deux matchs qui vont suivre, pour leur ouvrir les portes d'une nouvelle finale.

Djorkaeff dira que le quart de finale de cet Euro, France-Espagne, fut certainement le match le plus difficile des soixante-dix qu'il livra sous le maillot bleu. Et c'est vrai qu'après une première période plutôt technique et séduisante l'opposition franco-hispanique tourna à la foire d'empoigne, carton jaune sur carton jaune, suspense en prime. On tient quand même notre précieux 2-1 quand, à la 90e, l'arbitre italien, le chauve Pierluigi Collina accorde un penalty tout à fait imaginaire aux Espagnols pour une prétendue faute de Barthez sur Bernardo. Le spectre d'une prolongation ouverte à tous les vents se profile déjà quand Raúl, pourtant buteur émérite, 405 buts dans sa carrière dont 323 sous le maillot du Real, expédie un tir qui va se perdre dans les nuages du ciel de Bruges. Ouf !

Un autre genre de réjouissances nous attend avec les Portugais en demi-finale à Bruxelles, au pied de l'Atomium, construit pour l'exposition universelle de 1958. On approche lentement mais surement de l'épreuve des tirs au but, sur un score de 1-1 en prolongation lorsque l'arbitre autrichien Günter Benkö nous accorde un penalty – chacun son tour ! – qui va mettre les Portugais dans une colère noire. Y a-t-il eu, ou non, main de Abel Xavier, collé à son poteau sur un tir de Wiltord ? Les appréciations divergent, naturellement, mais les vociférations de nos adversaires n'y changeront rien. Si on transforme ce penalty, c'est but en or, la victoire, la finale.

Mais qui va tirer ? Djorkaeff, l'habituel préposé à l'exercice n'est pas là. Alors ? Zidane bien sûr ! Sauf que Z. Z. n'a pas encore tiré un seul penalty en équipe de France après 57 sélections depuis 1994. Des « tirs au but » tous réussis, oui, mais aucun penalty dans le cours du jeu. Pas grave. Zizou, très concentré, attend, imperturbable, que le calme revienne dans les rangs des Portugais déchaînés, et réalise le contre-pied parfait.

La France en finale, le Portugal en furie. Les Portugais, dans un état second, intenables, se précipitent sur le malheureux juge de touche, qui a crânement assumé ses responsabilités, en signalant un penalty que l'arbitre n'avait pas détecté. Il faudra un service d'ordre musclé et efficace pour que les hommes en noir puissent regagner leur vestiaire. Cette fin de match irrespirable reste parmi les plus houleuses, les plus haineuses qu'il m'ait été donné de voir. Et les Portugais laisseront leur vestiaire dans un état pitoyable.

Cette finale de l'Euro 2000 contre l'Italie restera d'abord comme l'illustration du coaching parfait, cent pour cent efficace, et c'est évidemment à porter au crédit de Roger Lemerre. La France n'est pas au mieux, ce dimanche de juillet. Elle est solide, appliquée, mais pas brillante. Plus besogneuse que virevoltante. Et on ne voit pas trop comment elle va s'y prendre pour remonter le but inscrit par Delvecchio à la 55ᵉ. On se le demande encore quand Wiltord remplace Dugarry à la 58ᵉ. On se le demande toujours quand Trezeguet prend la place de Djorkaeff à la 76ᵉ.

Sur le banc français, les joueurs se poussent du coude et ne comprennent pas pourquoi, perdu pour perdu, Roger ne fait pas son troisième changement. Bernard Lama se lèvera même pour aller lui suggérer de ne pas tarder : « Il faut faire quelque chose, coach, il reste six minutes… » Roger, l'œil noir : « Attends, je réfléchis ! » 85ᵉ minute : il a fait son choix. Ce sera Pirès à la place de Lizarazu, un attaquant à la place d'un défenseur. Quitte ou double.

On est entré dans le temps additionnel. L'Italie mène toujours 1-0 et sur le banc des Azzuri on célèbre déjà le titre de champion d'Europe à coup de grandes tapes dans le dos et d'étreintes chaleureuses. Si peu discrètement, que plusieurs joueurs français, très tendus et irrités par la tournure des événements, les appellent à un peu plus de calme et de retenue avec des gestes et des mots qui ne sont pas d'un raffinement extrême. Chez nous, sans doute le seul à y croire vraiment, Fred Mankowski, le kiné : « J'étais vraiment persuadé qu'il allait se passer quelque chose, me dira-t-il récemment. Cette équipe de l'Euro 2000 avait en elle un je-ne-sais-quoi qui la rendait pratiquement invincible. Même menée à une minute de la fin, je n'arrivais pas à l'imaginer battue ! Peut-être un peu de méthode Coué, mais elle ne pouvait pas perdre… »

Il reste trente secondes dans le temps additionnel. Barthez, loin devant son but, tire un coup franc. Trezeguet détourne de la tête pour Wiltord, décalé sur la gauche. Contrôle, tir du gauche d'une dizaine de mètres. But !

Changement de décor. Les Italiens sont retombés sur leur banc, plus un mot, plus un geste. Et les Français ont bondi comme des cabris et courent dans tous les sens, devant cette égalisation qui leur ouvre les portes de la prolongation. Une prolongation qui n'ira même pas au terme de sa première période. À la 103e, Pirès déborde sur la gauche, centre en retrait, Trezeguet au point de penalty reprend de volée. But. But en or. Fin.

Coaching super-gagnant, monumental, de Roger Lemerre que je vois filer les bras étendus en direction de Trezeguet, qui s'est engagé quelques jours plus tôt pour cinq ans avec la Juventus. Roger n'a pas été chronométré sur les soixante-dix mètres qui séparaient le banc français et le héros du jour, mais je suis sûr qu'il a pulvérisé le record de Normandie vétérans. La deuxième préoccupation de Roger, après ses félicitations au buteur-sauveur, c'est d'aller mettre la main sur son capitaine avant qu'il ne soit trop tard. C'est-à-dire, avant qu'il n'annonce aux médias la décision qu'il a déjà mûrie et prise, l'arrêt de sa carrière internationale.

Deuxième sprint de la soirée pour Lemerre, décidément très en forme, qui rejoint Didier dans le rond central. Les deux hommes parlent à cœur ouvert, Didier pour confirmer au sélectionneur qu'il arrête, ce dernier pour le supplier de ne rien dire et d'attendre encore un peu. Ils ignorent que les caméras de la télévision ne perdent pas une miette des images de leur échange, sans en connaître le contenu naturellement. Mais dès le lendemain, une chaîne fera appel à un spécialiste de la lecture sur les lèvres pour décrypter la conversation. Ce qui lui vaudra un rappel à l'ordre du CSA, qui condamne cette intrusion médiatique dans une conversation privée.

Les joueurs français, après avoir salué leurs dix mille supporters, s'attardent encore et encore sur la pelouse de Rotterdam, une fois le trophée en leur possession. Le déroulé des obligations médias prend facilement un bon quart d'heure de retard, mais je n'ai pas le cœur d'aller les chercher et de les bousculer. C'est « leur victoire », leur Coupe d'Europe, et ils ont mille fois raison de l'embrasser et de la cajoler.

On ne va pas refaire le coup de la descente des Champs-Élysées comme en 1998, c'est donc au balcon de l'hôtel Crillon que les champions d'Europe présenteront le trophée Henri-Delaunay à des dizaines de milliers de Parisiens massés place de la Concorde.

Championne du monde 98, championne d'Europe 2000, l'équipe de France est sur le toit du monde.

Une interminable *standing ovation*

Deux événements vont marquer le deuxième semestre de l'année 2000 : les adieux à deux « monuments » de l'équipe de France et une lointaine visite à un personnage « monumental » de l'Histoire.

Comme il fallait s'y attendre, les suppliques de Roger Lemerre, dans le rond central, dans les minutes qui suivirent le succès de Rotterdam, n'ont eu aucun effet sur la décision bien arrêtée de Didier Deschamps. Tout au plus est-on arrivé à persuader Dédé de faire un peu de rab, le temps d'organiser une sortie digne de son rang et de son palmarès, le plus fourni, déjà, du football français. D'autant qu'il fallait mettre dans le même sac de la cérémonie d'adieu une autre légende de notre football, Laurent Blanc. Et, pour faire bonne mesure, on y ajoutera Bernard Lama… qui n'avait rien demandé.

Henri Émile avait bien fait les choses, comme d'habitude. À la 57e minute de ce France-Angleterre amical du 2 septembre, le stade de France dans une interminable standing ovation, rendait un hommage appuyé et mérité à ces grands serviteurs de l'équipe de France. Services rendus, oui, mais beaucoup, beaucoup plus, pour le numéro 5 et le numéro 7 des champions du monde et d'Europe.

Didier ne se contentait pas de faire bien, et même très bien, ce qu'il avait à faire. Avec son sens très développé de l'observation, de l'anticipation, il veillait aussi à ce que les autres fassent bien. Capitaine altruiste, beaucoup plus soucieux de l'efficacité du collectif que de sa performance individuelle, il était constamment en mode « alerte » pour détecter les petits grains de sable qui pourraient venir dérégler la machine. Aboyeur hors pair, dans une position stratégique idéale au milieu du terrain, il n'avait pas son pareil pour encourager, inciter, replacer, recadrer et pousser une gueulante si nécessaire.

L'influence de Laurent Blanc dans le groupe n'était pas de même nature, ne se manifestait pas de la même façon. Celui que l'on a appelé « le président » – et les origines de ce surnom ne sont pas forcément celles le plus souvent avancées… – en imposait déjà, au premier regard, par sa taille, sa stature. Il dégageait une forme, non pas de supériorité, car le Cévenol était foncièrement modeste, mais d'autorité naturelle. Là où Didier était volontiers interventionniste dans l'instant, Laurent avait besoin de plus de temps et de recul pour analyser la situation avant d'intervenir, s'il le jugeait nécessaire.

Le numéro 5 était beaucoup plus bavard que le numéro 7, encore que, quand le défenseur central est en bonne compagnie et en confiance, il sait être un conteur ou un débatteur passionnant, convaincu et convaincant. Mais, c'est sûr, il a besoin de plus de temps pour se lâcher que le milieu de terrain. Des différences qui se retrouveront aussi plus tard dans leur manière de se comporter avec le groupe sous leur responsabilité, sur le terrain principalement. Aussi attentifs l'un que l'autre au comportement des joueurs, Didier est plus « présent », Laurent plus souvent dans l'observation, en position de retrait, les mains dans le dos. Lolo se concentre cent pour cent sur le jeu et les joueurs, alors que le regard périphérique de Dédé enregistre tout ce qui se passe et surtout ce qui ne se passe pas comme ça devrait se passer !

Les deux hommes sont, au fond, très différents. Ça m'étonnerait, pour reprendre l'expression de Thierry Roland, qu'ils aient passé beaucoup de vacances ensemble, mais l'important, au-delà de leurs différences, était bien cette sérénité, cette confiance qu'ils insufflaient au groupe. Leur seule présence dans une liste était déjà une première garantie. Pour le sélectionneur, qui savait pouvoir compter sur deux lieutenants hors pair. Pour les joueurs, qui avaient l'assurance d'être bien représentés, bien encadrés et même recadrés, le cas échéant... Mon seul regret, au moment de saluer ces deux très grands joueurs, est que Laurent n'ait pas eu trois sélections de plus, pour rejoindre Didier dans le club très fermé des « 100 sélections » aux côtés de Vieira (107), Zidane (108) Lloris (114, série en cours), Desailly (116), Henry (122) et Thuram (142). Il l'aurait tant mérité.

C'est donc le 2 septembre 2000 à 22 h 12 au stade de France que Laurent Blanc et Didier Deschamps foulèrent pour la dernière fois une pelouse, revêtus du maillot bleu de l'équipe de France. J'entends encore l'énorme ovation d'un public qui savait bien quels joueurs d'exception étaient en train de tirer leur révérence, et tout ce qu'ils avaient apporté de considérable, d'inquantifiable presque, à l'équipe de France. Dylan Deschamps, 4 ans, était trop petit pour participer activement à la fête, mais Clément et Alex Blanc, sur la ligne de touche, étaient là pour brandir le panneau lumineux des remplacements et accueillir leur papa, désormais ex-international. Frank Lebœuf et Patrick Vieira entraient sur le terrain. La page était tournée.

Les Bleus chez Mandela

L'émotion était au rendez-vous ce soir-là, mais elle n'était rien, comparée à celle que j'allais ressentir le 7 octobre suivant lorsque l'équipe de France, venue à Johannesburg disputer un match amical contre l'Afrique du Sud, fut reçue par Nelson Mandela dans sa résidence de Houghton.

Je savais, nous savions tous, ce qu'avait été la ségrégation raciale de l'apartheid, le combat que Mandela avait mené pour y mettre fin au prix de vingt-sept années de prison et de travaux forcés. Comment il avait rendu ses libertés et sa dignité à la population noire d'un pays dont il avait été le président de 1994 à 1999, recevant en 1993 avec De Klerk, son prédécesseur blanc, le prix Nobel de la paix pour toute l'œuvre accomplie.

Oh, ce ne fut pas une de ces réceptions mondaines qui s'éternisent avec champagne, petits-fours et ronds de jambe. Rien de tout cela. Et c'était beaucoup mieux. On nous avait demandé de nous mettre en ligne, les uns derrière les autres dans les jardins de la résidence, et d'attendre. Et « Madiba » est apparu. La démarche un peu lente à 82 ans, mais son éternel sourire bienveillant aux lèvres, vêtu d'un pantalon noir et de son éternelle chemise bariolée aux dominantes marron. Entouré de Claude Simonet, le président de la FFF et de Gérard Bourgoin, celui de la LNF, il s'est positionné sur l'avant-dernière marche de la grande terrasse, et nous avons tous défilé devant lui, les joueurs puis le staff, pour lui serrer la main.

Arrivé devant lui, j'ai dû bafouiller en anglais la petite phrase pas bien originale que j'avais préparée dans ma tête pour lui dire toute mon admiration, mais je ne suis pas sûr qu'il l'ait entendue ni même comprise. Du fait de mon accent anglais approximatif peut-être, mais plus sûrement de l'émotion qui me nouait la gorge en ce moment que je n'avais jamais imaginé vivre.

Vous prendrez bien une coupe…

On va de nouveau connaître, avant la Coupe du monde 2002 coorganisée par la Corée et le Japon, la situation toujours délicate de « qualifié d'office » déjà vécue dans la période 1996-1997. La première fois, on le devait à notre qualité d'organisateur. Là, c'est dû à notre rang de tenant du titre. Nous serons d'ailleurs les derniers à bénéficier de ces dispositions. Aujourd'hui, même le champion en titre doit passer par les qualifs. Pour autant, l'avant-Coupe du monde asiatique ne sera pas un long fleuve tranquille, mais pour des raisons qui ne sont pas toutes à chercher côté terrain. Le ciel est toujours dégagé, quand l'équipe de France s'en va disputer la Coupe des confédérations à l'été 2001.

Une seule défaite en neuf matchs amicaux, c'est son joli bilan depuis l'Euro 2000, quand elle arrive à Daegu, en Corée, pour y affronter, outre les Sud-Coréens, les Australiens et les Mexicains. La troupe française est très disparate. Roger Lemerre n'a pas lésiné sur les billets d'absence, et on peut comprendre effectivement que Barthez, Zidane, Henry, Thuram et quelques autres couronnés de 98 et 2000 aient eu envie de prendre de vraies vacances. Les champions d'Europe 2000 se comptent dix seulement, tant et si bien que huit joueurs vont fêter leur première sélection au cours de cette Coupe des confédérations, dont cinq lors du match contre l'Australie, le seul que l'on perdra d'ailleurs. Ces petits nouveaux s'appellent Nicolas Gillet, Éric Carrière, Grégory Coupet, Frédéric Née, Jérémie Bréchet, Olivier Dacourt, Zoumana Camara et Mickaël Landreau. Jamais, dans l'histoire de l'équipe de France on n'a assisté à un tel chambardement dans la sélection d'un mois sur l'autre.

Mais l'élan est tel dans le football français depuis trois ans et les titres brillamment conquis, qu'on a l'impression que l'équipe nationale peut tout oser, tout se permettre et tout réussir. La preuve, Roger Lemerre peut se priver de la moitié de ses champions d'Europe, offrir leur première cape à une dizaine de néophytes, avoir recours à quarante-deux joueurs pour cette seule saison et, à l'arrivée, gagner l'un des trophées officiels de la FIFA. Parce qu'on l'a gagnée, cette Coupe des confédérations 2001 après avoir, avec cette équipe « bric broc » comme disait Kovács, sorti le Brésil en demi-finale et maté le Japon en finale.

Un France-Algérie qui dérape

Les premiers nuages vont arriver avec un France-Algérie qui fera couler beaucoup d'encre. Depuis l'indépendance en 1962 de notre ancienne colonie, il n'y avait jamais eu de France-Algérie. Quand j'ai débuté à *L'Équipe*, à la fin des années 1960 j'ai bien fait un déplacement à Alger avec une équipe de France, mais c'était celle des juniors de Georges

Boulogne. Et tout s'était remarquablement passé, l'accueil, les relations, le match. Mais entre les deux équipes A, rien. Certains en rêvaient et ils avaient leurs raisons. Certains ne voulaient surtout pas en entendre parler et ils avaient aussi leurs raisons. D'autres n'étaient ni pour ni contre mais le redoutaient, pour des raisons tout aussi recevables que les autres.

C'est dire, avant même de tenter de l'analyser, l'extrême complexité du problème. Parce que parmi toutes les raisons évoquées, il y en avait de bonnes, de moins bonnes, et de franchement mauvaises, dans tous les camps. Parce que l'on touche à la sensibilité de chacun face à des problématiques politiques et sociétales issues d'événements encore très frais dans beaucoup de mémoires, et qu'il est encore difficile d'aborder sereinement. Bref, les planètes avaient donné l'impression de s'aligner avec un gouvernement de gauche où la ministre des Sports, Marie-George Buffet, poussait à la roue de toutes ses forces et trouvait à la FFF des hommes influents aux bons postes comme le vice-président Noël Le Graët, maire socialiste de Guingamp, et Gérard Enault, le DG, ancien des cabinets ministériels de Quilès et de Dufoix. Le match est donc conclu pour le 8 octobre.

Voilà pour le contexte politique. Que l'on peut compléter, sans vouloir faire d'amalgame douteux ou confondre les genres, mais au moins pour le climat ambiant, par l'évocation de l'épouvantable attentat terroriste des Twin Towers et ses trois mille morts, survenu même pas un mois auparavant.

La *Marseillaise* a été copieusement sifflée, c'est vrai – mais elle le sera aussi le 11 mai suivant pour la finale de la Coupe de France opposant Bastia à Lorient –, entraînant le départ de Chirac de la tribune officielle, et qui n'y reviendra qu'après que le président Simonet aura présenté les excuses de la Fédération au micro du stade. Mais déjà, des « je vous l'avais bien dit qu'il ne fallait pas faire ce match ! » se font entendre.

Le match se déroule bien, gentiment, les Français mènent 4-1 avant l'heure de jeu et tout semble aller pour le mieux, lorsque trois puis dix, cinquante, cent jeunes supporters descendus des tribunes envahissent le terrain. Joyeusement, sans agressivité ni banderole. On peut être tenté de mettre ça sur le compte de la fête, de la bêtise, comme une erreur de jeunesse mais, dans le contexte évoqué, il peut y avoir autre chose. Les RG avaient fait savoir que « les banlieues bougeaient dans la semaine précédant le match ».

Roger Lemerre le premier voit bien que les choses prennent une mauvaise tournure et conseille à l'arbitre d'arrêter le match. Au moins provisoirement. Marie-George Buffet prend le micro pour essayer de ramener tout le monde à la raison. Mais on ne manipule pas avec de belles paroles des centaines de supporters qui commencent à déraper, quelles qu'en soient les raisons. Beaucoup de joueurs sont déjà rentrés au vestiaire et l'on a actionné le rideau de fer qui, au bout du tunnel, condamne l'accès de cette zone protégée. D'autres sont restés sur le terrain où il n'y a toujours aucune violence, rien que des cabrioles et de ces gestes bébêtes que font tous les gamins dès qu'ils voient une caméra de télévision. Parmi ces joueurs, il y a Thuram qui saisit tout de suite la portée qu'on va vouloir donner aux incidents en cours. Lui, si attaché à la lutte contre le racisme, hume déjà le vent mauvais qui va souffler dès ce soir et plus encore dans les jours à venir. Il tente en vain d'expliquer à quelques jeunes qu'ils sont en train de faire une grosse, grosse bêtise dont ils ne mesurent même pas les conséquences. Tutu crie, explique, s'époumone, supplie. Rien n'y fait. Le match est définitivement arrêté, et les procès commencent aussitôt sur les chaînes d'info en continu.

Ceux qui ne voulaient pas faire ce match ont le triomphe facile. Tout y passe, le service d'ordre insuffisant, les RG pas écoutés, les banlieues à l'abandon, l'intégration ratée et bien sûr le racisme. Le match a été suivi par plus de dix millions de téléspectateurs, contre six ou sept habituellement, preuve supplémentaire que le sujet est sensible, et ça ne va pas s'arrêter. Tout le monde est sur la sellette, la Fédération, le gouvernement, la police, et les politiques de tous bords qui essaient de mettre l'incident au service de leurs thèses.

Franck Lebœuf aura son idée, très tranchée : « On a fait un match politique, pour des raisons politiques, et moi j'ai eu peur que ça finisse mal. » Pas tout à fait vrai, pas tout à fait faux. Il n'y a jamais eu de revendication politique et tout le monde est retourné à ses petites affaires, à sa petite vie après tous ces déballages dont la mauvaise foi n'a pas toujours été absente. Chacun n'ayant finalement saisi le prétexte de ce match arrêté pour des pitreries de gamins, que pour vider son sac et redire ce qu'il pensait depuis longtemps sur le foot, la politique, la vie, l'intégration et le reste. Cet hiver 2019, on parlait de nouveau d'un possible autre France-Algérie, à Alger ou à Paris. Noël Le Graët y tient visiblement beaucoup. Mais combien de temps faudra-t-il encore pour que l'on ne puisse parler que de sport, s'agissant d'une opposition qui en dépasse largement le cadre, pour des raisons que tout le monde connaît, mais encore tellement sensibles ?

Voyages au long cours

Deux autres épisodes de la vie de l'équipe de France vont encore donner lieu à pas mal de chamailleries à la même période. Il s'agit de deux déplacements très lointains de l'équipe nationale, à Santiago-du-Chili en septembre, et à Melbourne en novembre. Ce n'est jamais facile, quand on est qualifié d'office et condamné à ne jouer que des matchs amicaux, de trouver des adversaires, presque tous occupés à disputer leurs matchs de qualification. Il faut souvent aller les chercher hors d'Europe, et se déplacer sur d'autres continents. Mais on peut comprendre ceux qui s'élevèrent contre ces voyages à l'autre bout du monde, à commencer par Arsène Wenger, l'entraîneur d'Arsenal, qui ne va pas avoir de mots assez durs pour crier à l'ineptie, dénoncer l'incohérence de tels déplacements à une époque de la saison déjà assez chargée pour qu'on n'inflige pas aux joueurs, ces milliers de kilomètres en avion et les décalages horaires qui vont avec.

C'est vrai, quatorze heures d'avion pour le Chili, vingt et une pour l'Australie, ce n'est pas neutre, et physiologiquement, donc sur le plan sportif aussi, ça ne peut pas ne pas laisser des traces dans les organismes. Tout ce que Wenger obtiendra, c'est qu'on soit plus rigoureux que d'habitude sur les conditions de voyage, et la Fédération affrètera pour Santiago un gros avion très bien aménagé qui lui coûtera un peu plus de cent cinquante mille euros, si ma mémoire est bonne.

On ne rapportera de ces deux expéditions au long cours, juste le temps de l'aller et du retour, qu'une défaite au Chili et un triste match nul à Melbourne où Muscat, aussi appelé « le boucher de Wolverhampton », agressera sauvagement et blessera gravement au genou droit Christophe Dugarry.

La coupe du monde en or massif, sous mon lit !

On va préparer la Coupe du monde 2002 avec un nouveau président à la Ligue nationale, Frédéric Thiriez, brillant avocat moustachu qui se déplace à moto, chanteur lyrique et alpiniste à ses heures, qui prend le relais de Gérard Bourgoin, le bouillant mécène d'Auxerre, ancien roi de la volaille déchu, qui se déplaçait lui toujours à bord de son petit avion et qui, m'a-t-on rapporté, n'attendait pas toujours le feu vert de la tour de contrôle pour décoller quand il était pressé...

Mais avant d'aborder la Coupe du monde 2002, il faut que je vous raconte la rocambolesque aventure de décembre 2001, alors que nous allions partir pour la Corée, assister au tirage au sort de la phase finale. C'était aussi le rendez-vous fixé pour que la FFF rende à la FIFA le trophée véritable en or massif qui nous avait été remis le 12 juillet 1998, et qui dormait depuis dans les coffres d'une banque parisienne. J'allais quitter la FFF vers 18 h 30, lorsque Michel Bayan m'appelle depuis son bureau de la comptabilité au sixième : « Tu n'oublies pas la Coupe du monde ! La Brink's l'a apportée en début d'après-midi, elle est dans mon coffre. » Il n'avait jamais été question que j'aie à m'occuper du fameux trophée, mais tous les membres de la délégation qui s'envolaient le lendemain pour Busan avaient déjà quitté la FFF et une seule solution s'imposait : ramener la Coupe à la maison pour la convoyer dans mes bagages jusqu'en Corée !

Quand on sait les précautions rigoureuses de manutention et de transport qui entourent aujourd'hui la Coupe, on a du mal à croire que j'aie quitté l'avenue d'Iéna avec mes 6,175 kilos d'or massif dans un sac Adidas que j'ai mis sur la banquette arrière de ma voiture pour faire les soixante kilomètres entre Paris et Orphin, le charmant petit village à côté de Rambouillet où j'ai vécu de 1999 à 2009. Nous ne nous sommes pas privés avec ma compagne, Élisabeth, de faire quelques photos et même un petit film dans le décor familial, et la nuit venue nous avons monté le sac et son précieux contenu dans notre chambre du premier étage. Vous imaginez un cambrioleur dans la nuit au rez-de-chaussée, qui repart avec la vraie Coupe du monde !

Le lendemain matin, direction Roissy avec ma valise… et mon sac qui ne quitte pas mes mains. Évidemment, en passant le portique de sécurité, l'alarme se déclenche, et les agents de sécurité de l'aéroport rigolent bien quand je leur explique que c'est la Coupe du monde en or. Le fameux sac ouvert, ils doivent bien se rendre à l'évidence. Je voyage le sac entre les jambes, et je pousse un gros, très gros soupir de soulagement quand, enfin arrivé à l'hôtel du tirage au sort à Busan, je peux remettre mon lourd, précieux et stressant chargement à un officiel de la FIFA.

Les embrouilles de Séoul

La France est favorite, au moins parmi les favoris, c'est presque une évidence pour tout le monde. Même Platini, qui s'aventure rarement dans des pronostics, avait estimé, quelques mois auparavant, que la France « allait continuer à dominer la scène internationale » : « L'Argentine vient ensuite, puis l'Italie. Je crois que ces trois équipes se disputeront le titre mondial. »

Comment imaginer qu'un pays, champion du monde 98, champion d'Europe 2000, vainqueur de la Coupe des confédérations 2001, qui va se présenter avec le meilleur buteur du championnat d'Angleterre, Thierry Henry (Arsenal) 24 buts, le meilleur buteur du championnat d'Italie, David Trezeguet (Juventus) 24 buts, et le meilleur buteur du Championnat de France, Djibril Cissé (Auxerre) 22 buts, puisse ne pas atteindre au moins les demi-finales de la Coupe du monde 2002 ?

Résultat des courses : une sortie de route spectaculaire dès le premier tour, après une défaite « historique » contre le Sénégal, un nul avec l'Uruguay et une deuxième défaite contre le Danemark pour finir, alors que le coup était encore jouable et qu'une victoire 2-0 aurait suffi pour aller en huitièmes de finale. Un misérable petit point, zéro but, et à la maison !

Un énorme coup de tonnerre. Roger Lemerre est démis de ses fonctions, et, comme d'habitude, viennent tous ces procès souvent bâclés, truffés d'à-peu-près, voire d'inventions, qui suivent les grandes catastrophes qui ne préviennent pas. Essayons d'y voir plus clair, en reprenant quelques-uns des principaux « chefs d'accusation ». Non sans avoir rappelé que, pour l'essentiel, il s'agissait des mêmes méthodes, et des mêmes hommes que ceux impliqués dans la mise en place et la gestion des trois dernières compétitions victorieuses.

1. Le choix de l'hôtel Iwasaki, sur l'île d'Ibusuki, au Japon, pour notre dernière semaine de préparation : mauvaise querelle. Roger Lemerre avait souhaité, très logiquement, sachant que notre camp de base et nos trois premiers matchs de poule étaient à Séoul, que notre temps d'adaptation au décalage horaire, à l'humidité de l'air, bref au continent asiatique, se fasse au Japon, pour ne pas tomber dans la monotonie d'un mois complet à Séoul. Le site retenu donnera satisfaction à tout le monde.

2. Le choix du Sheraton Walker Hill à Séoul comme camp de base : beaucoup de considérations à prendre en compte avant de juger. Tous les hôtels de qualité en Corée du Sud sont en centre-ville, et les terrains d'entraînement proposés au minimum à quarante-cinq minutes de trajet. Or, LG, grosse, énorme société coréenne et sponsor des Bleus à l'époque, avait proposé de mettre à notre disposition

un complexe sportif lui appartenant, avec terrains, salle de musculation refaite et un chapiteau monté tout exprès pour abriter nos conférences de presse. J'avais même fait les plans de ce centre des médias, qui ne nous coûtait rien alors que ceux à venir allaient nous coûter très cher, afin que tout soit bien huilé et corresponde exactement à nos besoins. Pour y accueillir notamment les équipes de Radio France, RTL, Europe 1, France Télévisions, L'Équipe TV et Infosport non-détenteurs de droits, et donc exclus des activités médias officielles. De plus, le Sheraton Walker Hill, grand hôtel moderne, était à cinq minutes et proposait un hébergement, non pas dans l'un des quarante étages de la tour, mais dans l'un des cinq ou six petits blocs qui complétaient le domaine, et parfaitement dimensionnés, à l'exception d'une salle à manger, convenable pour les petits déjeuners à la carte, mais trop petite pour les repas collectifs.

Alors, c'est exact, il y avait deux cents ou trois cents mètres à faire, à pied ou en car, au choix, pour aller déjeuner et dîner au grand hôtel où nous avions un accès protégé et une salle de restauration privatisée. C'est toujours exact, Roger, qui ne voulait pas jouer les adjudants, même s'il avait été l'entraîneur de l'équipe de France militaire championne du monde en 95, avait admis que toute la troupe ne regagne pas forcément en rangs serrés notre résidence après les repas. Et que les joueurs puissent s'attarder un peu dans le lounge de l'hôtel, pour un café ou une discussion. On avait affaire à des adultes responsables, après tout. Du moins, le pensait-on. Car, pas la peine de le nier, quelques-uns tirèrent un peu sur la ficelle et prirent des libertés coupables. Sans que cela atteigne, il s'en faut de beaucoup, les proportions qu'a prétendu révéler une enquête à charge et courageusement anonyme du *Parisien.*

C'est dans ce même Sheraton qu'eut lieu, le soir du premier match, le dîner au cours duquel le président Simonet aurait commandé une bouteille de romanée-conti. Je n'y étais pas, mais un recoupement de confidences m'amène à écrire qu'il ne s'agissait pas de romanée-conti et que l'addition, salée certes, n'atteignit pas les sommets souvent évoqués. Il a été dit aussi qu'une soirée avait été programmée au

Sheraton le 11 juin, après notre troisième match de poule. Faux. La seule chose programmée était un départ le 12, soit pour le Japon, soit pour Paris. Si des joueurs ont noyé la déception de l'élimination au Sheraton le 11 juin, c'est autre chose, mais certainement pas « un scandale ».

3. Le match amical Corée-France du 26 mai. Il y a toujours eu, dans tous les tournois, cinq ou six jours avant le début de la compétition, un « dernier match ». En 1998, ce fut en Finlande et en 2000, le tournoi Hassan II à Casablanca. Là, c'était la Corée à Séoul, une Corée que nous avions largement dominée lors de la Coupe des confédérations 2001 et qui apparaissait comme un « sparring partner » idéal. Nous n'imaginions pas qu'elle serait, un an plus tard, cet adversaire bien meilleur et redoutable qui allait nous obliger à nous employer pour arracher la victoire. Zidane avait rejoint le groupe tardivement au Japon, une arrivée de star en hélicoptère, après avoir offert au Real sa huitième Coupe des champions d'une époustouflante reprise de volée du gauche. Il avait eu aussi le bonheur de pouvoir assister à la naissance de son troisième fils, Théo. Pour retrouver le rythme de la compétition et les bonnes sensations, il avait insisté pour jouer. Ce n'était pas forcément dans les plans du sélectionneur, qui, au bout d'une demi-heure, entreprit de faire sortir son numéro 10. Mais Zizou en voulait encore… et finit par se blesser au quadriceps. À aucun moment, contrairement à ce qu'on a pu prétendre, la présence de Zidane sur le terrain n'a fait, à la conclusion du match, l'objet d'un engagement contractuel ni même d'une promesse. Pour la petite histoire, ce Corée-France amical avait été conclu à la faveur de la venue à Paris de dirigeants coréens qui ne s'étaient pas du tout déplacés pour ça, mais pour tenter de convaincre Aimé Jacquet de venir entraîner leur équipe nationale !

Un mot encore sur les médias. Eh oui, les journalistes sont forcément dans tous les mauvais coups, n'est-ce pas Roger ? Reste que la question des médias, et des obligations qui y sont liées, a été vraiment pesante sur cette Coupe du monde coréenne, et nous a bouffé un temps et une énergie qui auraient été plus utiles ailleurs. N'est-ce pas Guy ?

Le sélectionneur avait fait une fixation sur les obligations médias, pratiquement au menu de chacun de nos repas et il avait exigé, au-delà de mes explications circonstanciées, que je lui apporte les documents officiels FIFA sur la question. Ceux-ci n'étaient pas, c'est vrai, d'une clarté exceptionnelle, et au terme d'une lecture très attentive, Roger s'était redressé, triomphant, avec cette conclusion lemerresque et définitive : « Aucune sanction n'est prévue ! Pas de sanction, pas d'obligation ! Une obligation sans sanction n'est plus une obligation ! »

Ce qui ne l'empêcha pas de continuer à honorer les points presse au programme, sans jamais, ni lui, ni les joueurs, encourir la moindre remarque de la FIFA. Le boulot continuait d'être fait, correctement, professionnellement, comme d'habitude. Mais qu'est-ce qu'on avait perdu comme temps !

Il y eut aussi l'épisode rocambolesque de Matthieu Le Chevallier, sympathique journaliste du *Parisien*, débusqué un jour à Busan dans une pièce contiguë à notre vestiaire, où il n'avait évidemment pas à se trouver. Même s'il essaya de nous convaincre s'être égaré, il était clairement en mission d'espionnage. Ce qu'entreprit de nier aussi, dans une lettre indignée, en appelant au patriotisme, son responsable Gilles Verdez qui manifestera d'autres indignations, feintes ou non, des années plus tard sur les plateaux de Cyril Hanouna.

Allez, on ne va pas épiloguer encore bien longtemps sur cette Coupe du Monde 2002 ratée, et sur tous les événements à propos desquels chacun a son approche et son intime conviction. Je serais tenté de dire, comme en novembre 1993 après l'épisode israélo-bulgare : tous coupables.

Sans doute insidieusement bercé par le doux chant de nos récents succès, chacun a été un peu moins vigilant, un peu moins strict. Deschamps et Blanc n'étaient plus là, et on n'a pas vu se lever de vrais tauliers pour hausser le ton ou détendre l'atmosphère selon les circonstances. Au gré de confidences, on me fera remarquer que l'observation des matchs avait été trop délaissée, que le relationnel avec les joueurs de l'étranger avait été négligé, que la préparation avait été trop courte et que la condition physique s'en était ressentie, que les absences de Pirès et Zidane avaient été fatales, que les champions du monde et d'Europe avaient vieilli et que l'envie n'était plus la même, etc.

Pour Thuram, « on vivait dans un cocon depuis 1998, la starisation des joueurs les a[vait] éloignés des terrains ». Pour Lizarazu, « il y a quatre ans, on avait moins de talents offensifs mais il y avait un esprit collectif beaucoup plus développé ». Et ainsi de suite. Je ne vais pas jouer les Salomon, tout le monde détient une part de vérité dans son jugement, mais s'il fallait synthétiser, je dirais que les boulons n'étaient pas assez serrés. Tous les éléments de cette Formule 1 qu'est une équipe nationale en Coupe du monde n'avaient pas été assez bien réglés, n'avaient pas fait l'objet de préparatifs assez minutieux. Laxisme ? Non. Laisser-aller ? Pas vraiment. Mais vigilance moindre, c'est sûr. Desailly n'est pas Deschamps, et Lemerre n'est pas Jacquet.

Roger a sans doute pensé qu'il pourrait continuer à « accompagner » ses champions du monde devenus aussi champions d'Europe. Mais, on ne gère pas un héritage comme on prépare un commando. Quatre ans plus tard, des remises en cause étaient certainement nécessaires, et cette équipe vieillissante aurait eu besoin de se reforger un mental de conquérants, pas de vivre sur ses acquis. Elle ronronnait gentiment, et personne en son sein, ni autour d'elle ne s'est levé pour lui dire, comme Hugues Aufray dans sa chanson : « Debout les gars, réveillez-vous, il va falloir en mettre un coup »…

Et le couperet est tombé. Le très haut niveau est impitoyable. Il ne tolère ni l'à peu près, ni le relâchement, ni l'excès de confiance. Se maintenir au sommet est encore plus difficile qu'y parvenir, nous en faisions l'expérience, comme les Espagnols, rois de la planète entre 2008 et 2012, la feront à leur tour. Il faut savoir anticiper le moment où ça va basculer, où l'on va s'engager sur la pente descendante, et prendre les bonnes dispositions avant qu'il ne soit trop tard. Cela n'avait pas été le cas.

Il ne pouvait pas en être autrement : Roger Lemerre ne survivra pas à la déroute coréenne. Il ne donnait plus d'interview depuis l'automne 1999, il n'en donnera pas davantage après 2002. C'est dans ce contexte que *France Soir* lui en prêtera une, imaginaire, à la faveur d'un poisson d'avril. C'est une vieille tradition de la presse française, de glisser subrepticement dans ses éditions du 1er avril un ou plusieurs « poissons d'avril » généralement assez gros pour que le lecteur ne se laisse pas abuser trop longtemps. Je n'ai plus en mémoire la teneur précise de la fausse interview, mais il n'y avait pas de quoi fouetter un chat. Ça fouettera quand même la susceptibilité et l'amour propre de notre Roger qui m'appelle le soir même, bouleversé :

« Philippe, tu as lu *France Soir* ?

– Oui, bien sûr

– Tu te rends compte de ce qu'ils me font dire ?

– Mais Roger, c'est un poisson d'avril !

– Peut-être, mais je n'ai jamais dit ça

– Bien sûr que tu ne l'as jamais dit, puisque c'est un poisson d'avril ; tout est inventé, c'est le propre du poisson d'avril.

– Mais c'est horrible, les gens ne vont pas forcément deviner que c'est un poisson d'avril. Ils vont croire que le journaliste est vraiment venu chez moi, que je lui ai ouvert ma porte et que j'ai répondu à ses questions !

– Mais Roger, je te le répète, c'est un poisson d'avril. Personne n'est dupe, et demain ça sera oublié…

– Non, non c'est inadmissible. Je vais leur faire un procès ! »

Du grand Roger. Unique, à fleur de peau, l'honneur en bandoulière, toujours prêt à enfourcher le cheval de l'indignation. Déroutant, irritant, souvent, mais tellement sincère et attachant.

QUATRIÈME PARTIE

LES MONTAGNES RUSSES (2003-2010)

Les records de Santini

Avec Jacques Santini, qui prend la suite en juillet 2002, on change carrément de registre et de personnage. Ce pur Franc-Comtois que son accent trahira sans aucun doute jusqu'à la fin de ses jours arrive à la tête des Bleus avec de solides références. Détecté par Pierre Garonnaire, le très perspicace recruteur stéphanois, il fera chez les Verts une belle carrière de douze saisons, jalonnées de quatre titres de champions et de deux Coupes de France. Entraîneur, on le verra à Toulouse, à Lille, à Saint-Étienne, à Sochaux et quand il prend les rênes de la sélection, il vient de gagner une Coupe de la Ligue et un Championnat avec Lyon.

Jacques a, outre son accent franc-comtois très marqué, une rhétorique bien particulière, avec des phrases à rallonge où les incidentes succédaient aux incidentes, pour finir par perdre l'auditeur dans le dédale de ses pensées. Le contenu est intéressant et tient parfaitement la route, mais la manière de l'énoncer, lente et monocorde, laisse à désirer.

Au point que Charles Villeneuve, le patron des sports de TF1, m'appela un jour pour me suggérer de lui faire faire du *media training* : « Ses conférences de presse sont intéressantes mais à la télé, ça ne passe pas du tout ! Ses phrases n'en finissent pas, et, avec son regard trop fixe, on décroche vite. Mais ça se travaille et, si tu veux, j'ai un ami qui peut lui donner des conseils utiles. »

Je savais que Jacques avait déjà travaillé la question avec Jean-Louis Morin, l'ex-journaliste de RMC, mais je lui faisais part de la proposition de Villeneuve et il accepta. Et nous voilà partis à l'adresse indiquée, dans le 16e arrondissement. Où l'on est accueilli par… Jean-Claude Narcy, autre visage bien connu de TF1. Celui-ci disposait, dans un bel appartement, d'un petit studio avec tables, chaises et caméra, où l'on se mit au travail sans plus attendre.

Narcy : « Je vais vous donner les questions d'une interview. Vous allez travailler tous les deux (Santini et moi) sur les réponses et on passera devant la caméra. » Comme des étudiants à un grand oral, on prépare nos réponses et après dix minutes de bachotage, Jacques se met devant la caméra, Narcy derrière, qui mène l'interview. On a beau avoir préparé les réponses, Jacques est égal à lui-même, trop lent, trop figé, avec des phrases trop longues. Fin de l'exercice, Narcy débriefe et donne des conseils : « Plus court, faites des phrases plus courtes. Et bougez, bougez le visage. Faites des gestes avec vos mains, pour ponctuer tel ou tel passage de votre intervention. Il faut donner de la vie, du mouvement, vous allez y arriver… Allez, on le refait ! »

Les acteurs se remettent en place. Mais le deuxième essai est à peine meilleur que le premier, ce qui n'empêche pas Narcy, en nous raccompagnant, de se montrer encourageant et optimiste : « On progresse… » Propos aimables et de circonstance, car quand j'en reparle avec Villeneuve, il me dit : « On ne va pas insister, on n'y arrivera pas… » Cette petite faiblesse dans la cuirasse de Jacques Santini – oui, à l'époque de la tyrannie de l'image et du triomphe du paraître, c'est une faiblesse – était vraiment regrettable, car le professionnel allait confirmer très vite l'excellente réputation qui l'avait précédé, et obtenir des résultats haut de gamme.

De tous les sélectionneurs en place, depuis 1964, c'est lui qui a, de très loin, le meilleur « rendement » à la moyenne anglaise. On accorde deux points pour une victoire, un point pour un nul, on additionne et on divise par le nombre de matchs joués. Santini, avec 28 matchs, 22 victoires, 4 nuls, 2 défaites, obtient un score de 1,71, loin devant Jacquet,

1,58 et Lemerre, 1,49. Deschamps, après cent matchs, était à 1,48. Au nombre de buts marqués et encaissés par match, Santini est aussi en tête.

Buts marqués : 2,46 par match, contre 2 pour Lemerre, 1,85 pour Hidalgo, et 1,82 pour Platini. Deschamps : 1,96 (série en cours après 100 matchs).

Buts encaissés : 0,46 par match, contre 0,50 pour Jacquet, 0,68 pour Blanc, 0,75 pour Michel et 0,83 pour Deschamps.

Mort en plein match

Si Jacques Santini ne fait pas exploser l'audimat lors de ses conférences de presse, il tient à la perfection la barre du navire France. Il la tient si bien qu'il va même garnir son palmarès d'un titre supplémentaire, avec la Coupe des confédérations 2003, organisée par la France.

Après avoir battu la Colombie, le Japon et la Nouvelle-Zélande, voici les Bleus qualifiés pour la demi-finale France-Brésil, le 26 juin. Date restée tristement célèbre, hélas. L'équipe de France vient d'arriver au stade de France quand parvient une effroyable nouvelle : lors de l'autre demi-finale, Cameroun-Colombie, disputée à Lyon, Marc-Vivien Foé s'est écroulé sur le terrain à la 72e. Sans qu'il y ait contact avec un Colombien, brusquement, il s'affaisse et tombe au sol, inanimé. À 28 ans, il est mort sur un terrain de foot, en plein match, terrassé par les efforts que n'a pu supporter, soudainement, un cœur atteint d'une malformation congénitale, encore jamais décelée.

Énorme émotion dans le vestiaire. Marc-Vivien, beaucoup de joueurs le connaissent bien et l'apprécient, surtout les Lyonnais qui ont gagné le titre de Champion de France 2002 à ses côtés avec Jacques Santini entraîneur. Le sélectionneur invite alors les Lyonnais à le rejoindre dans une petite salle du vestiaire. Cinq minutes plus tard, ils en ressortiront le visage marqué, les yeux rougis. Steve Marlet, effondré, demandera au coach de ne pas figurer sur la feuille de match. Grégory Coupet entrera sur le terrain en larmes.

Et les hasards du jeu qui proposent une finale France-Cameroun, trois jours après… Ambiance très particulière, on l'imagine, ce dimanche 29 juin au stade de France. Tous les joueurs camerounais, quand ils se présentent pour l'échauffement, portent le numéro 17 de Marc-Vivien Foé. Quand les deux équipes pénètrent sur le terrain, c'est main dans la main, précédées d'un immense portrait de Foé. Quand Thierry Henry marquera le but en or de la victoire française à la 97e, il portera son regard et ses doigts vers le ciel, pour Marco. Quand il faudra monter sur le podium réservé aux vainqueurs, les deux formations y monteront ensemble, avec le portrait géant. Marcel Desailly ne sera pas seul à soulever le trophée, Rigobert Song, le capitaine camerounais le brandira avec lui. Et si un semblant de tour d'honneur sera effectué par les deux équipes, étroitement mêlées, portrait de Foé en tête, c'est pour faire applaudir le grand joueur disparu, pas pour quêter les bravos.

Rendez-vous, minuit, place du château

À la rentrée, les Bleus vont joliment terminer le travail si bien entamé à l'automne 2002, pour la qualification à l'Euro 2004. La Slovénie, Israël, Chypre et Malte n'ont pas pesé bien lourd face aux hommes de Santini qui signent un grand chelem, comme l'équipe de Platini sélectionneur pour l'Euro 92. Un bilan ronflant : huit matchs, huit victoires, 29 buts marqués, 2 encaissés. Cette équipe-là marche sur l'eau. Elle va gagner 3-0 un match amical contre l'Allemagne en novembre à Gelsenkirchen, s'attirant les ovations du public allemand, et ce commentaire royal de Rudi Völler, l'entraîneur de la Mannschaft : « Nous venons d'affronter la meilleure équipe du monde. » Sur sa lancée, elle disputera même, sans en perdre aucun, cinq autres matchs de préparation contre la Belgique, les Pays-Bas, le Brésil, Andorre et l'Ukraine, sans encaisser un seul but.

C'est dire qu'elle aurait pu se présenter à l'Euro 2004 portugais avec les atouts d'un candidat crédible au titre, si un étrange feuilleton au dénouement imprévu n'était venu brouiller les cartes et les esprits.

Quand il avait succédé à Lemerre à l'été 2002, Santini avait signé pour deux ans, avec la promesse de Claude Simonet qu'une prolongation de contrat lui serait proposée, aussitôt acquise la qualification à l'Euro. Seulement, cette proposition ne vint jamais, et quand Tottenham commença à lui faire du pied, Jacques ne se montra surtout pas indifférent. J'en sais quelque chose car c'est moi qui, à la nuit tombée, toutes lumières éteintes à Clairefontaine, après une bonne journée de travail lors du stage de préparation, ai conduit Santini à Rambouillet, pour un rendez-vous avec le président de Tottenham, Daniel Levy. Tout cela devait rester top secret, naturellement, et on avait donc convenu de retrouver la délégation des Spurs à minuit, dans le restaurant d'André Bisson, notre cuisinier en équipe de France, place du Château à Rambouillet, une fois les derniers clients partis et les rideaux soigneusement tirés. Pour un peu, je me serais cru dans un James Bond ! L'entrevue dut être concluante car bientôt un contrat plus qu'intéressant parvenait au sélectionneur de l'équipe de France, qui se donnait encore quelques jours de réflexion, des fois que la FFF se manifesterait enfin pour une prolongation, avant de l'accepter.

On approchait du départ pour le Portugal quand le chargé de Com' de Tottenham me fit savoir que le club ne pouvait pas différer plus longtemps l'annonce de l'arrivée de Santini, et que l'info serait en ligne sur le site du club à « 4 : 00 pm ». Jacques aurait bien attendu tranquillement l'heure fatidique mais il se rangea facilement à ma très forte suggestion d'avertir, par correction, le président Simonet, et de transmettre à l'AFP, pour diffusion à 16 heures, un communiqué dans lequel il expliquait les circonstances et les raisons de son départ pour Tottenham.

Les choses se passèrent ainsi, sans provoquer, apparemment, beaucoup d'émotion avenue d'Iéna, au siège de la FFF. En revanche, les médias pointèrent aussitôt le risque qu'il y avait pour l'équipe de France d'attaquer un Euro avec un patron déjà sur le départ, et officiellement démissionnaire. Michel Platini était dans une situation un peu semblable en 1992, et s'il n'en avait rien dit, contrairement à Santini, plusieurs joueurs de l'époque confieraient qu'ils l'avaient deviné. Ils diraient très exactement qu'il n'était « plus le même ».

Je n'ai pas mené d'enquête pour savoir si les sélectionnés de l'Euro 2004 avaient ressenti un changement dans le comportement de Santini, mais le fait est que l'aventure portugaise ne fut pas une grande réussite et s'arrêta en quarts de finale contre la Grèce. À peine mieux que l'Euro 92 de Platini qui s'était arrêté au dernier match du premier tour. Honnêtement, Jacques, tout au long de la compétition, m'a paru « normal », tout à fait dans son personnage habituel, peu expansif mais très professionnel, très rigoureux dans sa manière d'être et de faire.

Les pieds dans le tapis

Cet Euro 2004 va débuter pour nous par un match complètement fou. Dans le France-Angleterre de Lisbonne, les Anglais mènent encore 1-0 à la 90e, et on va rentrer au vestiaire avec un 2-1 en notre faveur ! Zizou a fait parler la poudre : à 90' + 1', coup franc magique, 90' + 3', penalty transformé après une faute du gardien anglais James sur Henry. Après cet ahurissant renversement de situation dans les trois dernières minutes, tous les joueurs français se précipitent sur Z. Z. qui se trouve déjà derrière la cage de James. En fait, il y avait urgence à ce qu'il sorte du terrain : il donne l'impression de refuser les embrassades de ses partenaires : « M'embrassez pas, m'embrassez pas ! Je viens de vomir ! » Excusez les détails, mais ça s'est passé comme ça. L'entraîneur des Anglais, le Suédois Eriksson avouera simplement : « J'ai 56 ans, et je n'ai jamais perdu un match de cette façon. »

Un 2-2 avec les Croates et un 3-1 contre la Suisse envoient les Bleus en quarts de finale, et c'est là que, contre toute attente, ils vont se prendre les pieds dans le tapis des Grecs, futurs vainqueurs, et sortir par la petite porte. Le rideau tombe sur une 97e et dernière sélection de Lizarazu. Et c'est pour moi la fin de ma première période équipe de France, après vingt-deux saisons et 227 matchs sur le banc.

Docteur Raymond et mister Domenech

Raymond Domenech, candidat déclaré à la succession de Santini, dès l'annonce par celui-ci de son départ à Tottenham, a appelé Henri Émile pendant l'Euro portugais pour lui dire de rassurer le staff : en cas de nomination, il gardera tout le monde. Il va faire exactement le contraire.

Je suis à Paris au moment de la prise de fonction de Domenech. Il m'explique : « Ça commençait à ronronner entre vous depuis les titres de 1998 et 2000, et j'ai pensé qu'il fallait, autour de l'équipe, des visages et des langages nouveaux. Je vais donc partir avec le staff que j'avais en espoirs et que je connais bien. » Parfait. Recevable à cent pour cent. Nul n'est titulaire à vie de son poste dans un staff. Pas plus qu'un ministre dans un gouvernement.

Il me propose quand même de rester, sans rester, tout en restant. Mais pas dans le staff. À sa périphérie. D'abord pour mettre le pied à l'étrier au nouveau chef de presse des Bleus, Yann Le Guillard, mon adjoint au service de presse de la FFF, et avec Raymond en espoirs depuis des années. Ce que je ferai d'ailleurs spontanément en l'accompagnant à Rennes pour le France – Bosnie-Herzégovine inaugural de l'ère Domenech. Mais il me demande aussi d'être un peu son œil de Moscou dans les médias, de humer l'air des rédactions et d'anticiper les dossiers chauds ou polémiques. Très peu pour moi. Déplacé, inefficace et contre-productif : ce fut ma réponse. Au moins, j'avais pu échanger avec le nouveau sélectionneur, en toute franchise, et tirer ma révérence correctement, en toute clarté. Tous mes camarades des staffs Jacquet-Lemerre-Santini n'eurent pas cette chance. Henri Émile, surtout, que Raymond tint bêtement et trop longtemps dans l'ignorance du sort qui lui était réservé.

Mais qui est vraiment Domenech, Raymond, Manuel, Albert ? Et combien y a-t-il de Domenech ? Que les choses soient bien claires : Raymond n'est certainement pas le technicien incapable et l'homme détestable que les événements de l'Euro 2008, et surtout de la Coupe du monde 2010, ont inscrit dans l'esprit d'une majorité de Français. L'âge et mon retrait des affaires me permettent de l'affirmer aujourd'hui, sans qu'on me soupçonne de jouer je ne sais quelle carte, encore moins de flagornerie : l'entraîneur connaît très bien son métier, et l'homme sait être passionnant par l'étendue de ses centres d'intérêt, son ouverture d'esprit et cette capacité, plutôt rare, à intégrer le football dans des sphères beaucoup plus larges de l'activité humaine.

Seulement, il y a chez lui, comme un péché originel, cette foutue manie, héritée peut-être de son amour du théâtre, de « faire du Domenech » en permanence. Un penchant presque naturel à ne surtout pas être là où on l'attend, à ne surtout pas mettre ses pas dans les pas de ceux qui l'ont précédé, à être et à faire toujours « autrement ». À provoquer, à égarer, à introduire le doute. Domenech au premier degré, en clair, sans décodeur, c'est rare. Dans l'exercice d'une fonction, dès qu'il entre en scène, c'est plutôt du deuxième ou troisième degré, plus si affinités. Ironie et provocations en supplément, sans supplément. Or, s'il est une fonction dans laquelle toutes ces finesses, ces agaceries, ces pirouettes à répétition sont rigoureusement à proscrire, c'est bien celle de sélectionneur ! À ce poste, rien ne remplacera jamais la clarté, la simplicité, la transparence. Les journalistes détestent qu'on joue au chat et à la souris avec eux. Les joueurs ont besoin qu'on leur parle cash, les yeux dans les yeux, pas par petites phrases elliptiques, balancées au détour d'un couloir. Les dirigeants ont le droit et le besoin de savoir ce qui se passe au cœur du réacteur de l'équipe de France.

Dans son parcours de sélectionneur – que je n'ai pas partagé, je le rappelle, mais tous les témoignages recueillis pour les besoins de ce livre en attestent –, Raymond Domenech, par ses attitudes, avec ce foutu tempérament, a brouillé trop de pistes pour qu'on le suive, et a fini par embrouiller tout le monde. Son image aussi.

Donnons-lui acte, volontiers, d'avoir eu le talent en Coupe du monde 2006, de gérer, d'accompagner avec lucidité et d'emmener en finale, un groupe sauvé *in extremis* de l'élimination en qualifs par le retour des survivants de la veille garde de 1998, Z. Z. en tête. Mais convenons qu'il n'a pas su ou pu enchaîner et bâtir, pour l'Euro 2008 et la Coupe du monde 2010, un groupe homogène et performant, en prendre et en garder le contrôle, surtout.

Raymond n'était pas seul sur les rangs pour prendre la succession de Santini. Jean Verbeke, vice-président de la FFF, avait même été mandaté pour approcher discrètement Laurent Blanc et savoir si le poste l'intéresserait. La réponse avait été oui. Jean Tigana était aussi candidat et Platini avait promis, dit-on, à son ex-coéquipier du carré magique de faire ce qu'il fallait. Non retenu, Jeannot en voudra beaucoup à Platoche, et de cet épisode subsistera entre les deux hommes une fâcherie toujours d'actualité. C'est Aimé Jacquet qui, dans les derniers jours et singulièrement lors du conseil fédéral décisif de Clermont-Ferrand, fera pencher la balance. Le DTN estimait que la fonction devait revenir à un membre de la direction technique. Sa déclaration : « C'est le meilleur d'entre nous » sera décisive.

Je deviens supporter des Bleus

Même si je reste encore deux ans à la Fédération, pour poursuivre mes activités à la tête du service de presse, c'est désormais en simple spectateur-supporter que je vais suivre l'actualité de l'équipe de France. Et la phase de qualification des Bleus de Domenech à la Coupe du monde 2006 va me rappeler furieusement la phase de qualification des Bleus de Jacquet à l'Euro 96. Même parcours laborieux, mêmes critiques récurrentes sur le jeu de l'équipe, même hantise, plus d'une fois, que l'élimination soit au bout du match à venir. La différence, notable, vient de ce que je peux lire et entendre, de très critique, venant de l'intérieur même du groupe France.

En septembre 2004, Robert Pirès : « Il faut savoir dans quel schéma on doit jouer ; ce serait bien que le sélectionneur nous le dise. » Henry : « Je me pose pas mal de questions sur la façon dont l'équipe doit jouer. » En octobre, Pirès encore : « S'il y a quelque chose en moi qui gêne Domenech, qu'il me le dise. » Et dans la foulée : « Domenech nous crispe par ses attitudes, ses paroles et ses commentaires. » Cette fois, Robert s'est mis hors-jeu. On ne le verra plus en équipe de France. Et Sagnol en novembre, qui vole à son secours : « Un joueur qui vit un mal-être a le droit de s'exprimer. Le discours "tout va bien", qu'on entend depuis septembre, n'est pas forcément d'actualité. »

La morosité est partout quand s'achève la saison 2004-2005, sur une kyrielle de matchs nuls peu probants et sur cette interrogation majeure : la France va-t-elle parvenir à se qualifier pour la Coupe du monde 2006 ? Mais au cœur de l'été, la bombe éclate et va bouleverser les supporters de l'équipe de France et les données du problème : Z. Z. revient ! La démarche du sélectionneur venant le voir à Madrid l'a touché, il se sent bien, il a envie de rendre à l'équipe de France encore un peu de tout ce qu'elle lui a apporté. Emporté par son élan, il annonce même un peu précipitamment le retour de Thuram, qui aurait préféré le faire lui-même…

Zidane, Thuram, Makélélé, 231 sélections qui arrivent en renfort, ça aide ! Une victoire en Irlande fait pencher la balance du bon côté, définitivement, et l'affaire est bouclée après un 4-0 contre Chypre. C'est dans la matinée précédant ce match en Irlande que l'imitateur Gérald Dahan, se faisant passer pour Chirac, parvient à parler au téléphone à Domenech et à Zidane. Le faux président leur demande de chanter la *Marseillaise*, le soir, la main sur le cœur, « pour lui », hospitalisé au Val-de-Grâce. Les Bleus s'exécuteront mais ne goûteront pas du tout la supercherie ! Aussitôt la qualification acquise, Raymond Domenech fixe ce fameux rendez-vous auquel personne ne croit alors vraiment, Berlin, 9 juillet 2006 pour la finale de la Coupe du monde. Et pourtant, et pourtant…

Crème caramel à la moutarde

L'équipe de France qualifiée va bientôt recevoir le renfort d'un élément de choix, Franck Ribéry. Je ne ferai sa connaissance qu'à son retour en équipe de France, en mars 2011 après le mien en juin 2010, et je découvrirai un garçon très attachant.

Trop souvent raillé pour ses attitudes un peu brutes de décoffrage et ses blagues de potache – j'aurai droit à ma crème caramel à la moutarde – Franck est, dans la réalité quotidienne, un garçon droit, franc, et le cœur sur la main. D'un milieu modeste, parti de rien, passé par la troisième division, il s'est hissé à la seule force de sa persévérance et de son talent jusqu'au sommet de la pyramide, pendant douze saisons et une pluie de titres. Jusqu'à devenir un joueur emblématique de l'un des plus grands clubs du monde, le Bayern Munich.

Mal connu, hâtivement condamné par de beaux esprits pour quelques écarts sans réelle gravité, il aimera et servira l'équipe de France. Ses jambes de feu, ses impacts dans les duels, sa force de percussion et de pénétration mettront à mal plus d'une défense et porteront les Bleus vers plus d'un succès. Ce n'est pas à l'honneur des jurés du Ballon d'or 2013 que la consécration suprême lui ait échappé au profit des « stars » Ronaldo et Messi, moins performants que lui cette année-là. Une injustice qu'il vivra très mal, et on le comprend. Il ne fera pas et ne dira pas toujours les choses dans les règles de l'art, mais sa sincérité, son authenticité et cette flamme qui brille sans cesse dans les yeux d'un visage qu'on n'oublie pas en feront l'une de mes belles rencontres en trente ans d'équipe de France.

Quand se profile la phase finale de la Coupe du monde 2006, la cote de l'équipe de France et de Raymond Domenech est au plus bas. Quand je prends un café avec un journaliste de *L'Équipe*, le matin du premier match contre la Suisse à la terrasse d'un café de Stuttgart, sa lassitude n'est pas feinte : « Allez, trois matchs… plus que trois matchs et cette mascarade cessera, les masques tomberont. »

Et je suis tenté de penser qu'il n'a pas tort après le 0-0 de la Suisse et le 1-1 de la Corée du Sud, que j'ai suivis dans les tribunes, ni enthousiasmé ni rassuré. En plus, Zidane a pris un deuxième carton jaune et manquera le prochain match. Je ne le suis pas davantage à Cologne, à la mi-temps de France-Togo, atteinte sur un score de 0-0 qui signifie ni plus ni moins qu'une élimination. Mais, c'est l'anniversaire de Patrick Vieira, et pour ses 30 ans, Pat va nous offrir un match énorme et débloquer la situation avec son but de la 55e.

« Pierrot, on n'en peut plus... »

Sur son fil, l'équilibriste France vient d'éviter la chute fatale, mais on ne donne pas cher de ses chances d'aller beaucoup plus loin quand on apprend que son adversaire en huitièmes sera l'Espagne des Casillas, Ramos, Puyol, Fabregas, Xavi, Villa, Torres, Raúl, l'équipe qui monte, qui monte, et qui sera sacrée championne d'Europe 2008 et du monde 2010. Une Espagne archifavorite, donc.

Pierre Repellini, l'ancien Stéphanois, très proche de Raymond Domenech au syndicat des éducateurs (UNECATEF) et chargé de l'administration dans le staff de l'équipe de France de 2004 à 2010, m'a raconté la suite :

« Après le troisième match, je vois venir une délégation de joueurs avec Zizou, Sagnol, Makélélé, Thuram qui me dit : "Pierrot, on n'en peut plus d'être enfermés dans notre bunker, on a besoin de sortir, de se retrouver entre nous, vraiment rien qu'entre nous."

« J'en parle à Raymond qui me donne son feu vert pour trouver une solution. Avec Momo [Mohamed Sanhadji, l'officier de sécurité], on se met en piste et on finit par dégotter une auberge hypertranquille, bien planquée avec une grande terrasse, barbecue, etc. On la bloque, on la privatise et, à partir de là, entre chaque match, les joueurs s'y retrouveront, entre eux, ils feront eux-mêmes le "barbeuc". On arrivera à déjouer toutes les surveillances, à feinter ceux qui nous espionnent, en entassant les joueurs dans des fourgons noirs aux vitres teintées, en empruntant les accès réservés aux livraisons. Un truc de dingue, qui marchera très bien. Je ne dis pas que c'est grâce à ça qu'on est allés en finale, mais ça y a contribué, c'est sûr. »

Relation de cause à effet ou pas, on va découvrir, à partir de là, une équipe de France qui n'a plus rien à voir avec la formation empruntée et timorée du premier tour. L'Espagne explose sous les coups de boutoir d'un Ribéry insaisissable qui ramène le score à 1-1 au meilleur moment, juste avant la pause. Et Zidane ferme le bal dans le temps additionnel. Le Brésil en quarts ne peut rien contre un Zidane époustouflant, auteur, peut-être, du meilleur match de sa carrière en Bleu. Un Zizou dont Jacquet, émerveillé, dira : « Ce soir-là, le Brésilien, c'était Zidane. » Qui centrera pour Henry et le but victorieux de la 57e. Et un Zidane, élu meilleur joueur de la Coupe du monde, qui marquera en demi-finale contre le Portugal le penalty qui envoie l'équipe de France en finale.

Domenech, contre vents et marées, contre tous les sceptiques, et ils étaient nombreux, a tenu parole et honoré le rendez-vous fixé : il est à Berlin, le 9 juillet, pour la finale de la Coupe du monde !

Coup de boule

Je suis officiellement « retraité » depuis neuf jours lorsque je m'assois dans un virage du vieux stade olympique de Berlin pour suivre la finale France-Italie. Et je me dis que mon Zizou a vraiment un sacré culot lorsqu'il tente et réussit une « Panenka » – du nom d'un joueur tchèque qui tirait ses penalties tout en finesse – pour transformer le penalty accordé à la 7e pour une faute de Materazzi sur Malouda. Une Panenka devant Buffon. Il faut oser. De la folie. Sauf pour Z. Z. Folie, plus sûrement encore, à la 107e minute, prolongation en cours, lorsqu'il va se faire expulser pour un vilain coup de tête sur le plexus de Materazzi.

De ma place, et comme les 80 000 spectateurs du stade olympique, comme des millions de téléspectateurs devant leur écran, je ne comprends d'abord rien au film. Son vilain geste, Zidane l'a commis loin de l'action en cours, et tout le monde s'interroge. Qui a fait quoi ? Quand ? Où ? C'est l'une des quarante caméras de la réalisation qui apportera la réponse. Il y a eu échange d'amabilités entre les deux hommes, et, à l'évidence, le Français a répondu par le geste aux provocations verbales de l'Italien. On vient d'assister au premier arbitrage vidéo, bien avant l'arrivée de la VAR…

Z. Z. confiera simplement au micro de Michel Denisot : « Il a dit des choses très graves, très personnelles qui me touchent au plus profond de moi, sur ma maman, sur ma sœur. J'écoute une fois, j'essaie de partir, une deuxième fois, une troisième, je suis un homme avant tout. Je m'excuse, je n'ai pas donné un bon exemple, mais je ne peux pas regretter ce geste ; cela voudrait dire qu'il avait raison. » On ne saura jamais si sans cette expulsion la France aurait eu la capacité d'aller chercher un deuxième titre mondial. À l'arrivée, ce sera une quatrième étoile sur le maillot des Azzuri, vainqueurs aux tirs au but.

La performance – car c'en est une, prétendre le contraire serait malhonnête – de l'équipe de France en Allemagne ne va pas éteindre pour autant les polémiques entre le sélectionneur et ceux qui s'agacent de plus en plus de ses façons de gérer le groupe France. Au printemps 2007, alors que la lutte est sévère entre Français, Italiens, Écossais, Ukrainiens et Lituaniens pour les deux places qualificatives à l'Euro 2008, vont refleurir ces petites phrases assassines qui pourrissent l'atmosphère :

Wenger : « Le sélectionneur ne m'appelle jamais. Il puise dans les clubs qui font progresser les joueurs et il méprise les clubs. »

Deschamps : « C'est le seul sélectionneur qui n'appelle jamais les entraîneurs de club. »

Domenech : « Wenger commence sérieusement à me fatiguer… »

Peaux de banane et règlements de compte accompagnent toujours l'équipe de France, et l'état des lieux, avant le coup d'envoi de l'Euro 2008, ne permet pas non plus de se montrer d'un optimisme béat. Pour trois « glorieux anciens », Thuram, Henry, Vieira, on recense dix « nouveaux », qui n'ont aucune idée de ce que peut être la phase finale d'un grand tournoi. Sans compter qu'à ce moment-là, Thuram était remplaçant à Barcelone, Sagnol au Bayern, Malouda à Chelsea et Vieira à l'Inter. Pat s'était blessé à l'entraînement, et quand l'Euro commence, on sait déjà qu'il n'a aucune chance d'être opérationnel pour les trois premiers matchs. Les plus pessimistes avancent même qu'on le reverra, au mieux, pour… la finale.

« Des fêlures un peu partout »

Aujourd'hui, tout le monde en convient, le cas Vieira a empoisonné cet Euro de bout en bout. En refusant de recourir à l'Actovegin, un composé d'extraits de sang de veau réputé dynamiser la cicatrisation des blessures musculaires, mais interdit en France, le docteur Paclet reste droit dans ses bottes mais divise le camp français. Les témoignages que j'ai pu recueillir pointent aussi, sans ordre d'importance : une résidence trop isolée sur les hauteurs de Montreux ; un choc des générations avec des « anciens » qui n'assument pas toujours toutes les obligations de leur statut, et des « nouveaux » qui cassent allègrement les codes, pas méchamment, mais par insouciance ou ignorance des usages. Aussi, de nouvelles méthodes de travail des journalistes, moins respectueux eux aussi des us et coutumes, plus intrusifs, toujours à l'affût, et qui montent en épingle tout et n'importe quoi pour meubler des temps d'antenne considérables. Jean-Pierre Escalettes, le président de la FFF, me confirmera à demi-mot tout cela dans le long échange que nous aurons au printemps 2019 à Bordeaux :

« Non, l'ambiance n'était pas terrible. En 2006 par exemple, Zidane avait pris Ribéry sous son aile, on ne sentait pas de véritable cassure entre les générations. Là, c'était flagrant. On devinait des fêlures un peu partout. Au sein du groupe des joueurs, entre le sélectionneur et les dirigeants. J'ai ressenti confusément tout cela, plusieurs fois, j'ai été tenté d'intervenir pour mettre du liant dans tout ça, mais je ne l'ai pas fait, ce n'était pas dans mon tempérament. J'ai eu tort.

« Et puis le comportement de Raymond n'a rien arrangé. Pourquoi ce garçon cultivé, intelligent est-il, en permanence, un provocateur compulsif ? Comment ne comprend-il pas que ses propos à prendre au deuxième ou au troisième degré de l'allusif ou de l'ironie, ne sont perçus qu'au premier degré par l'immense majorité de ses interlocuteurs ? »

Je n'allais pas laisser passer l'opportunité de poser au président de la FFF une question qui était sur toutes les lèvres au sortir d'un championnat d'Europe quitté sur la pointe des pieds – après deux belles claques reçues des Pays-Bas et de l'Italie – et couronné, si l'on ose dire, par la demande en mariage en direct TV de Raymond Domenech à Estelle Denis : pourquoi, dans ces conditions, avoir maintenu en fonction un Domenech aussi ingérable et déroutant, et dont tout le monde attendait et réclamait la destitution ?

Réponse claire et nette : « Ce n'est pas moi qui avais choisi Domenech et son contrat courait jusqu'en 2010, Coupe du monde incluse. Jamais dans ma longue carrière de dirigeant je n'avais cautionné la rupture d'un contrat en cours. Je ne me voyais pas, alors que l'on ne cessait de vilipender les présidents de clubs pros qui congédient leurs entraîneurs, sans aucun scrupule, en cours de saison, donner le mauvais exemple, et écarter Domenech qui avait peut-être contre lui un Euro raté, mais qui avait aussi à son actif une finale de Coupe du monde. Respecter un contrat, c'était pour moi une question de principe et d'honneur.

« J'avais, en outre, la naïveté de croire que les choses pouvaient changer, que Raymond, mieux conseillé, mieux encadré, allait mettre de l'eau dans son vin et cesser d'être l'agitateur public numéro un. Mais non, les hommes ne changent jamais, la nature humaine est ainsi faite… Gérard Enault, ex-directeur de la FFF, m'avait pourtant mis en garde : “Jean-Pierre, tu ne pourras jamais être président de la FFF, tu es trop idéaliste !” »

Un long silence, un gros soupir et, la voix enrouée, cet aveu : « Il n'avait pas tort... Je suis peut-être resté fidèle à mes principes et à mon sens de l'honneur, mais j'ai été un mauvais gestionnaire de crise. Car la crise était là, et je n'ai pas pris la bonne décision. Je n'ai pas été à la hauteur... »

Fernand Duchaussoy, alors président de la future Ligue du football amateur, fidèle parmi les fidèles, que j'interrogerai longuement à son domicile de Berck, alors que des milliers de cerfs-volants zébraient le ciel pour un traditionnel et spectaculaire rendez-vous annuel, me confirmera :

« L'attitude de Jean-Pierre, son intransigeance, nous a étonnés pour ne pas dire surpris. Cette façon de nous faire comprendre que la discussion n'était même pas à ouvrir, qu'il mettrait son mandat en jeu et qu'il irait sans hésiter jusqu'à la démission si on décidait, au conseil fédéral, de virer Domenech, était inhabituelle chez lui, toujours ouvert au dialogue et à l'échange. Mais avec les amis de Jean-Pierre, nous avons estimé qu'il ne serait pas raisonnable d'ajouter une crise politique (démission d'Escalettes) à une crise sportive (Euro raté, sélectionneur contesté) et on a suivi notre président. »

Et pendant ce temps-là, France 98...

Les champions du monde 1998 sont loin de tout cela. Il ne leur a pas échappé que l'été 2008, avant d'être le théâtre d'un Euro qui ne les concerne plus, était celui du dixième anniversaire de leur conquête du Graal. Déjà, pour être sûrs de ne pas être pris au dépourvu, ils avaient réservé le stade de France pour le 12 juillet 2008, dès la création de notre association « France 98 ». Après avoir compris que la Fédération n'avait pas du tout l'intention de s'investir dans quelque cérémonie que ce soit pour ce dixième anniversaire, on confia donc au Club des internationaux de football (CIF), le soin d'organiser une belle soirée, une soirée digne des champions du monde 98.

Personne ne sera déçu. Quatre-vingt mille spectateurs dans un stade de France bouillant, émus de retrouver ses champions, auxquels ils réserveront, après un match spectaculaire contre une sélection mondiale, bravos et témoignages d'affection, tout au long d'un tour d'honneur qui ne voulait pas finir, effectué très, très lentement avec la Coupe du monde. Henri Émile et l'équipe du CIF, Manu, Régis, Daniel, Luc, Estelle et les autres, avaient réussi le coup parfait. Sur le plan financier aussi, puisque France 98 pourra remettre un chèque de 250 000 euros à Philippe Séguin, président de la Fondation du Football, pour ses actions dans les quartiers défavorisés. France 98, qui est tout sauf le lobby fantasmé par quelques-uns, a ainsi versé, depuis sa création, plus de cinq millions d'euros à diverses associations caritatives et humanitaires, après des matchs de gala organisés à l'initiative de tel ou tel de ses membres.

Chassez le naturel...

On avait sursauté quand Jean-Pierre Escalettes nous avait dit qu'il pensait que Domenech, mieux entouré, mieux encadré, pourrait changer. Comme si on pouvait encadrer Raymond ! Comme s'il pouvait faire autre chose que ce que son esprit de contradiction et son appétit de provocation le poussaient immanquablement à faire. Les aménagements du staff alors évoqués consistaient en l'arrivée d'Alain Boghossian chez les techniciens, de François Manardo à la presse et du docteur Alain Simon en remplacement d'un Jean-Pierre Paclet qui payait trop facilement les pots cassés de l'Euro 2008 et de son affaire Vieira. Les têtes pensantes de la Fédération étaient aussi persuadées que tout marcherait beaucoup mieux si on donnait, enfin, à la com' et au marketing, la place et la considération que ces deux directions revendiquent depuis longtemps. Cette volonté des gens de com' et de pub d'investir massivement le territoire de l'équipe de France n'était pas nouvelle. Darmon avait inventé chez nous le métier de la pub par et pour le foot (maillots, panneaux, opérations diverses), et au fur et à mesure que le secteur se développait et se révélait très lucratif pour les intervenants, les tentatives se multipliaient pour que les techniciens passent sous les fourches caudines de la com' et du marketing. Pourquoi le football ne serait-il pas un « produit » comme un autre, que l'on pourrait vendre à n'importe qui, quitte à faire n'importe quoi avec les joueurs, mis à toutes les sauces ?

Je me rappelle la froide colère d'Aimé Jacquet lors d'une réunion à la FFF, après l'Euro 96, pour aborder les différents aspects de la préparation de la Coupe du monde 98. Un représentant d'Adidas, l'équipementier fédéral historique, avait pris la parole pour dire que l'équipe de France n'était pas assez « ouverte », qu'il y avait mille choses à faire en matière de com' et de marketing pour la rendre plus « attractive » – il n'a pas dit « et plus rémunératrice », mais l'a certainement pensé très fort, car on l'a tous compris ! Et aussi, que le sélectionneur pourrait, peut-être, faire de petits efforts. Dans ses relations avec les médias, dans son comportement, ses attitudes… Ça aiderait… Ça…

Il n'a pas eu le temps d'aller plus loin. Aimé l'a coupé sèchement : « Le patron de l'équipe de France, c'est moi, pas vous. Ce que l'équipe de France peut et doit faire, c'est moi qui en décide. Pas vous. Tant que je serai là, ça sera comme ça. Si vous avez des idées ou des propositions, adressez-vous aux responsables de la Fédération, ils m'en parleront s'ils le jugent nécessaire. Mais la décision finale, c'est moi qui la prendrai. C'est clair ? » Tellement clair qu'on n'entendra plus le son de la voix du représentant de la marque aux trois bandes jusqu'à la fin de la réunion.

Les choses sont aujourd'hui stabilisées et claires entre le marketing et les Bleus, qui travaillent en bonne intelligence. Les trois heures de shooting réservées aux partenaires de l'équipe de France, au printemps précédant une phase finale, sont un modèle d'organisation, et tout le monde y trouve son compte. Comme l'exigeait Aimé Jacquet, comme l'exige Deschamps, le dernier mot revient au sélectionneur, et la com' et le marketing n'imposent rien qui n'ait eu l'aval du sélectionneur. Les contrats fédéraux de partenariats n'ont jamais été aussi florissants, et tout le monde est à l'aise, aujourd'hui, pour aborder ces questions, longtemps source de tensions et de conflits. Reste à savoir si les joueurs se satisferont éternellement des conditions qui leur sont faites en matière de revenus liés à la publicité en équipe de France, à des années-lumière des contrats qu'ils peuvent négocier à titre personnel.

La main d'Henry, comme le nez de Cléopâtre

Après l'Euro 2008, c'est dans un climat de désamour avéré entre l'équipe de France et son public que celle-ci parvient à boucler son parcours de qualification. Elle obtient une deuxième place qui l'autorise à participer aux barrages pour les quatre places européennes restant à pourvoir pour la Coupe du monde sud-africaine en 2010.

Encore un psychodrame à la française, ce barrage contre la république d'Irlande ! La confiance est pourtant de rigueur après le 1-0 signé Anelka à Dublin au match aller. Mais au match retour, le laborieux 1-1 arraché par Gallas en prolongation est entaché d'une main flagrante de Thierry Henry avant son centre décisif. Jean-Pierre Escalettes reste sidéré de l'effervescence qui a suivi cette erreur d'arbitrage et ses conséquences :

« Quel déchaînement à propos de la main de Titi ! Il s'agissait d'un fait de jeu et d'une mauvaise appréciation de l'arbitre comme on en voit des centaines chaque week-end, mais là, il aurait fallu rejouer le match et pourquoi pas laisser la qualification aux Irlandais ! Blatter, le président de la FIFA m'appellera même pour me demander ce qui se passait chez nous et me dire, bien évidemment, qu'il était hors de question de revenir sur l'appréciation et la décision de l'arbitre.

« Plus grave, il me sera reproché, et d'abord par l'intéressé lui-même, de n'avoir pas pris fait et cause pour Thierry Henry. Mais que voulait-on que je dise, qui ne soit ni déplacé ni hypocrite ? Vous imaginez le président de la Fédération disant : “Ce n’est rien, ce n’est pas bien grave. Je comprends ce geste instinctif et je l’excuse. Titi, tu as bien fait de mettre la main, on est tous derrière toi !” C’est comme si j’avais excusé le coup de tête de Zidane sur Materazzi en finale de la Coupe du monde 2006. Un président peut et doit tout entendre, il peut et doit essayer de tout comprendre, mais il ne peut pas tout dire. »

Les six mois qui nous séparent encore de la Coupe du monde ne verront ni retomber la défiance envers le sélectionneur, dont la cote atteindra des profondeurs que même Aimé Jacquet n’avait pas connues, ni croître les chances accordées à l’équipe de France de briller en Afrique du Sud. Après un France-Espagne amical perdu contre les Espagnols dans un stade de France où l’on entendait de plus en plus de « Domenech démission ! », le quotidien du sport estimera tout simplement que, « à trois mois du mondial, l’équipe de France ressemble à un champ de ruines ». Ajoutez, pour épicer le tout, un zeste de Zahia, une bimbo mineure à qui l’on prêtera des relations tarifées avec deux internationaux – qui bénéficieront d’un non-lieu –, et vous aurez une idée à peu près complète du décor dans lequel se prépare l’équipe de France à la Coupe du monde 2010.

Knysna, la honte

Pour évoquer le plus fidèlement possible cet épisode à classer parmi les plus invraisemblables, catastrophiques à tous égards, de l’histoire de notre football, et que je n’ai donc pas vécu, j’ai approché une dizaine de témoins directs, présents en Afrique du Sud, parmi les joueurs, dans le staff ou à la périphérie du groupe.

Premier point d’accord : depuis la trop fameuse main de Thierry Henry dans le match retour du barrage contre l’Irlande, le climat a changé, comme plombé par une faute inexpiée. Le constat n’échappe pas à Domenech qui semble opter pour la non-sélection de Titi parmi les vingt-trois. Raymond prend l’avion pour Barcelone afin d’en avertir le joueur. Au retour, Henry a réintégré la liste, le sélectionneur ayant visiblement été sensible aux suppliques d'un garçon qui ne veut surtout pas rater sa quatrième et dernière Coupe du monde, et qui donne, de surcroît, tous les gages voulus sur sa mentalité, son acceptation d'un rôle de remplaçant, et sa capacité à se rendre utile, à jouer le grand frère de bons conseils. On sait ce qu'il en sera…

Sont pointés aussi par mes interlocuteurs : le stage en Tunisie avec les familles qui, loin de resserrer les rangs, les a plutôt distendus ; la défaite à la Réunion, pour le dernier match de préparation contre la Chine, 84e à l'indice FIFA, qui plombe un peu plus l'ambiance ; la configuration du camp de base, le fameux hôtel Pezula de Knysna, avec ses bungalows pour quatre personnes disséminés dans un golf, qui ne va pas favoriser une vie de groupe très riche. Un choix hôtelier que croira bon de critiquer Rama Yade, la secrétaire d'État aux Sports, s'attirant du coup les foudres de tous, notamment de sa ministre de tutelle Roselyne Bachelot, qui fait valoir que ce n'est pas son problème, et qu'il n'y a aucun argent public en jeu. Mais aussi de la délégation française qui modifiera en douce l'horaire de sa visite aux Townships de Knysna pour ne pas avoir à l'y croiser.

Deux étrangetés ou anomalies qu'on soulignera encore. D'abord, l'absence très commentée de représentants du monde professionnel en Afrique du Sud. De tout temps, la Ligue pro avait été représentée auprès de la sélection nationale. Les présidents Sadoul, Le Graët et Bourgoin, à leur époque, manquaient rarement un match, et, surtout, un président de club pro, au moins, les accompagnait tel le Havrais Jean-Pierre Hureau, qui partagea avec plus d'un sélectionneur et son staff tant et tant de moments chaleureux. Là, en Afrique du Sud, personne. On m'assurera pourtant que des chambres avaient été réservées et qu'il y avait des noms sur les portes… Au lieu de quoi, et pour ne pas laisser trop de chambres déjà payées vacantes, Escalettes invitera à se joindre à la délégation officielle dirigeante – lui et Bernard Desumer – deux proches, deux dirigeants éminents de notre football amateur, Fernand Duchaussoy (président de la Ligue du Nord – Pas-de-Calais et président de la Ligue du football amateur) et Henri Monteil (président de la Ligue du Centre-Ouest, secrétaire général de la FFF). Tous deux membres du conseil fédéral.

Leur présence en Afrique du Sud n'avait rien d'incongru, mais elle aurait été mieux vécue par tous s'ils avaient été présentés aux joueurs et au staff avec leurs titres et qualités, et affublés d'un semblant de fonction officielle. À Knysna, ils furent trop souvent perçus, à leur corps défendant, comme des touristes désœuvrés, partageant leur temps entre le suivi plus ou moins distrait des entraînements et la fréquentation de la balnéo de l'hôtel. Dernière bizarrerie, la présence de Jean-Pierre Doly, ex-DRH d'un grand groupe, proche de Domenech. Il se présente, selon le titre d'un de ses livres, comme un « accordeur de talents ». Ni préparateur mental ni gourou, mais perçu pourtant comme tel, Doly dispose d'un périmètre d'action en théorie limité au staff et à l'optimisation de son efficacité. Mais n'a-t-il vraiment été que cela ? Sa présence en Afrique du Sud a de quoi surprendre. Parmi les mesures prises à l'issue de l'Euro 2008, figurait clairement son éviction du staff. Déclaré *persona non grata*, il était pourtant bien là en Afrique du Sud, parfois au milieu du terrain pendant les entraînements.

Le clash Anelka

La grande affaire de cette Coupe du monde sud-africaine n'a pas eu pour théâtre le terrain, mais un vestiaire de Polokwane à la mi-temps de France-Mexique, quand Domenech reproche à Anelka son positionnement tactique. Une scène de mi-temps d'une banalité totale, sans éclats, sans face-à-face tendu, seulement quelques mots grossiers, murmurés par le joueur tassé sur son banc, quand il comprend qu'il va être remplacé. Sans doute pas le « Va te faire enc..., sale fils de p... » que *L'Équipe* va oser à sa une quarante-huit heures plus tard. Plutôt « Va te faire f.... , avec ton système de m... ». Bon, à ce niveau de littérature, on ne va pas ergoter.

On peut suivre Domenech quand il parle de « simple incident de vestiaire », mais on ne le suit plus quand il enterre l'affaire, n'en disant même rien à son président pourtant assis tout près de lui dans l'avion du retour, jeudi soir. Vendredi en toute fin de soirée, la rumeur commencera à se répandre, dans l'hôtel de l'équipe de France, de la teneur du titre ravageur de *L'Équipe* du samedi, mais sans que personne croie bon d'aller frapper à la porte d'Escalettes pour l'avertir de la bombe sur le point d'exploser. D'où ce quiproquo, évoqué pour nous par le président de la FFF :

« Samedi, j'arrive au petit déjeuner, en ignorant donc tout de l'échange Domenech-Anelka et de la une de *L'Équipe*, quand je croise Raymond :

"Ah Raymond, il faut que je te voie.

– Ça tombe bien, président, moi aussi il faut que je vous voie."

« Et on part prendre notre petit déjeuner, mais avec une idée complètement fausse de ce dont l'autre veut parler. Raymond est persuadé que je veux l'entretenir de l'affaire dont j'ignore alors tout, et moi, mon intention est d'aborder seulement, avec lui, le programme du dimanche après-midi et de l'entraînement ouvert au public. Ce n'est qu'en remontant dans ma chambre que j'aurai un coup de fil de mon ami Roger Gaubert qui m'informera du titre de *L'Équipe*, et de l'incendie qui fait rage, déjà, dans tout le pays. »

L'anecdote qu'on peut trouver drôle ou triste, ou les deux à la fois, révèle cruellement le manque de communication, plus grave peut-être, le manque de connivence entre le sélectionneur et son président. Pas d'opposition, pas de conflit, non, mais comme une forme de neutralité et d'indifférence, ce qui est peut-être plus grave et plus dommageable.

La suite va nous plonger, plus encore, dans le déraisonnable et l'invraisemblable.

Anelka veut bien s'excuser devant le sélectionneur et le groupe, mais refuse un *mea-culpa* public. Résultat : dehors ! La FFF, devant l'ampleur des dégâts, ne pouvait pas prendre d'autre décision. Mais les joueurs estiment que la sanction est disproportionnée pour quelques mots de dépit, même grossiers, dans un vestiaire. Pour manifester et leur désaccord et leur solidarité avec Nico, ils vont décider d'une grève de l'entraînement. Malheureuse coïncidence, il s'agit d'un dimanche après-midi où tout le monde est là, les supporters, les journalistes et les caméras de tous les continents. On aura droit à la totale : des joueurs qui viennent d'abord signer des autographes et distribuer quelques gadgets FFF aux gamins, avant de remonter dans un car qui reste planté là. Avec en prime une altercation capitaine/préparateur physique péniblement arbitrée par un sélectionneur, une démission larmoyante et indignée du directeur de l'équipe de France, et, pour finir, un Domenech qui vient lire devant les médias le communiqué des joueurs.

Ce communiqué signé « les joueurs de l'équipe de France » aurait dû – c'est l'évidence – être lu par leur capitaine, Patrice Evra. Lequel, dans un premier temps, s'y est refusé, expliquant bien plus tard que, quand il s'y était résolu sur la pression de ses camarades, il était trop tard, Domenech l'avait fait. Soit. En bonne logique, il revenait alors à François Manardo, le chef de presse chargé des relations avec les médias, d'accepter de le faire quand il fut sollicité par Evra en ce sens. Mais l'ami François, craignant pour son matricule vu le contenu qui mettait clairement en cause la FFF, son employeur, déclina l'invitation.

Je me garde bien des « ah ! si j'avais été là, ça ne se serait pas passé comme ça ». Ce que je peux juste dire, c'est que j'aurais lu le communiqué. Parce que ç'aurait été mon job, clairement. En prenant toutes les précautions nécessaires, pour bien faire comprendre que je ne cautionnais en rien les propos tenus, surtout pas ceux visant la Fédération, mais que je le faisais dans le cadre de ma fonction et de mes responsabilités.

On avait atteint les sommets de la déraison et de l'extravagance, et Justo Fontaine, l'homme aux treize buts de la Coupe du monde 58, ce fabuleux conteur d'histoires, aura la formule qui fait mal : « L'équipe de France est débile, lamentable, pitoyable. » Version à peine plus soft pour Lizarazu : « Ils sont devenus complètement dingues. » Et Domenech en rajoutera même une dernière couche, en refusant de serrer la main de l'entraîneur sud-africain, Carlos Alberto Parreira, après le dernier match. L'image de l'équipe de France est en lambeaux.

Comme si on n'avait pas eu notre dose de ridicule et de honte, les politiques vont vouloir jouer la prolongation. Sarkozy envoie une voiture de l'Élysée kidnapper Thierry Henry à sa descente de l'avion du retour. La commission culturelle de l'Assemblée nationale (*sic*) convoque Escalettes et Domenech, et les somme de fournir des explications. Roselyne Bachelot peaufine la petite phrase qui fera tant d'effet au Palais Bourbon lors des questions au gouvernement : « Je ne peux que constater le désastre d'une équipe de France où des caïds immatures commandaient à des gamins apeurés, avec un coach désemparé, sans autorité, et une Fédération aux abois. » La pharmacienne du gouvernement a le sens de la formule, on ne peut pas lui enlever ça.

Pour faire bonne mesure, le président de la République, après avoir convoqué le Premier ministre, la ministre des Sports et sa secrétaire d'État, enjoindra à la FFF de réunir sans tarder des états-généraux du football.

Le *mea-culpa* de Jean-Pierre Escalettes

Dans l'opinion, l'échafaud est déjà dressé pour Domenech et Escalettes, dont personne n'imagine qu'ils puissent rester en place. Celui qui fut président de la Fédération entre 2005 et 2010 avait toujours refusé de revenir sur les événements d'Afrique du Sud. Sans doute grâce à une relation franche et amicale nouée dès son entrée au conseil fédéral en 1985, j'ai pu déjeuner avec lui au printemps 2019. C'était avec Nicole, son épouse, à Bordeaux.

On pourrait penser que cet ancien prof d'anglais coule, à 84 ans, une paisible retraite dans sa chère Gironde. Non. Les épisodes trop douloureux vécus en 2008 et 2010 avec l'équipe de France l'en empêchent. « Il en fait même encore des cauchemars », me glissera discrètement Nicole. Il va reconnaître, sans se faire prier, ses limites, ses torts et sa responsabilité dans tout ce qui s'est passé. Au point d'occulter le reste d'un parcours pourtant très riche. Son club, le Bordeaux Étudiant Club, le district de Dordogne, la Ligue d'Aquitaine, le Conseil national du football amateur dont il sera le premier président en 1995 jusqu'à son accession à la présidence de la FFF en 2005. Comme si quatre années tumultueuses et une fin peu glorieuse pouvaient et devaient faire oublier soixante saisons de bénévolat et d'engagement au service du football ! Mais le monde du football amateur, son monde, ne s'y trompe pas, qui continue de lui manifester affection et gratitude.

Écoutons Jean-Pierre Escalettes livrer son analyse sur Knysna :

« Pour qu'il n'y ait aucune ambiguïté et qu'on n'aille pas croire que je me défile, je commencerai par moi. Je l'avoue, ma responsabilité est largement engagée dans toute cette affaire. Je sais et je dis que je n'ai pas été un président à la hauteur. J'ai pratiquement tout connu dans ma vie de dirigeant, du club à la FFF, mais j'ai cruellement manqué, en Afrique du Sud, d'une bonne connaissance du foot professionnel, de ses mœurs, de ses ressorts. Un milieu bien particulier, parfois très dur. La mentalité du monde et des joueurs pros, je n'en avais pas les codes.

« Il n'a jamais été dans ma conception du rôle de dirigeant, à quelque niveau que ce soit, d'avoir à crier ou à taper du poing sur la table pour être entendu et compris. Je sais aujourd'hui qu'il y a des circonstances où le président de la Fédération doit savoir "ouvrir sa gueule", si on me passe l'expression. Je ne l'ai pas fait. Noël Le Graët, qui avait peut-être flairé quelque chose, m'avait dit, en Tunisie, que je devrais intervenir et me manifester davantage auprès des joueurs. Sur le coup, je n'y ai pas prêté attention, et je n'ai pas perçu la nécessité de changer ma manière d'être. J'ai eu tort.

« Voilà pour ce qui me concerne. Ce n'est pas forcément à mon honneur, mais c'est ainsi et je l'assume. Après, j'évoquerai le climat général du groupe, et ce manque flagrant de liant et de confiance vraie entre toutes les parties. Pas seulement entre le sélectionneur et les dirigeants mais aussi entre le sélectionneur et les joueurs. Même en 2006, quand le ciel était encore bleu, je n'ai jamais senti une réelle communion. J'ai été chef de délégation des centaines de fois dans plusieurs sélections nationales de jeunes ou féminines, et je sens bien quand une relation forte, solide, positive pour tout le monde, s'installe et perdure entre le coach et son groupe. Cela tient peut-être à la personnalité et à la manière de se comporter de Raymond qui ouvrait sur trop de non-dits et de malentendus. Sans exonérer les joueurs de leurs responsabilités... et ils n'ont pas toujours été très responsables.

« Dans ce groupe, où Thierry Henry, pour des raisons plus ou moins recevables, n'a pas voulu faire jouer son ancienneté, et faire profiter les autres de son vécu, je n'ai pas vu se lever de vrai leader, positif, entraînant et rassembleur. Quelques-uns en avaient l'étoffe, et avec quelques années de plus, ils n'auraient sans doute pas laissé pourrir certaines situations, comme on l'a constaté. »

Après le président, le sélectionneur et les joueurs, à qui le tour de s'asseoir sur le banc des accusés ? Bon sang, mais c'est bien sûr : les journalistes ! Il ne manquait qu'eux... Jean-Pierre Escalettes y va sur la pointe des pieds :

« Ne me faites pas dire que les journalistes ont tout inventé. Même s'il y a eu beaucoup d'approximations dans tout ce qui a été raconté. Passons. Je dis simplement que la pression médiatique qui a entouré cette Coupe du monde, et singulièrement notre équipe de France en perdition, a dépassé tout ce qu'on avait connu jusque-là. Ces caméras qui tournent en permanence, cette info en continu et en boucle, avec l'exigence de trouver sans cesse quelque chose à dire, à raconter, à monter en épingle, tout cela a eu un effet loupe qui a grossi jusqu'à l'outrance des faits qui, sans être insignifiants, ne valaient pas, pour nous, vu de l'intérieur, qu'on en fasse des "affaires". »

La conclusion de Jean-Pierre Escalettes, plus sereine, nous ramène à des considérations plus positives :

« Quand je vois la relation forte, efficace, entraînante pour tout le monde, qui existe depuis sept ans entre Noël Le Graët et Didier Deschamps, et qui nous a déjà conduits à une finale d'Euro et à une victoire en Coupe du monde, je me rends compte que j'étais très, très loin du compte avec Raymond Domenech… Cette osmose quasi parfaite, je l'ai connue quand j'étais président de la Ligue d'Aquitaine, dans mes relations avec Philippe Bergeroo, le conseiller technique régional, et Jean-Pierre Fages, le DG. On se disait tout, on échangeait sur tout, et on avançait, dans la bonne direction et dans la bonne humeur. C'était un autre temps… »

CINQUIÈME PARTIE

LA RECONQUÊTE
(2011-2018)

Le *deal* du deuxième étage

L'équipe de France est discréditée, le pouvoir fédéral ébranlé, maintenant il faut rebâtir. Si l'arrivée de Laurent Blanc, qui était un secret de polichinelle depuis longtemps, règle le problème du sélectionneur, celui du président de la Fédération reste entier.

Le monde amateur pousse Fernand Duchaussoy, son président, mais Noël Le Graët est aussi sur la ligne de départ. La carte électorale n'est pas encore modifiée, les pros ne possèdent que vingt-cinq pour cent des voix à l'assemblée fédérale, souveraine, et l'ancien président de la Ligue nationale ne veut surtout pas aller au casse-pipe. Tout est sur la table, même une démission collective du conseil fédéral, qui ouvrirait la voie à une longue procédure d'élections à l'ancienne, collège par collège. Or, l'heure est plutôt à la révolution qu'à l'évolution lente. Et il y a une opinion publique, excitée par l'idée d'états généraux exigés par le pouvoir politique avant octobre, qui veut du changement, tout de suite.

Une issue consensuelle va être trouvée dans le bureau d'angle du président de la Ligue amateur, au deuxième étage du 87, boulevard de Grenelle. Au siège de la FFF, ces trois grands bureaux d'angle, au carrefour des rues Dupleix et Pondichéry, sont réservés aux trois « leaders » de l'institution. Au premier, le sélectionneur, au deuxième, le président des amateurs, et au troisième, le président de la FFF. Ce jour-là, Fernand Duchaussoy accueille dans son bureau du deuxième, Frédéric Thiriez, le président de la Ligue professionnelle, Noël Le Graët, vice-président de la FFF, Jacques Rousselot, président de Nancy et Gervais Martel, président de Lens, deux dirigeants en vue à l'époque. Et le *deal* est vite passé : Duchaussoy, président de la FFF intérimaire, le temps de calmer le jeu et d'organiser des états généraux du football français, dont la priorité sera de proposer une réforme de la carte électorale visant à donner au football pro trente-sept pour cent des voix et non plus vingt-cinq.

Noël Le Graët, fin stratège, sait qu'à ce moment-là, avec cette nouvelle donne, il aura des chances réelles d'accéder au pouvoir suprême, la FFF, le seul fleuron qui manque encore sur sa belle carte de visite. Le gamin de Bourbriac (Côtes-du-Nord avant d'être les Côtes-d'Armor) qui a commencé par de petits boulots, avant de bâtir un groupe agroalimentaire florissant, qui a fait du club d'une bourgade bretonne, Guingamp, un sociétaire à part entière du football pro, qui a été maire de Guingamp et président de la Ligue pro, n'a plus que cette ambition en tête et au cœur : conquérir la FFF, la moderniser, et devenir, au côté du sélectionneur qu'il choisira, le « papa poule » de l'équipe de France.

Le plan sera appliqué à la lettre, Fernand Duchaussoy fera consciencieusement sa part du boulot, mais lorsque au terme de son intérim, le 18 juin 2011, il présente sa liste contre celle de Le Graët pour les élections au tout nouveau comité exécutif, il est battu, 45,4 % contre 54,3 % pour le Breton. Le combat, longtemps indécis, connaît un premier virage dans la nuit précédant l'élection, quand, au terme d'un étrange conciliabule, quelques voix du monde pro passent de Duchaussoy à Le Graët. Et il bascule définitivement à quelques minutes du vote à la faveur de la dernière intervention des deux candidats devant les trois cents délégués. Fernand Duchaussoy, fatigué, marqué, récite mécaniquement et sans flamme le discours préparé tandis que Noël Le Graët, abandonnant ses notes, prend la salle à bras le corps avec des propos forts, clairs et prometteurs.

Clap de fin pour Fernand, dirigeant de haut vol dont les analyses et les idées claires au service de l'intérêt général ont longtemps séduit bien au-delà des frontières de sa chère Ligue du Nord. Quand il déambule, fière allure, dans les rues de Berck, avec son chapeau noir et son écharpe rouge, il ne peut pas faire cent mètres sans être reconnu et salué, par des connaissances de tous milieux. La fin du parcours est peut-être encore plus cruelle pour lui, qui n'a pas de *mea-culpa* à faire, que pour son ami Escalettes. Les temps sont rudes pour les dirigeants de la vieille école dont les compétences et l'engagement ont pourtant été à la base de la fulgurante progression du football au XXe siècle.

Vent nouveau à la FFF

La FFF vient de basculer dans une ère nouvelle. C'en est fini des présidents pleins de bonne volonté et de beaux principes, dévoués, admirables à bien des égards, mais loin, trop loin, des réalités du monde tel qu'il est devenu, avec sa tyrannie du paraître, et son exigence de la connaissance pointue de tous les footballs, pas seulement celui de la base, mais aussi celui du haut niveau, et du business.

Bien sûr, les 2 200 000 licenciés et les 15 000 clubs de la Fédération restent le socle incontournable de l'édifice, à travers les districts départementaux et les ligues régionales, mais pour irriguer ce sol, donner à ses dirigeants des moyens d'action à la hauteur de leurs ambitions et des exigences de leurs administrés, il ne suffit plus d'un pharmacien, d'un chef de chantier, d'un prof d'anglais ou de physique-chimie, même bien intentionnés, porteurs de belles valeurs et foncièrement motivés.

Place à un boss cent pour cent disponible, qui a réussi tout ce qu'il a entrepris, dans le football, dans les affaires, en politique. Les fenêtres vont s'ouvrir en grand, le marketing va être géré totalement en interne et devenir le chouchou de la maison. La directrice marketing devient vite directrice générale, le montant des contrats partenaires monte, monte, monte, le déficit de l'après-Knysna est vite comblé, le personnel de la Fédération s'étoffe, le chiffre d'affaires dépasse deux cents millions.

Les grincheux diront qu'il n'y a plus que ça qui compte, le chiffre. Un peu court, comme analyse. Si la priorité reste aux actions clairement en relation avec les statuts de la FFF et les objectifs sportifs, masse et équipe de France, où est le problème ? Quel mal y a-t-il à développer les moyens qui vont permettre au monde amateur de mieux travailler, et à l'équipe de France d'aller chercher une deuxième étoile en Russie ?

Non, si je peux me permettre d'avoir un petit regret, après trente ans de Fédération, il a trait à la brutalité avec laquelle toutes ces évolutions – positives, je le redis – ont parfois été menées. Fallait-il vraiment écarter ou pousser à la démission une quarantaine de salariés dans les dix-huit mois qui ont suivi la mise en place de la nouvelle direction ? Pour aller à marche forcée vers l'organigramme souhaité, était-il nécessaire de faire si peu de cas de la relation humaine ? Pour en arriver à la FFF solide, moderne et ambitieuse de 2020, fallait-il vraiment en passer par là, par trop d'attitudes déroutantes, et à géométrie variable ?

Le grand oral de Laurent Blanc

Il devait être un peu plus de 14 heures, ce mercredi 23 juin 2010, quand un coup de téléphone allait bouleverser mon existence de retraité : « Bonjour, c'est Laurent Blanc. Tu sais que j'ai repris l'équipe de France et je cherche un chef de presse. J'ai quelques idées, mais si tu peux me suggérer un ou deux noms, un peu dans ton profil, ça m'intéresse. » On discute un peu de tout et de rien, et au moment de me quitter, il a cette petite phrase, que je n'attendais pas du tout : « Maintenant, si ça te dit de repiquer au truc, moi ça me va… » Je saurai vite que c'est mon ami Henri Émile, vingt ans de vie en Bleu et de complicité, déjà embrigadé par Lolo dans son staff, qui a soufflé mon nom au nouveau sélectionneur.

Pourquoi le cacher ? C'est plutôt gratifiant d'être appelé à la rescousse quand le vent souffle, et qu'il va s'agir de restaurer un climat largement mis à mal par les événements d'Afrique du Sud et le comportement d'un sélectionneur qui a adoré faire joujou avec les journalistes. Et voilà comment je rempile pour deux ans. Qui en feront quatre, puis six, puis huit, au bout de l'épisode Deschamps.

La première épreuve, pour Laurent Blanc, avant même la composition de sa première liste, c'est son grand oral du 6 juillet à 11 heures, devant les médias. Un passage obligé pour tout nouveau sélectionneur. Des mots forts sont attendus. Les partenaires sont inquiets, les supporters désabusés. Surtout, l'image de l'équipe de France en a pris un sacré coup, l'institution FFF, elle-même, a été malmenée. Des valeurs doivent être réaffirmées, solennellement. C'est ce que je lui fais valoir, quand on se retrouve à 16 heures, la veille, dans le petit salon du rez-de-chaussée de son hôtel de la rue François-Ier.

J'ai donc préparé le canevas d'une intervention plutôt musclée, trop longue évidemment – j'ai toujours eu du mal à faire court ! – où il n'est donc pas question que du jeu, des joueurs et du ballon. Laurent est d'abord un peu effrayé par tous les sujets que j'ambitionne de lui faire aborder : « Attends, moi je suis là pour parler football ! Je ne suis pas un orateur qui va disserter pendant une heure sur le pourquoi du comment de ce qui s'est passé en Afrique du Sud. Je ne peux pas ne pas l'évoquer, d'accord, mais je veux en venir, vite, à mes idées sur le foot et l'équipe de France… »

Message reçu. Je m'en retourne avec mes vingt feuillets pour faire un grand ménage et on se retrouve un peu avant 22 heures, pour une nouvelle lecture en présence de Jean-Pierre Bernès, l'agent de Laurent, qui nous a rejoints. C'est encore trop long. Je biffe, je rature, je synthétise, et il n'est pas loin de 2 heures du matin quand on se sépare sur la mouture définitive. Et le lendemain, avant de parler ballon, Lolo prononce les mots que tout le monde attend et accueille avec soulagement : respect du maillot, respect des règles de vie en collectivité, respect de l'institution, bref, l'équipe de France et ses valeurs au-dessus de tout, surtout des égoïsmes et de la bêtise, telle qu'elle n'aurait jamais dû cesser d'être.

Le nouveau sélectionneur ne peut pas, c'est l'évidence, partir d'une page blanche pour bâtir l'équipe de la reconquête, missionnée pour aller chercher le billet de l'Euro 2012. Il ne peut pas, comme de beaux esprits le lui suggèrent noblement, bannir à vie de la sélection les vingt-trois grévistes de Knysna. Autant lui demander, alors qu'il doit déjà composer avec les suspensions décidées par la Fédération, d'aller gagner la Champions League avec des joueurs de National.

Pour marquer le coup, quand même, Lolo va prendre une initiative judicieuse, et sans risque réel pour un match amical de rentrée : il ne retiendra pour la rencontre à Oslo, le 11 août, aucun des sélectionnés Sud-Africains. Et pour la symbolique, il va insister, sans en faire une obligation, pour que les joueurs chantent la *Marseillaise* avant les matchs, lors de l'exécution des hymnes. Sujet sensible s'il en est, à en juger par les nombreuses lettres à ce propos reçues chaque année à la Fédération. Et pour être sûr que personne ne se retranchera derrière la mauvaise excuse de ne pas connaître les paroles, il me demande d'imprimer le premier couplet et le refrain du chant patriotique de Rouget de Lisle, et de les distribuer à tout le monde lors du rassemblement.

Autre initiative, appréciée et chargée de sens, l'invitation, à Clairefontaine, de grands anciens internationaux, comme Fontaine, Bossis, Zidane et Giresse, venus témoigner de l'importance de l'équipe de France dans leur carrière, et de l'impérieuse nécessité de la respecter. Des contacts vraiment appréciés, par de jeunes internationaux plus qu'intéressés, respectueux, impressionnés, par ces « monuments » du football français qui étaient venus jusqu'à eux pour évoquer « leur » équipe de France.

Quotas et *Mediapart*

Avant d'en venir au Championnat d'Europe 2012, il me faut évoquer une « affaire » qui a marqué le court passage de Laurent Blanc à la tête de la sélection nationale. Il s'agit du problème des « quotas », touchant aux joueurs binationaux, nés et formés en France, passés par nos sélections de jeunes de 16 à 20 ans, parfois champions d'Europe ou du monde sous le maillot bleu, et choisissant au bout de ce parcours, puisque le règlement de la FIFA le leur permet, d'aller endosser le maillot de l'équipe nationale A de l'Algérie, du Maroc, du Sénégal ou du Mali, d'où sont originaires leurs parents ou grands-parents

Je n'étais pas, je l'avoue, trop sensibilisé à cette question, jusqu'au jour de l'automne 2010 où le sélectionneur des Espoirs, Erick Mombaerts, dont je partageais le bureau, m'interpella. Il était en train de composer sa liste en vue d'un prochain match : « C'est dingue ! En attaque, je n'ai plus personne... Tu prends les promotions des années précédentes en U18 ou U19, ils jouent dans des clubs français, mais ils ont opté pour l'équipe nationale du pays d'origine de leurs parents ! » Erick posait là une vraie et bonne question, sans s'imaginer qu'il s'engageait sur une pente glissante et dangereuse. Car, quand la question fut abordée, une nouvelle fois, en novembre 2010 à Ouistreham, lors d'une réunion de la direction technique nationale à laquelle participait Laurent Blanc, elle le fut mal, dérapa vite et donna lieu à des échanges, à des propos et propositions condamnables qui furent enregistrés par Mohamed Belkacemi, éducateur reconnu et dévoué, très actif dans les quartiers difficiles, mais choqué, à juste titre, par la façon dont la question avait été déjà posée, et certains termes employés, dont celui de « quotas ».

Un peu comme la scène de vestiaire Domenech-Anelka en Afrique du Sud, l'affaire aurait pu en rester là, tant il était évident que jamais la Fédération n'aurait cautionné la mise en place de quotas ou de quelque discrimination que ce soit à l'entrée de ses pôles de préformation.

Mais, allez savoir par quels cheminements, l'enregistrement de la séance incriminée, confié par Belkacemi à André Prévosto, le directeur de la Ligue amateur à la FFF, se retrouvera, au printemps, entre les mains de *Mediapart*.

Le média en ligne allait faire exploser sa bombe en fin d'après-midi le 18 avril 2011, mais, lui aussi, en posant mal le problème, en le faussant même délibérément avec un titre accrocheur, mais plus qu'équivoque : « Football français : les dirigeants veulent moins de Noirs et d'Arabes ». Une manière plus que discutable, condamnable, mensongère, de présenter le problème, à l'envers, et d'adopter comme titre et postulat de départ, ce qui n'était qu'une conclusion supposée, induite, et seulement à leurs yeux, de mesures qui en étaient restées au stade de discussions inappropriées et maladroites, sans aucune chance de jamais voir le jour.

On imagine le ramdam provoqué par un tel titre et l'article qui suivait, dans lequel Laurent Blanc était cité pour avoir participé à la fameuse réunion de Ouistreham, et mis en cause pour avoir cautionné, disait-on, les dispositions coupables envisagées. J'en suis informé par un ami journaliste, une demi-heure avant la mise en ligne de *Mediapart*. J'appelle aussitôt Laurent Blanc, pour essayer de comprendre de quoi il s'agit, et savoir s'il est vraiment dans ce mauvais coup. Mais je n'ai que peu d'éléments à lui soumettre, car *Mediapart*, fidèle à son petit jeu d'en dire un minimum la première fois, puis de distiller le poison des révélations à petites doses, se garde bien de donner trop de détails. Il lance sa bombe et attend de voit comment ça réagit…

En toute bonne foi, Laurent m'affirme, presque indigné, qu'il n'a jamais participé à une réunion où il aurait été question d'avoir moins de Noirs et d'Arabes dans notre football ! Il décline catégoriquement l'invitation, qui m'a été transmise, à son intention, de venir s'expliquer au 20 heures de TF1, mais m'autorise à démentir, autant que nécessaire, son implication dans une affaire aussi douteuse.

Entre deux démentis, j'arrive à joindre Fabrice Arfi, le poseur de bombes de *Mediapart*, pour m'étonner que Laurent Blanc n'ait jamais été approché, en amont, pour donner sa version des faits : « Les trois mails que je vous ai envoyés sont restés sans réponse », me rétorque-t-il. Évidemment, l'adresse mail qu'il me donne n'existe pas... « Vous auriez pu me téléphoner ! – Je n'avais pas votre numéro... » Ainsi, celui que l'on présente volontiers comme l'un des plus grands journalistes d'investigation de la place de Paris n'a pas les bonnes adresses mail et n'est pas fichu de trouver un numéro de téléphone qui figure dans le répertoire de deux cents ou trois cents journalistes, et même dans les dossiers de presse « Équipe de France » édités par la Fédération à chaque match. Malin ou pervers, ou peut-être les deux, Arfi se gardera bien de me donner d'autres précisions et de me dire qu'il a encore beaucoup de documents sous le coude. C'est donc dans le brouillard le plus complet que j'organise à la hâte une conférence de presse dans un hôtel de Bordeaux où Blanc, mis à la question, continuera, la main sur le cœur, d'affirmer qu'il n'a rien à voir avec tout ça. Le surlendemain de la parution du premier article, après avoir laissé tout le monde pédaler dans la choucroute, *Mediapart* publie enfin le *verbatim* de la réunion de la DTN. Le voile se déchire et Laurent Blanc prend alors toute la mesure de ce mauvais feuilleton. Il comprend, dès lors, dans quel pétrin il s'est fourré.

Il est mortifié de n'avoir pas saisi plus tôt la réalité du problème et l'ambition de *Mediapart* d'en faire un brûlot dont il serait le héros malgré lui. Il est profondément blessé qu'on puisse le soupçonner de racisme, alors que ses propos, maladroits sans doute, n'étaient qu'une approche incertaine de technicien sur un problème avéré, lié aux sélections nationales. Il sera tenté de démissionner, y renoncera et sera, du reste, lavé de tout soupçon, tant par l'enquête de l'inspection générale de la jeunesse et des sports, qui dira clairement qu'il n'existe aucun caractère discriminatoire dans la formation et les sélections nationales, que par la FFF, qui se contentera de la suspension provisoire du DTN, coupable seulement d'avoir laissé une discussion technique s'égarer en considérations douteuses et en suggestions déplacées.

Au plus fort du tumulte provoqué par cette affaire des quotas, je trouverai, un midi, un message du standard de la FFF, m'indiquant d'avoir à rappeler... Valéry Giscard d'Estaing, l'ancien président de la République au 01...... Méfiant, surtout après la blague de Gérald Dahan se faisant passer pour Chirac auprès de Domenech et de Zidane, je fais vérifier le numéro par Momo Sanhadji, notre officier de sécurité de l'équipe de France, en poste au ministère de l'Intérieur. Oui, c'est bien le numéro de VGE à son domicile parisien du 16e arrondissement. Je rappelle et quand j'ai l'ex-président au bout du fil, j'ai droit à cette petite phrase qui me laisse perplexe : « Laurent Blanc doit expliquer qu'il ne fait pas l'équipe de France, mais qu'il fait l'équipe de la France. »

La France telle qu'elle est

Deux réflexions sur cette affaire des quotas.

D'abord, sur *Mediapart*. Le journalisme et les journalistes sont encore, dans leur liberté d'expression, les plus sûrs garants d'une saine démocratie. Mais cette manière de procéder, en l'espèce, d'appâter le lecteur et d'ameuter l'opinion avec un titre racoleur mais mensonger, de cibler le personnage le plus en vue du scénario, le sélectionneur, alors qu'il n'est qu'une pièce rapportée d'un problème qui relève surtout de la DTN et des autorités fédérales, tout cela n'est pas très sain.

Les journalistes sont partis d'une réalité qu'on ne peut contester. Ils n'ont inventé ni la réunion de la DTN ni les propos tenus ce jour-là. Mais, comme dans bien d'autres « affaires » qui suivront, les soupçons lancés, les dégâts causés, les réputations salies se révèleront largement disproportionnés au regard des culpabilités, et surtout des innocences, avérées.

À l'époque de l'info en continu et des réseaux sociaux, l'effet boule de neige est redoutable, et le journaliste est vite dépassé par l'info qu'il a sortie. Peut-il continuer à dire « Ce n'est plus mon problème » face à tous les débordements et les élucubrations qui vont suivre, jusqu'à faire oublier l'info de base au profit de débats sans fin nous entraînant souvent très loin, trop loin, du problème posé ? L'affaire de l'arrestation du faux Dupont de Ligonnès, en octobre 2019, peut et doit interpeler sur les mœurs médiatiques en vigueur, l'empressement coupable de trop de journalistes à vouloir toujours aller plus vite que la musique, à ne même plus employer le conditionnel quand il s'impose.

Je me suis également étonné, dans cette affaire des quotas et des joueurs binationaux, mais ma réflexion vaut aussi dans bien d'autres domaines, que l'on remonte aussi rarement à la source des problèmes posés, et que l'on évoque donc aussi peu les effets avérés du colonialisme, qu'on me permettra de considérer, au même titre que l'esclavagisme, comme un cancer de l'Histoire.

En allant contraindre des populations entières, au prétexte fallacieux de leur apporter le progrès et la modernité, quand ce n'était pas la bonne parole de notre religion – alors qu'il ne s'agissait, au fond, que d'étendre notre empire colonial et de conquérir des territoires et leurs richesses –, on a déstabilisé des millions de personnes dans leurs rites ancestraux et dans leur rythme naturel d'évolution. Ne laissant, au départ des colons – et sous l'alibi recevable, mais trop facile et largement insuffisant, de routes, d'écoles et d'hôpitaux –, qu'une administration inadaptée, inefficace et sans cadres. Dans le même registre, je m'étonne... qu'on ne s'étonne pas plus souvent, que ce soient les mêmes tenants de l'école de pensée d'une droite française extrême et traditionaliste, qui a abrité hier les ultimes partisans du colonialisme, style Algérie française, qui s'indignent aujourd'hui de la présence massive dans l'Hexagone des populations issues de nos anciennes colonies. C'est à eux que *Mediapart* devrait faire, avec plus de justesse et de justice, le procès relatif à la diminution prétendument souhaitée du nombre de Noirs et d'Arabes !

Les enfants et petits-enfants de nos anciens colonisés ne seraient-ils plus les bienvenus dans la « mère patrie » ? Et il faudrait en vouloir à la deuxième ou à la troisième génération des enfants de l'immigration postcoloniale de porter un jugement sévère sur le traitement qu'on a trop longtemps réservé à leurs ancêtres chez eux ? Sans admettre, pour autant, les débordements que peut générer leur ressentiment et, encore moins, le prosélytisme religieux auquel certains extrémistes s'adonnent, jusqu'à prôner un terrorisme évidemment condamnable sans la moindre nuance ni excuse.

Comment prétendre, après tant de décennies d'une présence coloniale dominatrice et profiteuse avec toutes les conséquences démographiques logiquement induites sur le sol hexagonal, comment prétendre que la France n'est QUE blanche et de culture judéo-chrétienne ?

Désolé, la France d'aujourd'hui, la France postcoloniale est diverse et métissée. Le choc des cultures n'est simple ni à vivre ni à gérer, l'intégration n'est pas souvent telle qu'on nous la présente – et le football, j'y viendrai, fait et réussit beaucoup pour une cohabitation apaisée –, mais notre République est ainsi, dans sa diversité du XXIe siècle, qui est aussi devenue sa richesse. Et c'est ainsi que chacun doit s'efforcer de l'aimer et, surtout, de la respecter. Même si ce n'est pas simple, même si je comprends ceux qui s'interrogent et s'émeuvent de certains quartiers de nos grandes cités qui semblent « colonisés dans l'autre sens ». Mais à qui la faute ? Quoi qu'il en soit, ce n'est pas par l'invective ou l'exclusion qu'on règlera un problème sensible et délicat, hérité d'un passé tumultueux, mais en faisant preuve d'ouverture et de tolérance.

Sales gosses et petits c...

Aller chercher le billet pour l'Euro 2012 n'a pas été une mince affaire. Mais on commence à avoir l'habitude des qualifications douloureuses... Quand je pense à cette phase finale et à nos quatre matchs en Ukraine, je ne peux m'empêcher de superposer deux séries d'images des mêmes lieux. Celles, heureuses et paisibles qu'il nous a été donné de contempler pendant les trois semaines de notre séjour à Donetsk. Ses larges avenues ensoleillées où déambulaient de belles Ukrainiennes aux jambes interminables. Notre centre des médias, à la chambre de commerce et d'industrie de la ville, où je ferai observer une minute de silence le 16 juin à l'annonce du décès de Thierry Roland. Notre camp de base à Kirsha, dans la verdure, au calme, bien agencé, fonctionnel et pour cause : c'était le centre d'entraînement et le lieu de vie du Chakhtar Donetsk, le puissant club local, propriété d'un milliardaire ukrainien. Qui possédait aussi le plus bel hôtel de la ville, et le stade ultramoderne de cinquante mille places inauguré en 2009, le magnifique Donbass Arena.

Et ces autres images des mêmes endroits que j'avais découverts, ravagés après 2014, au prétexte d'une guerre qui ne voulait pas dire son nom, opposant dans cette riche région minière du Donbass, les Ukrainiens aux Russes qui, après avoir annexé la Crimée, tentaient de gagner du terrain à l'est du pays. Quelle tristesse, ce beau stade défoncé, cet hôtel où nous étions descendus plus d'une fois lors de nos visites de repérage, éventré, les installations du Chakhtar hors d'usage… Dérisoires sans doute, au regard des morts et des blessés du conflit, mais ces images me hantent dès que j'entends le mot « Ukraine ».

Cet Euro n'est resté ni dans les annales ni dans les mémoires, avec une équipe de France ni franchement bonne ni carrément mauvaise, éliminée en quarts de finale par l'Espagne, futur vainqueur. S'il en reste quelque chose, hélas, ce sont plutôt quelques comportements déviants, une fois de plus, qui établissaient qu'on n'en avait pas tout à fait terminé avec la remise à niveau entamée après l'Afrique du Sud.

Laurent Blanc n'avait pourtant pas ménagé ses efforts pour remettre les idées en place et recadrer les étourdis. Avec son adjoint, ami et complice Jean-Louis Gasset, exceptionnel éducateur, pédagogue à la voix grave et chantante, il avait traqué les petits écarts et les manquements aux règles en mettant le holà quand la ligne blanche était franchie. Sans pouvoir empêcher que notre séjour en Ukraine soit encore marqué de quelques incidents tout à fait regrettables, mineurs ou moins anodins.

Pas de quoi s'indigner vraiment quand, après son but contre l'Angleterre, Nasri se dirige vers la tribune de presse, l'index droit en travers de la bouche. Plus bébête qu'autre chose. Plus fâcheux, quand, après France-Suède, le ton monte un peu trop dans notre vestiaire. Alou Diarra exprime quelques regrets teintés de critiques à peine voilées, Nasri se sent visé, réplique, et il faudra les ramener au calme. Ben Arfa non plus ne sera pas très inspiré ce soir-là quand, non content de répondre au téléphone alors que le coach débriefe, il lui tient tête gentiment, et propose même de rentrer à la maison si on n'est pas content de lui !

Mais le plus insupportable est à venir, après l'élimination contre l'Espagne, lorsque Samir Nasri refuse de répondre à un journaliste de l'AFP, ce qui est son droit. Mais le journaliste a la mauvaise idée de lui répondre : « Alors, casse-toi ! » Au lieu de « se casser », Samir va le prendre très mal et se répandre en insultes.

Et, inévitablement, reviendra le couplet sur les « petits génies » de la génération 1987, Ben Arfa, Benzema, Ménez, Nasri, tous quatre présents en Ukraine. Si doués mais si imprévisibles. Si talentueux mais si irritants parfois. Pas seulement entre les lignes, on entend, on devine, les qualificatifs déjà tellement entendus sur ces « sales gosses » ou ces « petits c... ».

Je n'ai pas connu de « sales gosses » ou de « petits c... » en équipe de France. J'ai vu arriver, et rester plus ou moins longtemps, des joueurs ayant de la pratique et des exigences de leur métier, des conceptions très variées. Bonnes, moins bonnes ou franchement mauvaises. Certains, attentifs et réceptifs à ce que disait le sélectionneur. D'autres moins. Il y en a qui faisaient tous les efforts nécessaires pour s'inscrire dans le cadre défini, et il y avait ceux qui pensaient avoir raison, seuls contre tous, et qui n'écoutaient que les flatteurs, souvent intéressés, de leur environnement quotidien.

D'éternels insatisfaits qui ne voyaient pas que s'ils ne jouaient pas plus souvent, c'était d'abord leur problème. Qui arrivaient, ou pas, à mettre les règles et l'intérêt de la sélection nationale au-dessus de leurs petites manies ou de leurs gros défauts. Qui pensaient que les solutions étaient toujours ailleurs, et pas chez eux.

Il y a toujours eu de la place au royaume de la sélection nationale pour ceux qui comprennent, une fois pour toutes, que cette équipe de France est au-dessus de tout, comme ne cesse de le répéter Didier Deschamps. Qu'on n'y fait pas n'importe quoi. Qu'on n'en dit pas n'importe quoi. Que chacun peut y arriver avec ses idées, un tempérament, un caractère, des convictions, qu'on ne va pas lui demander d'abdiquer, simplement de les mettre sans état d'âme et sans arrière-pensée, au service d'un collectif, au sein d'un groupe qui ne peut pas ne pas avoir ses règles de vie et de comportement à ne pas transgresser. De mettre son talent à la disposition de l'équipe et de le partager avec d'autres talents, aussi dignes d'estime et de considération que le sien. Afin que tous ces talents s'additionnent et ne se contrarient pas.

L'équipe de France est bonne fille, mais il faut la respecter. À l'arrivée, chacun s'en retourne avec son dû, avec ce qu'il a mérité. L'injustice n'est pas le genre de la maison. Une fois mis de côté les aléas d'une carrière, la forme du moment et les blessures, la sanction du palmarès est forcément la bonne. Moins les titres, rares par définition, que le nombre de sélections. La chance et le hasard n'y ont pas beaucoup de place. Le travail et les mérites, oui.

Pas d'atomes crochus

Sur son seul bilan sportif – 27 matchs joués, 16 victoires, 7 nuls, 4 défaites, 40 buts marqués, 17 encaissés, quarts de finale de l'Euro, en partant de très loin après Knysna –, Laurent Blanc aurait pu prétendre continuer à diriger l'équipe de France. Mais il estima n'avoir pas à le réclamer, et en face, on se garda bien de le lui proposer trop vite, du moins dans des conditions qu'il aurait jugé acceptables.

Laurent Blanc avait signé pour deux ans, en juin 2010, avec une clause de prolongation, une fois acquise la qualification pour la phase finale de l'Euro 2012. À l'échéance fixée, Laurent ne vit rien venir et il ne crut pas, non plus, devoir réclamer quoi que ce soit, estimant qu'il appartenait à la FFF de prendre l'initiative. Quand, après l'Euro, s'ouvrirent enfin les discussions, il apparut vite que si Noël

Le Graët n'était pas opposé à une prolongation de contrat, il ne transigerait pas sur la composition d'un staff qu'il jugeait pléthorique et dont certains membres n'entraînaient pas sa pleine approbation. Laurent Blanc estimait, lui, que son staff n'était pas en surnombre et que tous ses éléments, sans exception, avaient bien travaillé, entre juin 2010 et juin 2012, à l'œuvre de restauration de l'image de l'équipe de France.

Le président tenta bien, au sortir d'une première journée d'échanges sans issue, de convier Lolo à passer un week-end en ses terres bretonnes pour essayer de faire avancer les choses et, qui sait, trouver un terrain d'entente, mais le sélectionneur déclina l'invitation. Il avait déjà compris qu'un compromis n'était pas envisageable sur un sujet aussi central et sensible que la quantité et la qualité du staff. En tout état de cause, il n'envisageait pas une seconde de se ranger aux concessions demandées.

Le « match » se jouera aussi, à un degré moindre, sur un autre terrain, celui des atomes plus ou moins crochus. Entre le Breton réservé et le Cévenol taiseux, il n'y a jamais eu de véritable élan réciproque. Pas d'antagonisme, pas de différend lourd, mais une absence de connivence profonde, dont s'accommodait bien Blanc, beaucoup moins Le Graët. Cette proximité, ces petits coups de fil qu'on échange régulièrement pour parler de tout et de rien, ont été rares. Combien de fois le président, qui se languissait de n'avoir pas de nouvelles, glissa-t-il à Marino Faccioli, le directeur administratif de la sélection qu'il croisait dans les couloirs de la FFF : « Si vous voyez Laurent Blanc, dites-lui que j'ai toujours le même numéro de téléphone… » Lolo, qui n'est pas un accro du téléphone, ne fit pas les petits efforts souhaités pour se rapprocher du président. De bonnes et saines relations de travail, sans plus. Contrairement à son successeur, déjà d'un naturel plus extraverti et liant, qui comprendra très vite, au-delà d'affinités réelles et d'une estime professionnelle et humaine non contestable, tout l'intérêt qu'il y avait à entretenir avec le président les relations fréquentes souhaitées.

Un patron nommé Deschamps

Au fil de mes expériences avec Michel Hidalgo, Henri Michel, Michel Platini, Gérard Houllier, Aimé Jacquet, Roger Lemerre, Jacques Santini, Laurent Blanc et Didier Deschamps – j'ajouterai même Raymond Domenech que je n'ai pas fréquenté comme sélectionneur mais que je connais bien –, j'ai progressivement acquis la conviction que la capacité d'une équipe nationale à aller décrocher un titre était, certes, dépendante de la qualité des joueurs qui la composaient, mais liée aussi et, peut-être d'abord, à la personnalité du patron, à son aptitude à bien sélectionner et à bien gérer son groupe, à le « sentir » et à le garder sous contrôle. Peut-être encore plus sur un plan humain et psychologique que côté terrain.

Si on ne l'a pas vécu au plus près, on peut difficilement imaginer les mille et un détails de la vie d'un groupe d'une cinquantaine de personnes qu'il faut gérer au quotidien, qui sont autant de sources potentielles de dérapage, et donc de moindre performance. Comme si le sélectionneur avait devant les yeux, presque jour et nuit, un immense tableau de bord dont il devait surveiller les centaines de voyants. Dès qu'un voyant clignote, il doit le détecter, savoir ce qui ne va pas et y remédier avant que le voyant ne passe au rouge et déclenche la sirène d'alarme.

Il n'est pas seul à surveiller ce tableau de bord monumental. Les autres membres du staff y concourent, et au premier chef les cadres techniques, s'ils ont avec le sélectionneur un niveau de confiance et de complicité avéré. C'est le cas de Guy Stéphan avec Deschamps, c'était celui de Jean-Louis Gasset avec Blanc, de Philippe Bergeroo avec Jacquet ou de Marc Bourrier avec Hidalgo et Michel. Je mettrais à part Henri Émile qui eut la double casquette terrain – logistique pendant plus de dix ans, avant de se consacrer pleinement à l'intendance, mais qui, en tout état de cause, fut pour tous les sélectionneurs un collaborateur de premier plan, sorte de tour de contrôle du groupe, capable de tout entendre et de tout résoudre.

Chaque sélectionneur avait sa manière d'être et de gérer, ses points forts et ses petites lacunes, un goût et des aptitudes plus ou moins prononcés pour telle ou telle partie de ces énormes responsabilités. Et se mettait en place, naturellement, un équilibre, une norme de fonctionnement qui donnait le tempo, modelait et régulait la vie du groupe. Ce qui est hallucinant avec Didier Deschamps c'est qu'il coche toutes les cases au plus haut niveau d'exigence et d'efficacité. Dédé est un « monstre » de rigueur et de professionnalisme. Il veut tout savoir et il sait tout, il a banni le mot « détail » de son vocabulaire et veut garder la main sur tout. Il fait confiance, il délègue, mais seulement après s'être assuré que les choses se passeront très exactement comme il veut qu'elles se passent. Et attention à celui qui sort des clous, même un tout petit peu, même involontairement.

Il veut tout savoir et il sait tout

Je l'ai appris à mes dépens, à l'automne 2018, pour avoir eu, en deux ou trois circonstances, et sur des points de détail – ah ! J'ai dit le mot qu'il ne fallait pas ! – en tout cas sur des sujets mineurs à mes yeux, et qui ne concernaient ni ma fonction, ni ma manière de l'exercer, un comportement qui n'était pas celui qu'il attendait. L'explication de texte, dans son bureau du Boulevard de Grenelle, durera plus d'une heure, franche et directe. Sans détour, loyale et… nécessaire puisqu'il l'avait voulue. « Je fonctionne comme ça », me dira-t-il en conclusion, certainement pas pour s'excuser – et il n'avait pas à le faire –, mais pour que je comprenne bien son… fonctionnement et sa démarche. Il est le seul de tous « mes sélectionneurs » à m'avoir demandé de lui communiquer chaque soir, avant que Guy Stéphan n'inscrive le nom des heureux élus dans le programme du lendemain sur le *paper-board*, le nom des joueurs qui allaient passer en conférence de presse. Quitte à souhaiter que je lui fasse d'autres propositions, s'il estimait qu'il fallait laisser celui-ci tranquille ou que celui-là s'était déjà trop répandu dans les médias ces derniers temps.

Dans le choix des entretiens individuels qu'il accordait parcimonieusement en dehors des périodes de match, il faisait preuve également de beaucoup de rigueur et d'une extrême prudence. Il connaissait les bonnes périodes pour prendre la parole, qui ne devait pas être banalisée par une dispersion nuisible, et il savait quels médias privilégier en fonction des messages qu'il voulait faire passer. Il est arrivé aussi qu'il dise non après avoir dit oui. Il avait fini par accepter de participer à l'émission de Mélissa Theuriau et Caroline Delage, *Au tableau !!!*, où, dans une salle de classe, une personnalité de la politique, du showbiz ou du sport doit répondre aux questions très variées d'une douzaine d'élèves de CM2. J'en étais aux derniers réglages avec Alexandre Darmon, je crois même qu'une date avait été retenue et que les enfants avaient commencé à préparer leurs questions, quand Jamel Debbouze, invité de l'émission précédente, eut un petit mot sympa pour Karim Benzema, regrettant à demi-mot sa non-sélection en équipe de France. Pas bien méchant, pas une attaque directe contre Didier Deschamps mais c'était déjà trop. Je dus tout annuler.

Autres victimes d'un désistement, beaucoup plus motivé cette fois, France 2, son émission *Complément d'enquête*, le journaliste Julien Daguerre et le présentateur Thomas Sotto. Le reporter me contacte début 2018 pour un sujet à réaliser sur le sélectionneur de l'équipe de France. L'angle : qui est vraiment Didier Deschamps ? Qui se cache derrière ce professionnel au palmarès long comme le bras, ce personnage lisse et consensuel que tout le monde connaît et semble apprécier ? Je me dis déjà que ce côté fouineur et « je veux tout savoir » de l'enquête ne va pas ravir Didier Deschamps. Je sais aussi qu'il n'a pas trop apprécié un reportage précédent sur Zidane, pas vraiment positif pour Z. Z.

Malgré tout, Didier accepte de recevoir Julien Daguerre et donne son feu vert pour le reportage. S'il ne souhaite pas intervenir et s'exprimer dans le cours de l'émission, il promet de venir s'asseoir dans le fauteuil rouge du dernier acte du documentaire, quand Thomas Sotto, lui aussi dans un fauteuil rouge, reçoit l'invité du jour. Je viendrai, promet Didier, mais après visionnage du sujet. Marché conclu. Pour preuve de sa bonne volonté, le sélectionneur ouvre même son carnet d'adresses à Julien pour des interviews au Pays basque ou parmi ses relations hors football. Il fait aussi en sorte de lui faciliter les choses en interne pour approcher le président et la DG, et pour aller planter ses caméras à Clairefontaine. Des lieux habituellement interdits, comme le vestiaire, les salons, la salle à manger, et même sa chambre dans la résidence Équipe de France, font l'objet d'un tournage, sous ma supervision et avec mes commentaires.

Mais quand le sujet parvient à la Fédération à la mi-mai, pour visionnage avant diffusion comme promis, c'est la stupeur. De dizaines d'heures d'entretien avec plus de trente personnes, le montage n'a retenu, très majoritairement, que des appréciations sur Didier restrictives, équivoques, voire franchement négatives. Des deux heures d'entretien que Guy Stéphan a accordées au journaliste, ou des quatre-vingt-dix minutes de notre entretien à Clairefontaine, presque rien, sinon deux ou trois bouts de phrases sorties de leur contexte. Bref, le portrait n'est pas seulement peu flatteur, il est surtout caricatural, à charge et déséquilibré.

En dépit de quelques retouches mineures apportées en dernière heure suite à nos protestations, et des appels à l'aide que me lançait Thomas Sotto, Didier n'ira jamais s'asseoir dans le fauteuil rouge qu'on avait installé pour lui à l'ombre du stade de France. Le présentateur restera seul face caméra, expliquera, comme il pourra, ce qui s'est passé… et démissionnera trois semaines après. Un autre reportage sur le sélectionneur à l'automne 2019, fera largement contrepoids, Nagui, son ami de longue date, ayant pris l'option inverse, avec quatre-vingt-quinze pour cent de témoignages, fort intéressants au demeurant, tout à la gloire de Didier. On en était presque gêné pour lui…

Une énorme ambition

Faire plus et mieux que Didier Deschamps en matière de gestion de groupe, d'organisation, de contrôle, d'anticipation, je ne vois pas comment c'est possible. Une énorme ambition, louable, respectable, mais aussi féroce que discrète, habite cet homme qui subordonne tout à l'objectif qu'il s'est fixé, et contre lequel rien ne doit se dresser. Le cap est fixé, il sera tenu, sans place pour les sentiments, tout pour l'efficacité.

Même sur des sujets qui n'apparaissent pas de première importance, il veille au grain. Sa femme et son fils, quand ils assistent au match, doivent impérativement se trouver derrière le banc de touche des Bleus, dans son champ visuel. Pour la dernière Coupe du monde, il a personnellement veillé à ce que son petit groupe d'invités, Nagui en tête, soit toujours très bien traité. De la même façon qu'il n'oublie jamais ses adjoints techniques où qu'il aille, quoi qu'il fasse. Jusqu'à les mettre presque dans l'embarras en prenant, par exemple, des dispositions de cloisonnement d'une grande salle, au stade de France, pour assurer au staff technique une zone réservée et à l'abri des importuns. Si l'on n'a pas à l'esprit l'importance extrême qu'ont, aux yeux et au cœur du sélectionneur, sa femme Claude et son fils Dylan, il y a tout un pan du personnage Deschamps et de son comportement qui peuvent rester mystérieux ou mal interprétés.

Sur la longue liste de ses caractéristiques et de ses atouts, je mettrais aussi, en bonne place, ce que j'appelle une exceptionnelle intelligence situationnelle. Didier a cette faculté, au plus haut point, de juger vite et bien une situation, ses tenants et ses aboutissants, les avantages et les inconvénients de telle ou telle décision. Puis, une fois la décision prise, de s'y tenir.

Lors de la fameuse scène dite de l'extincteur, à Moscou, après France-Argentine, quand l'alarme de l'hôtel jette tout le monde dehors en pleine nuit, il fait preuve d'un sens de l'appréciation tout à fait exceptionnel. Ma chambre est située à côté de la sienne, et nous descendons ensemble, par les escaliers, pour rejoindre le jardin de l'hôtel. Il est visiblement plus que contrarié, par ce réveil intempestif et prêt à hausser le ton si le motif n'est pas sérieux. Mais au contact de son groupe, changement radical d'attitude : il comprend qu'il ne s'agit que d'un gros chahut collectif, et se souvient qu'il a été joueur lui aussi et qu'il a bien dû faire quelques bêtises du même genre… Avec son plus beau sourire, il souhaite donc une bonne fin de nuit à tout le monde. Avec son sixième sens, il avait perçu et senti qu'une réaction disproportionnée à ce qui n'était qu'un gros chahut pouvait avoir des conséquences néfastes et contre-productives pour l'harmonie, l'équilibre d'un groupe jusque-là irréprochable et, au-delà, sa relation aux joueurs.

Son réseau d'informateurs est d'une richesse rare, mais personne ne les connaît tous, et ils ne se connaissent pas tous entre eux ! Didier cloisonne soigneusement les différentes branches de sa vaste toile. Il n'est pas du genre à parler de tout avec tout le monde, mais la somme des informations qui lui remontent ou qu'il recueille est monumentale. La curiosité fait partie du métier, et il répète souvent que « si c'est bien de savoir ce qui se passe dans sa maison, c'est bien aussi de savoir ce qui se passe dans la maison d'en face ». Pour compléter ce portrait du sélectionneur, je livrerai cette appréciation du capitaine des Bleus, Hugo Lloris : « Il a cette faculté, au plus haut niveau, de savoir gérer un groupe et d'en tirer le meilleur parti. Son énorme palmarès, son vécu, ses connaissances sans cesse actualisées des joueurs et du jeu lui évitent pratiquement toutes les erreurs que bien d'autres commettraient. Il a des principes, il a des convictions, mais il n'est pas borné. Même quand il n'a pas l'air d'écouter, il écoute ! »

Les matchs au microscope

À force de « décortiquer » ce bonhomme hors du commun, je m'aperçois que je n'ai même pas encore évoqué ses atouts fondamentaux, ceux sans lesquels tout le reste ne servirait à rien, sa connaissance du jeu, des joueurs, du ballon, de l'entraînement, des tactiques, bref l'ABC du métier de sélectionneur-entraîneur. Ça va sans dire, mais encore mieux en le disant.

Disons donc que, là encore moins qu'ailleurs, il ne laisse quoi que ce soit au hasard. Tout au long d'une saison, l'observation des matchs nationaux et internationaux fait l'objet d'un planning minutieux, et quand se profile la phase finale d'un Euro ou d'une Coupe du monde c'est le grand branle-bas de combat. Virginie, son assistante, vit en permanence avec, déployé sur son bureau, un tableau XXL avec les matchs, le jour, le lieu, l'heure, les avions, les hôtels, les observateurs...

Attardons-nous un peu, justement, sur l'observation des matchs. Dans le très minutieux processus de la préparation d'un match, la connaissance, donc l'observation, de l'adversaire constitue une importante pièce du puzzle qui se met en place. À cet effet, deux angles de travail : l'observation sur le terrain et un montage vidéo réalisé à partir d'images d'archives.

Ce petit montage vidéo d'une vingtaine de minutes qui sera présenté aux joueurs, généralement le jour du match, avant le déjeuner, c'est l'affaire de Thierry Marszalek et d'Éric Dubray, les deux précieux analystes vidéo du staff depuis vingt ans. Dans leurs locaux du service audiovisuel de Clairefontaine, plus de dix mille cassettes de match en stock, des plus anciennes bobines en 16 ou 35 mm, aux plus récents de l'ère numérique. Quand se profile une rencontre de l'équipe de France, les deux compères sélectionnent et visionnent les derniers matchs de l'adversaire pour appréhender ses caractéristiques, son système de jeu, etc. Un travail long, fastidieux, des dizaines d'heures de jeu à visionner, avec arrêts sur image et sélection des meilleurs passages qui vont permettre d'illustrer au mieux le sujet.

En complément et à l'appui de ce montage vidéo, l'observation « sur pièces » et sur place, depuis la tribune, de notre adversaire par un technicien (soit le sélectionneur ou l'un de ses adjoints, soit un entraîneur de la direction technique nationale). Mais au fait, Guy Stéphan, l'observation d'un match, ça consiste en quoi ? Pour être concret, pour la Coupe du monde en Russie, vous vous êtes organisés comment ?

« Dès le tirage au sort, en décembre 2017, un entraîneur national a été désigné par Didier pour suivre chacun de nos trois adversaires : Jean-Claude Giuntini pour le Pérou, Lionel Rouxel pour l'Australie et Laurent Chatrefoux pour le Danemark. Sylvain Ripoll, l'entraîneur des Espoirs, nous a rejoints en Russie pour renforcer l'équipe appelée à observer nos possibles adversaires à partir des huitièmes de finale.

Chaque observateur part en mission avec une fiche type établie par la DTN, qui va permettre de dresser un portait technique et tactique aussi complet que possible de l'adversaire, sur le plan collectif et au niveau des individualités. On essaie de tout passer au crible : l'animation offensive, l'animation défensive, sa façon d'occuper le terrain, de récupérer les ballons, de les remonter, de repartir après récupération. Bloc bas, médian ou haut, pressing, où, quand, comment. Attaques placées, rapides, coups de pied arrêtés offensifs ou défensifs. Sans oublier les individualités. Tout ce qui touche à notre organisation offensive ou défensive sur coups de pied arrêtés est synthétisé, très clairement, très lisiblement, sur de grands tableaux qui sont ensuite affichés dans le vestiaire dès notre arrivée au stade. Ainsi, tout en se préparant, et jusqu'à l'entrée sur le terrain, le joueur peut se remémorer et se mettre bien en tête ce que chacun doit faire sur corner ou coup franc, pour ou contre nous. Chacun sait ce qu'il a à faire, où il doit se situer.

Quand a débuté la Coupe du monde, chaque adversaire avait été vu cinq ou six fois. Toutes les informations avaient été regroupées, croisées, et un échange verbal approfondi avait eu lieu entre les observateurs, Didier et moi, qui avait permis d'affiner encore le montage vidéo de Marszalek et Dubray. Je pense pouvoir dire que tout cela a été fait sérieusement, professionnellement, et que personne n'a été pris au dépourvu devant l'un de nos sept adversaires. »

Quand Pat pète un câble

Première mission de Didier Deschamps sélectionneur : qualifier les Bleus pour la Coupe du monde au Brésil. Une fois de plus, on va goûter aux angoisses d'un barrage, et quel barrage ! C'est un mois avant ce quitte ou double haletant contre l'Ukraine que survient l'épisode TF1/Evra. On vient de jouer et de gagner le dernier match de qualif contre la Finlande et, à proximité du vestiaire de l'équipe de France, a commencé le grand ballet des joueurs sollicités par les médias.

TF1, qui a un contrat particulier avec la FFF, a droit, après chaque match, à quatre interviews de huit minutes chacune en studio, trois joueurs et le sélectionneur. Ce soir-là, Evra est sur la liste des élus et, comme j'en ai l'habitude, il commence par me dire qu'il n'ira pas. Mais Sylvaine, l'indispensable assistante de *Téléfoot*, veille au grain et finit par convaincre Pat de la suivre jusqu'au studio. Le lendemain matin un informateur m'alerte : « Fais gaffe, Evra s'est lâché dans son interview à *Téléfoot*, ça dézingue… » Didier Deschamps m'appelle une heure après pour me confirmer qu'il faut bien aller voir du côté de TF1 ce qui s'est passé avec Evra. Je n'avais pas attendu pour appeler Jérôme Saporito, le producteur de *Téléfoot* – passé depuis à la chaîne L'Équipe – avec qui je travaillais à longueur d'année, en très bonne intelligence.

« C'est quoi Jérôme, cette histoire avec Evra ?

– Oh pas grand-chose, il s'est un peu lâché, mais on a déjà fait le ménage, c'est bon.

– OK. On peut avoir une copie du sujet avant la diffusion ?

– Euh… ça va pas être possible tout de suite, le sujet est au montage… je fais le nécessaire, tu l'auras demain. »

Là-dessus, un deuil familial m'oblige à partir pour Toulouse. Mais, avant de quitter Paris, je prends bien soin de rédiger une note, expliquant la situation, et recommandant de voir absolument le sujet avant sa diffusion. À ce stade de l'histoire, les versions divergent. Côté FFF, on me dit que l'enregistrement a été demandé mais n'est jamais arrivé. À TF1, on prétend qu'on ne leur a jamais rien demandé après mon départ. Dimanche matin, *Téléfoot* fait un carton avec une interview où Evra dézingue effectivement, et en beauté, quatre consultants TV, Pierre Ménès, Luis Fernandez, Rolland Courbis et Bixente Lizarazu, dont il travestit délibérément les noms : Luis Fernandel, Rolland « Tournevis »...

Précision : l'interview réalisée par Marc Benoist, limitée contractuellement à huit minutes, timing presque toujours respecté par TF1, s'est éternisée avec Evra jusqu'à plus de 20 minutes. Sollicité deux fois par le journaliste pour expliquer son image dégradée, Evra évacue la question deux fois avant de craquer à la troisième tentative du journaliste, après plus de 15 minutes d'entretien. Je persiste à penser, malgré les dénégations de la chaîne, que TF1 n'a pas été très réglo sur ce coup-là. Joli coup médiatique, mais loyauté en berne.

Soir de folie au stade de France

Voici venue l'heure de ce fameux barrage, destination Ukraine. On sait que ça ne va pas être facile de jouer au pays de Blokhine et de Lobanovski, longtemps fournisseur d'un gros contingent de la grande équipe de l'ex-URSS, mais c'est dans nos cordes. *A priori. A priori* seulement. Parce qu'une fois là-bas, on va se faire bousculer copieusement par des Ukrainiens très agressifs dont on ne saura jamais contenir les assauts. 2-0 ça fait mal. Et les statisticiens, qui dégainent aujourd'hui plus vite que leur ombre, font vite savoir que jamais, jamais, dans l'histoire de la Coupe du monde, une équipe battue au match aller des barrages par deux buts d'écart n'est parvenue à remonter son handicap, donc à se qualifier.

Entre aller (15 novembre) et retour (19 novembre), Clairefontaine va connaître quatre jours particulièrement intenses. Deschamps trouvera vite les mots justes et mobilisateurs. Il multipliera les entretiens individuels et collectifs pour s'assurer que la défaite ukrainienne est digérée et que tout le monde est bien passé en mode « remontada ». Noël Le Graët, accouru au chevet de « son équipe de France » qu'il ne peut pas imaginer éliminée de la Coupe du monde, me fera même interrompre un point presse en cours, pour réunir séance tenante tous les joueurs dans le salon Raymond-Kopa de la résidence, et les placer, solennellement et sans trop de nuances, devant leurs responsabilités : « À Kiev, vous avez failli, vous n'avez pas été à la hauteur de l'événement. Mais je sais que vous avez le talent et les qualités pour remonter ces deux buts. Personne ne l'a encore jamais fait mais, vous, vous pouvez le faire, et vous allez le faire. »

Même moi, qui n'ai jamais joué le professeur de bonnes manières encore moins le metteur en scène avant les conférences de presse – après c'est autre chose, on débriefe, on rectifie –, même moi, je m'autorise à sonner le clairon auprès des joueurs qui vont se présenter devant les médias : « Si vous arrivez en salle de presse avec la tête que vous aviez au retour de Kiev, prostrés, abattus, le nez dans les godasses, ça va pas le faire. Il faut que les journalistes voient en face d'eux des hommes en colère, des joueurs déjà prêts à en découdre, à tenter l'impossible. »

Ils seront parfaits. Giroud proclamera qu'il voudrait que le match retour ait déjà lieu là, tout de suite, tellement il avait envie d'y être. Mamat Sakho avait la mâchoire si serrée et le regard si sombre, si menaçant, qu'un journaliste me dira le lendemain y avoir vu « comme des flammes ».

Et l'impossible deviendra possible, le jamais vu sera vu. Dans un stade de France incandescent, paré de milliers de drapeaux bleu, blanc, rouge opportunément déposés sur les sièges à l'initiative du marketing de la FFF – bravo Florent ! –, les Bleus vont nous rejouer le « et un, et deux, et trois zéro » de la finale de 1998. Notre Thuram de l'époque s'appellera ce soir Sakho. Son doublé et un but de Benzema régleront le compte d'une formation ukrainienne pourtant arrivée plus que confiante au stade de France. Une *Marseillaise* vibrante, entamée par les joueurs français regroupés, après la victoire, face à la tribune officielle, achèvera de faire de cette soirée du 19 novembre 2013 un moment exceptionnel de communion.

D. D., Acte I

L'acte I de la phase finale d'une Coupe du monde, comme d'un Euro, c'est « la liste ». Si l'organisateur n'impose la communication officielle des vingt-trois noms qu'une dizaine de jours avant le début de la compétition, tous les sélectionneurs souhaitent entamer la phase de préparation – ici, à peu près quatre semaines du 19 mai au 15 juin – en sachant où ils vont, et surtout avec qui ils y vont.

Didier avait opté pour le 23 + 7, moins ambigu que le 28 – 6 d'Aimé en 98. Tout ceci devait, bien sûr, rester top secret jusqu'au 20 heures de TF1, avec Deschamps en plateau pour l'annonce en exclusivité. Ce genre d'exercice ne s'improvise pas, il demande même, pour le diffuseur TV, une préparation minutieuse avec toute une iconographie à mettre en place, des noms, des titres, des sous-titres, à composer et à programmer pour une insertion à l'écran au bon moment. Le rendez-vous avait été fixé à 18 heures à la tour TF1, quai du Point-du-Jour à Boulogne, où je devais arriver avec une clé USB, porteuse des 23 + 7, exactement dans la même disposition et le même ordre que celui figurant sur le document papier que le sélectionneur lirait sur le plateau, en même temps qu'apparaîtraient à l'écran les visages des nommés. Après la visite de courtoisie du patron de TF1, Nonce Paolini, et un échange éclair avec le présentateur Gilles Bouleau, Didier avait maîtrisé l'exercice avec une pertinence et une sérénité de vieux pro de l'audiovisuel, déjouant même le piège d'un incident technique qu'il avait décelé et maîtrisé à la perfection, ralentissant le débit de son élocution pour se trouver raccord avec des images capricieuses.

Bâche et huis clos

Nous avions dans le staff un team-manager, un garçon dynamique, sympathique, toujours tiré à quatre épingles, qui quittait rarement un grand bloc sur lequel il notait, notait, notait les cent sujets qu'il avait à traiter chaque jour. Un rôle un peu à la Henri Émile, dans lequel il était secondé par Frédéric Forestas, pour l'administratif et la logistique. À cette différence près, non négligeable, que Riton, entraîneur national, était « du bâtiment » et appréhendait toutes les situations avec l'œil du technicien, ce qui n'était pas son cas. Pour ne pas l'accabler d'un discrédit hors de proportion, on va l'appeler ici « le cousin ». Il venait du marketing et ne pouvait donc pas avoir avec Didier Deschamps la proximité, la complicité, que Riton avait eue avec Michel, Jacquet ou Lemerre. Ce petit plus, ou plutôt ce grand plus, qui permet de ne pas avoir à se parler trop longtemps pour se comprendre, parfois même sans avoir à poser des questions dont on connaît déjà les réponses.

Avec les autres membres du staff qui avaient effectué les premiers repérages, le cousin nous avait dégoté un camp de base et un centre des médias qui allaient se révéler exceptionnels, à Ribeirao Preto, six cent mille habitants, dans l'État de São Paulo.

Comme camp de base, l'hôtel J.P., à la périphérie de la ville, à vingt minutes de l'aéroport et quinze du centre-ville, du centre des médias et du terrain d'entraînement. Dans la verdure, aéré, deux bâtiments de quarante chambres, un de soixante-quatre, le tout privatisé avec piscine, sauna, fitness, salles de réunion. Parfait. Et, comme centre des médias, sous la gestion avisée de Yann Perrin, un théâtre, un vrai théâtre à l'ancienne, avec parterre et balcons, le théâtre Pedro II, sur la scène duquel j'entrais chaque jour pour le point presse, après être passé par les coulisses entre les décors des pièces au programme de l'été.

Notre terrain d'entraînement, le stade du Botafogo Ribeirao Preto, un club de quatrième division brésilienne où avaient brillé, en d'autres temps, Socrates et Raí, faisait un peu vieillot malgré les généreux coups de peinture donnés à la hâte avant notre arrivée. Un stade avec des tribunes en plein air, où l'on accueillera, deux ou trois fois, plusieurs milliers de spectateurs, tribunes derrière lesquelles se dressait un hôtel d'une dizaine d'étages, observatoire idéal pour des journalistes en quête d'informations, les jours d'entraînement à huis clos.

Le problème n'avait pas échappé au cousin, qui nous affirma, dès le premier jour, qu'une grande bâche avait été commandée, à fixer sur l'armature de la partie haute de la tribune devant l'hôtel, de façon à occulter la vue des « espions » forcément retranchés dans l'hôtel. La bâche devait arriver le lendemain, puis le surlendemain... En fait elle n'arriva jamais.

« Craquer les huis clos », comme ils disent, est devenu l'obsession d'une petite intelligentsia de journalistes parisiens depuis plus de dix ans. Longtemps, les médias avaient respecté ces entraînements à l'abri des regards. Et puis, en relation sans doute avec une évolution galopante de la conception et des méthodes de travail de la profession, avec la pression, aussi, des chaînes d'info en continu, les journalistes ont cru, et voulu faire croire, qu'être les premiers à donner « la bonne compo », même trente secondes avant la concurrence, était le must du métier. Ainsi commença un petit jeu des gendarmes et des voleurs. Les journalistes se mirent à grimper dans les arbres, à se jucher sur des échelles placées, dans un équilibre précaire, sur le toit d'une voiture, et à s'inviter chez des particuliers dont les fenêtres donnaient, opportunément, sur le stade. De leur côté, les préposés à la sécurité et à la tranquillité de l'équipe de France devenaient de gros consommateurs de bâches ou de larges tissus occultants, déployés sur des centaines de mètres autour des terrains retenus pour les huis clos. Et des vigiles prenaient place aux points stratégiques pour déjouer les stratagèmes des journalistes espions. Un petit jeu dont les journalistes sortaient presque toujours vainqueurs, mais qui irritait beaucoup les sélectionneurs, contrariés de voir leurs plans de bataille éventés et livrés, via les médias, à leurs adversaires qui profitaient ainsi d'un avantage non discutable dans l'élaboration de leur propre stratégie.

Après un carton jaune, donc, avec cette histoire de bâche fantôme, le cousin n'allait pas tarder, hélas, à prendre un rouge direct, en relation avec le voyage des femmes des joueurs et du staff, programmé autour du troisième match contre l'Équateur le 25 juin.

Branle-bas de combat

Mon épouse, Élisabeth Bougeard-Tournon, qui avait déjà exercé les fonctions d'organisatrice-accompagnatrice des « femmes de » dans les staffs de Jacquet, Lemerre et Santini, faisant même une pige en Afrique du Sud à la demande du président Escalettes, avait été pressentie par Didier Deschamps dès la qualification acquise pour reprendre du service au Brésil. Sans plus d'explication, elle sera dessaisie du dossier au profit du cousin auquel, sympa, elle prendra soin de souligner les spécificités de la mission, s'agissant d'une population VIP qu'on ne peut surtout pas négliger.

Elle part donc en touriste au Brésil avec le comité d'entreprise de la FFF, pour le France-Suisse de Salvador de Bahia, projetant de me rejoindre à Rio pour le troisième match avec les autres compagnes des joueurs et du staff venues de Paris. Lorsqu'elle arrive à Rio et qu'elle prend conscience que l'hôtel du CE, également retenu pour ces dames, n'est pas, mais pas du tout, du standing souhaitable et souhaité, elle a le réflexe de m'alerter. Je fais passer le message au cousin qui se met aussitôt en quête d'un autre établissement déjà plus conforme. Sauf que lorsque la délégation féminine s'y présente, aspirant au repos après une nuit dans l'avion et une matinée au Club France de Rio, les chambres ne sont pas prêtes, il n'y en a pas assez, pas assez de lits non plus pour les enfants, le restaurant ne sert plus, etc. Ça grogne dans les rangs, et ça grogne aussi au camp de base où les joueurs ont, bien sûr, été alertés des contrariétés de leurs compagnes. Et s'en sont ouverts, sans tarder, au président et au sélectionneur.

Branle-bas de combat ! Il est urgent d'éteindre l'incendie avant qu'il ne se propage trop et Noël Le Graët fait jouer la solidarité bretonne et surtout l'expertise d'Élisabeth en lui demandant de prendre l'affaire en charge. Instruite par les expériences vécues, elle ramène le calme dans les rangs et demande surtout aux filles d'arrêter de se plaindre auprès de leurs maris, ils ont autre chose à penser… Elle promet aussi de trouver « le » bon hôtel dès le lendemain. Après une journée d'excursion, le nouvel emménagement se fera, à la satisfaction de tous, sur Copacabana dans l'établissement haut de gamme que viennent de quitter les Anglais. L'affaire pourrait s'arrêter là et être très vite oubliée si le cousin, voulant sans doute se faire pardonner, n'avait pas eu l'idée de trouver pour France-Équateur, des billets encore « meilleurs », avec prestations, que ceux déjà prévus. Il y parviendra, mais sans réaliser que ces billets se situent dans la tribune « d'en face » et non derrière le banc français, comme vivement souhaité par tout le monde, et en plus non groupés, mais éparpillés dans la vaste tribune. Pour ne rien arranger, les parkings alloués sont à plus d'un kilomètre du Maracana et les filles, qui ont revêtu le maillot de leurs chéris, seront un peu chahutées sur le parcours à pied. Ça grogne de nouveau, beaucoup même, et dès la fin du match, dans le vestiaire, les téléphones sonneront vite pour véhiculer plaintes et doléances.

Les joueurs de l'équipe de France ne reverront plus le cousin. Dur épilogue, sans doute, pour un garçon dont les capacités ne peuvent être mises en doute et qui rebondira joliment à la direction du comité d'organisation de la Coupe du monde féminine 2019. Mais à vouloir trop en faire et à ne pouvoir évidemment tout faire malgré ses « je m'en occupe » certainement sincères, il a fini par se brûler les ailes au feu ardent de la sélection nationale.

Michel Hidalgo a dit un jour à Élisabeth : « Si Philippe a duré aussi longtemps en équipe de France, c'est parce qu'il a su rester à sa place. » C'est effectivement une règle d'or, quand on est dans le staff de l'équipe de France, de savoir rester à sa place. Bien faire son boulot d'abord, être à la disposition de tous pour faciliter la vie de chacun, et d'abord du groupe, mais sans jamais se mettre en avant ni s'occuper de ce qui n'est pas de son ressort si on ne vous l'a pas demandé.

La leçon n'a pas été inutile. Le fonctionnement du staff a été revu et corrigé. La directrice générale de la FFF, élue, depuis, au comité exécutif de l'UEFA, chargée des questions marketing, est désormais l'interlocutrice directe du sélectionneur pour tous les grands problèmes d'organisation, avant qu'ils ne soient traités, dans le détail, par le responsable administratif et logistique.

C'est très efficace, il faut l'admettre, même si je ne suis pas le seul à penser que ce n'est pas le schéma idéal ni, surtout, facilement transposable avec d'autres personnes dans le futur. La formule du team manager également technicien, comme l'était Henri Émile, ou, à défaut, d'un élément parfaitement initié à ce qu'est la vie d'une sélection nationale, me semble la plus adaptée, la plus adaptable aussi, dans la continuité, à tous les hommes et à tous les contextes.

Varane avait vu juste

Dans le monumental palmarès de Deschamps, « Brésil 2014 » n'est pas appelé à occuper une place centrale. L'équipe de France y a tenu son rang, simplement. Ni décevante ni enthousiasmante, éliminée en quarts de finale par le futur et indiscutable vainqueur allemand qui allait atomiser le Brésil (7-1) en demi-finale, plongeant tout le pays hôte dans le désarroi.

Parmi les péripéties à évoquer encore, il reste cette conférence de presse, avec Franck Le Gall. Le médecin des Bleus avait eu le feu vert de Didier Deschamps, comme d'autres membres du staff, pour venir répondre aux questions des journalistes. Avec cette recommandation du coach avant de partir : « On ne revient pas sur le passé. »

Me voilà sur la scène du majestueux théâtre Pedro II, avec Franck, et la première question, comme on pouvait s'y attendre, concerne Ribéry et son forfait de dernière minute. Le Doc se lance alors dans une explication de plus en plus détaillée que je trouve vite très longue, trop longue, surtout après la recommandation de D. D. avant le départ. J'essaie de lui faire comprendre qu'il faut qu'il en reste là, je tente même, sans succès, de lui filer des coups de pieds sous la table. Plus je me désespère de le voir s'éterniser sur le cas Ribéry, plus il en rajoute. Et quand, en termes à peine voilés, il s'attaque au docteur Müller-Wolfarth, sommité allemande du Bayern Munich et de l'équipe nationale, je ne suis pas loin de m'étrangler.

Il aura droit, à notre retour au camp de base, à une belle remontée de bretelles de la part de Didier qui, depuis, a pris l'habitude de le chambrer en le présentant comme le seul médecin au monde ayant mis un terme à la carrière internationale d'un joueur. De fait, Ribéry qui n'a pas trop apprécié la sortie du Doc, et encore moins qu'il s'en prenne à Müller-Wolfarth, annoncera, peu de temps après, qu'il tire un trait sur l'équipe de France.

Me revient aussi une réflexion de Raphaël Varane, héros malheureux, sur le but de Hummels, après France-Allemagne : « Ce quart de finale perdu servira de point de départ pour de belles choses ». Bien vu. Quatre ans plus tard, Varane sera devenu l'un des meilleurs défenseurs centraux de la planète foot, et aura pris toute sa part, sur le terrain, mais aussi dans la vie du groupe, dans la conquête de notre deuxième étoile. Le défenseur central du Real Madrid et de l'équipe de France est un sage. Il n'a jamais eu de plan de carrière. Il a toujours pris les matchs et les étapes de son évolution comme elles venaient, sans jamais se projeter inutilement vers un avenir qu'il ne pouvait ni connaître ni maîtriser. Il a fait son profit de tout ce qu'il a vécu, pour devenir ce défenseur à la fois fin et athlétique, aujourd'hui respecté et craint. Il n'est jamais allé contre sa nature profonde, calme, posée, réfléchie. Sans écouter tous ceux qui, après le Brésil et le but concédé à l'Allemagne, le sommaient de changer de registre et de devenir un grand costaud, gesticulant et braillant. Il est le premier à savoir s'il a été bon ou insuffisant, et à passer à l'étape de l'analyse et de la réflexion pour comprendre le pourquoi et le comment de sa performance. Quand il abordera la Coupe du monde 2018, au terme d'une saison pleine et aboutie avec le Real Madrid, où il aura répondu présent dans tous les grands matchs, avec ou sans Ramos à ses côtés, il est apaisé. Jeune papa, il connaît dans son existence, une stabilité, une sérénité qui lui correspondent parfaitement.

Sextape et entourages douteux

Qualifiée d'office pour l'Euro 2016, qu'on organise, l'équipe de France va plutôt bien négocier le toujours délicat tunnel de deux années sans match à enjeu. Elle y dispute vingt rencontres entre la fin de la Coupe du monde 2014 et le début de l'Euro, avec un bilan très présentable de quinze victoires, deux nuls, trois défaites.

C'est plutôt bon signe à l'approche de la phase finale d'un grand tournoi à la maison, où on ne va pas pouvoir arriver sans afficher de grandes d'ambitions. On aurait aimé s'en tenir là avec ce bulletin de santé rassurant pour la période septembre 2014-mars 2016, si l'actualité ne nous avait pas réservé deux événements marquants.

Évacuons d'abord ce trouble et pénible imbroglio de la *sextape* impliquant deux internationaux, Karim Benzema et Mathieu Valbuena, et sur le fond duquel la justice ne s'est pas encore prononcée au moment où j'écris ces lignes. À l'origine, le Marseillais qui change de téléphone et demande à un « copain » de lui transférer toutes ses données, tous ses contenus, de l'ancien appareil au nouveau. Ce que le copain fera, non sans découvrir, en voyant défiler les images, quelques scènes un peu, voire très légères, avec dans le rôle-titre, le joueur de l'OM. En copain très attentionné, il en garde une copie qui, de mains incertaines en mains douteuses, se retrouve un jour entre celles d'un vrai maître chanteur qui se met donc en tête de faire chanter Valbuena.

L'occasion de dire un mot sur ce que l'on appelle communément « l'entourage des joueurs ». On y trouve de tout, et surtout des personnages pas toujours recommandables, attirés par la fréquentation et la proximité des stars ou, plus grave, par leur argent et toutes les perspectives qui y sont liées. Ces gens-là ont le chic de se rendre disponibles, de proposer des services de tous ordres, et d'arriver, parfois, à se rendre presque indispensables. Si tous les joueurs avaient la perspicacité et la lucidité nécessaires pour faire le tri entre les « bons » et les « mauvais », ça ne serait pas bien grave. Mais, beaucoup, par facilité ou insouciance, prêtent une oreille attentive, trop attentive, à ces oiseaux de mauvais augure qui ne leur prodiguent pas que de bons conseils. Par incompétence, ou par intérêt, les mauvais conseilleurs entraînent souvent leur protégé sur des chemins hasardeux, voire carrément douteux, qu'il s'agisse de fréquentations ou d'investissements. On ne le sait pas toujours, mais ils sont nombreux, chaque saison, les joueurs qui tombent ainsi, pour leur plus grand malheur, entre les griffes de ces aventuriers de sous-préfecture, quand il ne s'agit pas de petits truands, et qui y perdent du temps et de l'argent, souvent au détriment de leur rendement sportif. Bien des joueurs, trop crédules ou trop confiants, n'ont pas la chance de bénéficier d'un cercle familial ou amical stable, capable de leur donner des conseils avisés et pertinents de nature à guider leurs pas et leur carrière. Le professionnalisme, aujourd'hui, exige des joueurs responsables, soucieux de leur corps, de leur hygiène de vie, qui assument un statut contraignant d'athlète de très haut niveau, en échange de revenus hors norme. Ceux qui ne veulent pas le comprendre, ou qui s'en remettent trop facilement à de mauvais conseilleurs, le paient inévitablement. Et logiquement.

Valbuena porte plainte et attend jusqu'à ce que, à l'occasion d'un rassemblement de l'équipe de France à Clairefontaine, il voie débarquer dans sa chambre un Karim pas trop à l'aise qui lui propose de l'aider. Toute la question est de savoir le sens précis qu'il faut donner à la démarche de Benzema. A-t-il voulu rendre service à Valbuena comme il l'a toujours prétendu ? Ou s'est-il entremis, bien imprudemment, dans une histoire où il n'avait rien à faire *a priori*, sinon rendre service, aussi et peut-être surtout, à un ami de l'autre bord ? Ce sera l'option retenue par le juge d'instruction qui, le 5 novembre 2015, mettra Karim Benzema en examen pour complicité de tentative de chantage.

La mise en examen d'un top joueur qui porte la double casquette du Real Madrid et de l'équipe de France déclenche des réactions tous azimuts. Patrick Kanner, ministre des Sports : « Je suis défavorable à la sélection de tout sportif mis en examen. » Noël Le Graët, président de la Fédération : « Benzema est écarté de l'équipe de France jusqu'à ce que la situation évolue. » Manuel Valls, Premier ministre : « Je pense que les conditions ne sont pas réunies pour que Benzema revienne en équipe de France. »

Le président de la FFF et le sélectionneur, qui avaient pu se contenter de naviguer à vue pendant six mois, vont devoir trancher. Ils vont le faire le 13 avril 2016 dans un communiqué où ils expliquent que « la performance sportive est un critère important mais pas exclusif pour décider de la sélection au sein de l'équipe de France ». Y sont évoquées aussi les notions de « groupe » et « d'exemplarité ». Pas d'Euro pour K. B., et commentaires à la chaîne.

L'ex-joueur philosophe-poète-peintre-acteur Cantona laisse entendre au *Guardian* que Benzema mais aussi Ben Arfa ne sont pas sélectionnés pour l'Euro à cause de leurs origines. Déclaration qu'il agrémente de quelques réflexions, pas mieux venues, sur le nom de Deschamps, un peu trop français. Suit une interview de Benzema à *Marca*, dans laquelle, sans accuser Didier de racisme, il soupçonne clairement Deschamps « d'avoir cédé sous la pression d'une partie raciste de la France ». Le comble de la bêtise et de l'abject sera atteint lorsque la maison des Deschamps à Concarneau, le pays de Claude, la femme de Didier, sera taguée du mot « raciste ». Nous sommes alors à Metz, à la veille de France-Écosse, dernier match de préparation à l'Euro. Didier apprend la nouvelle de la bouche de sa femme, très marquée, peu de temps avant de passer à table pour le dîner. Quand il entre dans la salle à manger, il est au bord des larmes.

Chacun son opinion, mais soupçonner, accuser Deschamps de racisme me semble aussi inepte, infondé et désobligeant que pour Laurent Blanc dans l'affaire des quotas. C'est oublier aussi que Karim n'avait pas eu plus ardent défenseur que Didier Deschamps à l'époque où il ne marquait plus en sélection – plus de 1 000 minutes, je crois, sans un but – et accumulait les matchs peu probants. Le sélectionneur lui avait maintenu sa confiance contre vents et marées et contre ceux, nombreux, qui réclamaient qu'on arrête de sélectionner cet attaquant qui ne marquait plus, et qui, circonstance aggravante, ne chantait même pas la *Marseillaise* ! Les mêmes sans doute qui assaillaient Noël Le Graët de « Dehors, l'Arabe ! » Là, oui, c'était du racisme.

Attentats et solidarité

Une folie meurtrière et terroriste allait plonger Paris et sa banlieue dans le drame absolu en cette soirée du 13 novembre 2015. Le football et le match France-Allemagne étaient les premiers visés. En première période, une puis deux violentes explosions provenant de l'extérieur du stade nous firent sursauter. Un bruit sourd qui n'était pas celui des bombes agricoles ou des gros pétards prisés par les supporters. On ne sut qu'après le match qu'il s'agissait de kamikazes terroristes qui s'étaient fait sauter sur le parvis presque désert en actionnant leur ceinture d'explosifs. On n'ose imaginer le drame absolu s'ils avaient pu accéder aux tribunes en déjouant les mesures de sécurité et de fouilles aux guichets ou même s'ils avaient attendu la fin du match et la sortie massive des spectateurs pour mettre leur funeste projet à exécution. On ne savait pas, non plus, que l'opération stade de France n'était que l'acte I d'un effroyable scénario qui était en train de faire nombre de victimes aux terrasses de café et de restaurant des 10e et 11e arrondissements de Paris et, peu de temps après, au Bataclan.

La remarquable maîtrise de toutes les personnes chargées de l'ordre et de la sécurité ce soir-là au stade de France, va permettre au match d'aller à son terme sans que se répandent trop d'informations alarmistes, susceptibles de déclencher des mouvements de foule et de panique non contrôlables. Le président de la République, François Hollande, présent dans les tribunes quittera le stade en toute discrétion pour rejoindre l'Élysée.

Je remarque bien, en regagnant le vestiaire à la mi-temps, une agitation un peu particulière dans les couloirs. Mais comme l'on m'avait averti qu'une équipe du RAID était en mission ce soir-là au stade dans la perspective de l'Euro, je ne m'étonne pas outre mesure.

Ce n'est qu'à deux minutes de la fin du match, en rejoignant Frédéric Calenge, l'homme de terrain de TF1, pour savoir, comme d'habitude, qui il souhaitait avoir au micro pour les interviews au coup de sifflet final, que je commençais à prendre conscience : « On ne prend personne, on rend l'antenne tout de suite pour une édition spéciale "attentats". Les joueurs, quittant le terrain, tombent en arrêt sur le poste TV perché, en hauteur, à l'entrée du tunnel qui mène au vestiaire. Les images de l'horreur leur sautent au visage et un silence lourd, angoissé, va alors tomber, et pour toute la nuit, sur le stade de France. De retour dans leur vestiaire, les joueurs, prostrés, ne peuvent détacher leur regard des postes de télé fixés sous le plafond, et sur lesquels ce ne sont que voitures de police, camions de pompiers, ambulances, gyrophares et brancards.

Quand on parle, c'est à voix basse, et pour se dire l'effroi que nous inspire ce qui est en train de se passer. Lassana Diarra apprendra qu'une de ses cousines est décédée dans la tuerie du Bataclan. Il livrera lui-même l'information dans un communiqué particulièrement digne. Antoine Griezmann n'est pas sûr que sa sœur soit au Bataclan, au concert de Eagles of Death Metal, mais il en a l'intime conviction. Il attendra longtemps, longtemps, le SMS rassurant de Maud.

Nous convenons très vite avec le chef de presse de l'équipe d'Allemagne qu'il n'y aura ce soir, ni conférence de presse, ni interviews en studio, ni passage des joueurs en zone mixte. J'accompagnerai simplement le président Le Graët en salle de presse, pour qu'il dise devant micros et caméras quelques paroles de circonstance, et ce sera tout.

Dans les couloirs du stade de France, joueurs allemands et français, qui se connaissent bien, qui jouent ou ont joué parfois ensemble dans les mêmes clubs, se sont rapprochés et sont assis à même le sol, adossés au mur. Sandwiches et boissons ont été distribués et on attend. On attend que soient dégagés et sécurisés les abords du stade de France – le feu vert ne sera pas donné avant 1 heure du matin. On attend, surtout, que la délégation allemande ait trouvé une solution à ses exigences. Nos amis allemands veulent rentrer tout de suite en Allemagne, sans repasser par leur hôtel, et ils sont plus de 150 avec les sponsors et les invités.

Didier Deschamps a prévenu : on ne quitte pas le stade tant que les Allemands n'ont pas réglé leur problème. Il proposera même à Joachim Löw de revenir avec nous, ses joueurs et son staff, à Clairefontaine où, renseignements pris, on peut héberger une cinquantaine de personnes. Mais le sélectionneur allemand décline l'invitation : on ne se sépare pas, on rentre tous ensemble en Allemagne. On attendra le temps qu'il faut pour trouver un avion qui puisse nous accueillir tous.

Vers 3 heures, l'affaire est réglée, un avion est en préparation au Bourget, les Allemands pourront décoller vers 7 heures. À ce moment-là seulement, Didier donne le signal du départ et il est plus de 4 heures lorsque nous retrouvons Clairefontaine, la tête pleine d'images désolantes, bien incapables de trouver le sommeil avant le petit matin.

Au petit déjeuner, tardif, un tour de table rapide aurait certainement conduit à l'annulation du match prévu à Londres le 17 novembre. Qui pouvait avoir le cœur à jouer au football aussi vite, après ce que l'on venait de vivre ? Mais ce n'est pas à la table du petit déjeuner que se prennent ces décisions. Noël Le Graët arrive pour déjeuner et annonce, sans préambule ni discussion, que le match de Londres est maintenu. À l'évidence, la décision a été prise en concertation avec les plus hautes autorités de l'État et pour des raisons du même nom.

L'accueil de l'Angleterre sera fantastique. L'atrocité des événements du 13 Novembre a créé la stupeur et la compassion dans le monde entier, et les Anglais vont rivaliser d'attentions et de tact pour recevoir une délégation française meurtrie. Le stade de Wembley sera nimbé d'un immense néon en arc de cercle bleu, blanc, rouge, les paroles de la *Marseillaise* apparaîtront sur les écrans géants du stade et seront reprises en chœur par le public londonien. Le prince William, au bord du terrain, partagera l'émotion des officiels anglais et français dans une minute de silence poignante.

Clairefontaine relooké

Comme il l'a fait depuis sa nomination, Didier a réuni son staff en début d'année pour faire le point sur les six mois écoulés et se projeter sur les six mois à venir. Cette année d'Euro, la discussion, dans le cadre magnifique de La Réserve, à Beaulieu, tourne beaucoup autour de l'Euro disputé en France. Visiblement, le coach veut surprendre, éviter que les Bleus ne s'endorment sur leurs petites habitudes dans le cadre vu et revu de Clairefontaine. Déjà, les travaux d'une salle de fitness hypermoderne avec bassin eau chaude et froide, salle des kinés adjacente ont été lancés et seront terminés en mai. Les espaces gagnés au sous-sol de la résidence permettront d'agrandir le vestiaire et de dégager, de l'autre côté du couloir, un petit espace collation que les joueurs adopteront très vite avant l'entraînement de l'après-midi.

Les photos noir et blanc d'un autre âge, qui ornaient les murs du grand salon et du hall d'accueil, sont remplacées par des photos couleur des exploits les plus récents, et les photos des vingt-trois joueurs décorent les grands panneaux du salon Aimé-Jacquet. Sur la pelouse, en vis-à-vis de la fenêtre de la salle à manger, un très grand chapiteau est dressé, espace détente-loisirs, avec baby-foot, billard, simulateur de conduite, ping-pong, musique, fauteuils et canapés. Le succès sera immédiat. Quant au centre de presse, il a été implanté en dehors du camp de base, mais à proximité immédiate, sur un emplacement que la FFF vient d'acquérir auprès du comité d'entreprise d'EDF.

Tout cela férocement teinté de bleu, blanc, rouge. Éric, Alix, Christophe et leurs équipes ont réalisé sur cet Euro 2016 un super-boulot, sans parler de l'accueil de plus en plus chaleureux et imaginatif réservé aux Bleus à chacun de leur retour « à la maison » par le personnel du Centre, quelle que soit l'heure du jour ou de la nuit.

Guy Stéphan, l'adjoint rêvé

Pour tous ces aménagements, Didier Deschamps a, bien sûr, donné le OK final, quand il ne les a pas impulsés ou exigés, mais après avoir consulté son staff et, singulièrement, son ombre plus que son adjoint, son grand frère, son confident : Guy Stéphan. Pas encore un vieux couple, mais déjà trois années de travail en commun à l'OM avant de poursuivre l'aventure en équipe de France, huitième saison en cours. Ces deux-là se comprennent sans avoir besoin d'échanger beaucoup, ils habitent sur la Côte d'Azur à une cinquantaine de kilomètres l'un de l'autre, et leur complicité, surtout pas ostentatoire, est totale.

Mais au fait, Guy, c'est quoi un bon adjoint ?

« Il n'y a pas de profil type du bon adjoint. Ce n'est qu'à l'épreuve du temps que l'on peut dire si un adjoint est bon, très bon ou inadapté. Pour moi, c'est un homme de l'ombre, un numéro 2. Il doit le savoir et l'accepter. Il doit connaître très vite ce que le numéro 1 attend de lui. Il doit être en mesure de répondre à ses interrogations et devenir un réducteur d'incertitudes pour son patron. Compétent et loyal, il doit occuper la place qu'on lui donne, pas plus, pas moins. Ce n'est pas un béni-oui-oui, il doit savoir exposer ses arguments et exprimer ses désaccords, mais jamais en public, toujours entre quatre yeux. Et, une fois que la décision est prise, elle devient sa décision, même s'il y avait des divergences de vues au départ. L'adjoint doit aussi veiller à l'unité de l'ensemble d'un staff d'une vingtaine de personnes et, particulièrement, se soucier d'avoir une relation complice avec les autres membres du staff technique, l'entraîneur des gardiens, Franck Raviot, et les préparateurs physique, hier Eric Bedouet et Greg Dupont, aujourd'hui Cyril Moine. »

Le camp de base étant à Clairefontaine, D. D. avait concocté un programme de préparation varié qui allait nous amener à changer de cadre souvent. Biarritz d'abord, ou le BO rugby et la Ville nous entourèrent de mille attentions et où le stade Aguillera accueillit des milliers de jeunes, ravis d'approcher enfin les Bleus qui ne s'étaient encore jamais aventurés en ces contrées. Après le France-Cameroun de Nantes – mon 300e match en Bleu avec un maillot souvenir remis par Hugo –, le Tyrol, avec les paysages somptueux qui entouraient l'hôtel Jagdhof à Neustift, et Metz pour finir avec un dernier réglage contre l'Écosse.

Signé Grizou

Le dernier carré, c'était l'objectif fixé par le président de la Fédération. Mais, sans le dire évidemment, le sélectionneur et ses joueurs visent clairement la finale, et une finale victorieuse, ça va de soi. Mais pour arriver à l'ultime face-à-face, que d'embûches, que d'émotions ! Dès le premier match, déjà, quand il faut attendre l'avant-dernière minute pour que Payet, d'un tir magistral de plus de vingt mètres dans la lucarne, offre à la France ses trois premiers points aux dépens de la Roumanie. Au second aussi, devant la prétendument modeste Albanie, avec un sauveur nommé Griezmann et son but tout au bout de l'angoisse à la 90e.

Antoine Griezmann dont aucun club français n'avait voulu, trop petit, trop chétif, contraint de quitter pays et famille à 14 ans, pour aller apprendre le métier à la Real Sociedad de San Sebastián avant d'éclater à l'Atlético de Madrid. Un Grizou qui nous sortira encore du pétrin en huitièmes de finale, avec un doublé en trois minutes, alors que nous étions menés depuis presque une heure par la république d'Irlande. Qui sera aussi du festival offensif, avec cinq buts en quarante-sept minutes, offert en quarts contre les Islandais, ces robustes barbus d'un tout petit pays, qui nous laisseront le « clapping » en héritage. Et qui ne laissera à personne d'autre que lui le soin d'inscrire les deux buts d'une retentissante victoire sur l'Allemagne en demi-finale.

L'Allemagne, encore l'Allemagne... Après Séville 1982, Guadalajara 1986, Rio 2014... rien que des désillusions ! Notre dernier succès en phase finale remontait à 1958, et au match de classement de la Coupe du monde en Suède, c'est dire ! Mais cette fois, l'heure de la revanche sonnera bien dans un stade Vélodrome chaud bouillant. On la saluera à sa juste valeur, et elle vaudra même à Didier Deschamps, une fois la compétition terminée, un message sympathique et élogieux de Joachim Löw, son homologue malheureux, ce soir-là. Mais par un de ces phénomènes bien connus, et que redoutent tous les entraîneurs après une performance d'un caractère un peu exceptionnel, le poison de la mission accomplie va s'insinuer dans trop d'esprits.

Insensiblement, inconsciemment, la vigilance se relâche. Le soir à l'hôtel marseillais où l'on est resté, on discute, tard, très tard, les soins n'en finissent pas, on est bien, on refait le match, on célèbre le signe indien enfin vaincu devant ces maudits Allemands. Mais le lendemain matin, il faut se lever, rentrer à Clairefontaine, remettre la machine en route. Sobrement, Guy Stéphan admettra qu'on a « perdu trop d'énergie dans cette demi-finale ». Sous-entendu : sur le terrain, mais pas seulement. On a, hélas, déjà connu ça, la finale avant la finale...

Et puis, notre dernier adversaire, que l'on connaît depuis la veille, n'est « que » le Portugal. On ne le dit pas comme ça, en apparence on respecte et on se méfie, mais au fond de nous ce n'est pas tout à fait la même chanson. Le Portugal n'a gagné aucun de ses trois matchs de poule et il a dû aller aux tirs au but en quarts : ce n'est pas cette équipe, même avec Ronaldo, qui va nous empêcher d'aller au bout de nos rêves ! Eh bien, si.

La victoire choisit rarement son camp au hasard. Les joueurs français, sur cette finale, avaient disposé d'un jour de récupération de moins que leurs adversaires, ils ont manqué de fraîcheur. Ils n'avaient plus, dans les courses, dans les duels, ce petit dixième de seconde d'avance qui change tout. Appliqués, consciencieux, oui, mais sans cette capacité à se dépasser. Et sur le but vainqueur d'Eder, en prolongations, alors que Gignac avait vu une balle de victoire échouer sur le poteau portugais dans le temps additionnel, il manque dix centimètres, même pas, à Hugo Lloris pour dévier dans sa détente le tir fatidique.

Maudite médaille d'argent

La déception est terrible, énorme, dans le camp français. Le vestiaire français n'est que pleurs et regrets. En arrivant à sa place, Pat Evra jettera rageusement sur le banc cette médaille d'argent, cette médaille de vaincu, qu'il ne voulait surtout pas. Pour faire diversion, quelques joueurs, avec un petit sourire bien triste, présenteront un semblant de félicitations à Manu, le « Portugais » de notre staff, mais Manu n'a pas, plus que nous, le cœur léger. Pour sa 334e et dernière « sélection » en équipe de France, il rêvait d'une autre issue que cette défaite au goût très amer.

Si on veut chercher la petite bête et le pourquoi du comment – mais ce ne sont même pas des excuses –, on peut suggérer que deux initiatives n'ont pas été forcément heureuses avant cette finale. D'abord, le très beau petit film réalisé après la demi-finale de Marseille, où femmes, enfants et proches des joueurs, disent leur amour, leurs encouragements et leur confiance. Très émouvant, mais trop sans doute, à ce moment-là, le midi de la finale. L'émotion, oui, mais pas n'importe quand.

Et puis le choix de la piscine Molitor, tout à côté du Parc, pour finir l'Euro, vainqueur ou vaincu. Les joueurs n'avaient pas apprécié en apprenant à Clairefontaine qu'on y avait convié le ban et l'arrière-ban des partenaires, sponsors et amis de la Fédération. Ils aiment surtout, après une finale, se retrouver entre eux et avec leur famille. Comme en 1998, comme en 2000… et comme en 2018. Quand Didier dit qu'il n'y a pas de détails et que tout compte, c'est aussi à ce genre de petites choses qu'il fait allusion. Quand des centaines de joueurs ou d'entraîneurs répètent à longueur d'année, « ça se joue à pas grand-chose… sur des détails… », se faisant moquer plus ou moins gentiment, ils sont bel et bien au cœur du problème de cette très sensible complexité de la gestion d'une équipe de haut niveau où la moindre broutille peut prendre aujourd'hui des allures d'événement, et venir dérégler la belle mécanique si laborieusement mise au point.

Un journalisme violent

C'est pour cette raison, et quelques autres, que je m'énerve parfois devant ces émissions où journalistes, consultants et invités de tous bords font et refont les matchs sans jamais se lasser, pas du tout gênés de se contredire d'un jour sur l'autre, ni d'être contredits, d'une heure sur l'autre, par leurs propres pronostics souvent très, très éloignés des vrais scores. Rien que cela devrait les inciter à un peu de retenue et de modération.

Dans tous les domaines, ces fins analystes donnent l'impression de tout savoir mieux que les plus éminents spécialistes de la question. Ils tranchent, ils affirment, ils exécutent sans nuance. Quand j'entends un journaliste qui n'a pas 30 ans affirmer, après un match de l'Allemagne, que les choix tactiques et le coaching de Joachim Löw, 59 ans, sélectionneur depuis 2006, champion du monde 2014, sont « incohérents », j'hallucine. Des centaines de voyants du « tableau de bord » que j'évoquais plus haut, ils n'ont, surtout à chaud, qu'une vue très partielle. Alors, de grâce, un peu de modestie, même si ce n'est pas dans l'air du temps. N'y a-t-il plus de place pour l'analyse objective, sereine et nuancée ? Faut-il vraiment passer par l'invective, le tout ou rien et l'exclusive pour se faire un nom ou défendre son fonds de commerce ?

Le journalisme est devenu violent. Si les médias anciens et traditionnels savent encore garder une certaine distance et un ton mesuré, les nouveaux venus font preuve, tous domaines confondus, d'une agressivité lourde, perturbatrice, et potentiellement déstabilisante... Mais c'est sans doute ce qu'ils recherchent. Qu'il n'y ait pas d'équivoque : même si l'envie ne me viendrait sans doute plus, aujourd'hui, de pratiquer le journalisme tel qu'il est devenu, je reste profondément convaincu de la nécessité d'une totale liberté d'expression. Je veux simplement mettre en garde contre les effets collatéraux d'une certaine forme de journalisme, violent, agressif, et ce qui reste de l'information, noble en soi, une fois qu'elle est passée par la lessiveuse des chaînes d'info en continu et du grand n'importe quoi des réseaux sociaux. Si mon observation se limitait au seul domaine du sport et du football ça ne serait pas trop grave. Mais elle vaut pour toute l'info, sportive, économique, faits divers ou politique.

À force de ne plus rien hiérarchiser, de ne plus rien mettre en perspective, de balancer des éditions spéciales à tout bout de champ, de passer en boucle les mêmes images sombres, trop souvent non datées, et de jeter en pâture des micro-trottoirs à répétition, sans en relever les inepties ou les contrevérités, le destinataire de l'information, surinformé, désinformé, ne sait plus souvent où est le vrai, ni ce qu'il y a à retenir. Trop d'information finit par tuer l'information, surtout l'information anxiogène, délibérément dramatisée pour capter et retenir l'attention du citoyen-téléspectateur, à grand renfort de titres et sous-titres plus noirs les uns que les autres, qui génèrent un catastrophisme ambiant généralisé. Sans parler de cette porosité trouble et douteuse, sans doute pas désintéressée, entre de hauts responsables *a priori* tenus au secret et des journalistes-enquêteurs qui ne reculent plus devant grand-chose pour avoir une info avant la concurrence.

Ce tribunal médiatique, ouvert jour et nuit, ne concourt pas vraiment, je le crains, à la clarté des débats et à une information raisonnable et raisonnée du citoyen. Le plus cocasse, c'est de voir les mêmes personnes qui soufflent complaisamment sur la moindre braise de la plus petite affaire pour la monter en épingle et la dramatiser, qui s'indignent régulièrement de l'importance excessive, démesurée, accordée par les médias aux événements en question ! Les mêmes qui, des trémolos dans la voix, appellent à la plus grande prudence et au refus des amalgames, et remettent aussitôt une pièce dans le juke-box pour disserter à perte de vue sur de simples hypothèses ! Surfer sur l'émotion, l'anxiété et la suspicion, à longueur de journée et d'antenne, est peut-être bon pour l'audimat, beaucoup moins, certainement, pour une citoyenneté apaisée et un bien vivre ensemble déjà difficile.

Le résultat et la manière

Pour en revenir au football et à mes chers amis des débats sans fin, je voudrais leur dire aussi mon étonnement du peu de cas qu'ils font, pour la plupart, du résultat, et de la maigre considération accordée à la sanction sportive, au bénéfice, exorbitant, de l'appréciation du jeu et du contenu de la partie.

Affirmer, comme l'un d'eux, pourtant parmi les plus talentueux et les plus avisés, que « le vainqueur n'a pas forcément raison », c'est déjà placer le débat sur une orbite aussi étrange que discutable. On peut et on doit débattre. Le débat est utile, il fait avancer. Mais, trop souvent nos exégètes entreprennent de refaire le match, de le passer à la moulinette de leurs affinités, pour finir par nous présenter un remake du vrai match qui ne repose que sur des hypothèses, des constructions intello-tactiques bâties à grands coups de si, si, si…

J'ai parfois l'impression d'avoir devant moi une sorte de jury d'honneur qui juge non pas les faits mais ce qu'ils auraient pu être. Des juges qui appréhendent le jeu et les joueurs par le seul prisme de leurs penchants personnels et qui ont vite fait de condamner tout ce qui s'en écarte trop. Comme s'il pouvait y avoir un vainqueur au tableau d'affichage qui ne le soit pas dans l'esprit de ces juges toujours prompts à attribuer, comme en patinage, une note de valeur artistique qui pourrait se substituer à la réalité du score. Ont-ils entendu des voix, ou se sentent-ils investis de quelque mission sacrée par les dieux du football, pour dire ainsi le bien et le mal, décréter que ce football est bon et cet autre mauvais ? L'exercice est plaisant, admettons-le, et il m'arrive encore d'y succomber, je dois l'avouer, mais il me gêne parce qu'il fait passer les gens aux manettes, et seuls pleinement responsables parce que seuls détenteurs de tous les éléments d'appréciation, pour des incapables ou des girouettes. Ils ont des comptes à rendre, eux. Ils sont jugés sur leurs résultats, eux.

On a tous notre idée sur le football, on aimerait bien que chaque match soit une ode au beau jeu et à l'offensive, mais si on aime le football, on ne peut pas prendre seulement ce qui nous convient, et jeter le reste. Il faut aimer – et j'aime – le football tel qu'il est, avec ses bons matchs et ses moins bons, ses joies et ses peines, ses grandeurs et ses langueurs, ses exaltations et ses frustrations. Cela ne fait rien avancer de toujours prôner je ne sais quel football idéal et idéalisé, loin des réalités du terrain.

La prophétie d'Aimé Jacquet

Lundi 11 décembre 2017. Dans ce restaurant italien de la rue Saint-Honoré, bien connu des joueurs du PSG, et privatisé pour la soirée, les champions du monde 98 arrivent les uns après les autres pour le dîner annuel de leur association

Lilian Thuram retrouve son kiné préféré, Bébert Gal. Les consultants télé de la bande parlent boulot. Et les deux chômeurs français les moins à plaindre, Zinedine Zidane et Laurent Blanc, près de l'entrée, évoquent peut-être leur destination future. L'ambiance est détendue, comme toujours, les rires fusent et on a déjà largement fait honneur aux charcuteries italiennes, aux petits toasts chauds et aux pâtes *al dente*, quand Henri Émile communique quelques informations avant de passer la parole au trésorier. Laurent Blanc fait un point rapide sur les finances de l'association avant d'interroger ses camarades sur d'éventuels projets.

La discussion est nourrie, chacun y va de ses réflexions et de ses propositions, Bernard Lama redit son souhait que France 98 puisse venir, enfin, faire un petit tour en Guyane, et la question arrive dans le débat de savoir ce que l'on fait pour le 20e anniversaire de la victoire du 12 juillet contre le Brésil. Le souvenir des quatre-vingt mille spectateurs du stade de France le 12 juillet 2008, leur accueil plus que chaleureux, la communion avec eux et leurs bravos, tout au long d'un interminable tour d'honneur avec la Coupe du monde sont encore trop présents dans les esprits pour que quiconque imagine qu'il ne se passe rien. D'autant que la diffusion du match à la télé avait fait un carton. Youri Djorkaeff ne tarde pas à se lever pour dire qu'il prend les choses en main.

Mais on fait quoi ? Le match est serré, si j'ose dire, entre ceux qui veulent faire passer l'idée qu'un petit tournoi en salle, à Bercy ou ailleurs, fera bien l'affaire, et, en face, ceux, qui ont su entretenir leur forme, n'ont pas encore besoin d'un maillot XL, et entendent, pour la dernière fois, promis, disputer un vrai match sur un vrai terrain.

Après prolongation, ces derniers l'emportent et on aborde aussitôt la question de la date. Le 12 juillet, la date historique qu'on avait pu bloquer en 2008 est tout de suite écartée : on sera entre demi-finales et finale de la Coupe du monde en Russie et, France qualifiée ou pas, personne ne s'intéressera à un match de vétérans, même auréolés d'un lointain titre de champion du monde. Pas le 12 juillet d'accord, pas pendant la Coupe du monde, d'accord, mais alors, avant ou après ? Avant, si on veut que Didier Deschamps soit là, mais ça nous amène bien avant le début de la préparation, très tôt, trop tôt, fin avril ou début mai. Pas terrible. On se dirige donc, malgré quelques réticences, vers l'après-Coupe du monde, aux environs du 20 juillet, quand un doigt se lève à la table du staff. Parce que les bonnes habitudes ont été conservées, les joueurs à leur table, le staff à la sienne.

Tous les regards se tournent vers celui qui a demandé la parole. C'est Aimé Jacquet. Silence total dans la salle. « Dieu », comme Didier Deschamps a pris l'habitude de l'appeler, va parler : « Oh, les gars, vous allez où ? Faire notre match après la Coupe du monde, n'y pensez même pas ! C'est l'échec assuré parce que, écoutez-moi bien, on sera en train de fêter notre deuxième titre de champion du monde ! Oui je vous le dis, Didier va nous ramener cette deuxième étoile ! La Coupe du monde et la deuxième étoile, Didier va nous les ramener, je vous le dis, je n'ai aucun doute ! »

Le match anniversaire de la première victoire française en Coupe du monde aura lieu le 12 juin dans une U Arena de Nanterre pleine à craquer. Et deux mois plus tard, à Moscou, l'équipe de France de Didier Deschamps accrochera une deuxième étoile au maillot bleu. Comme Aimé Jacquet l'avait annoncé. Je penserai plus d'une fois à cette prophétie du patron des champions du monde 98, dans les heures et les jours qui suivront le couronnement de Moscou.

Comme me reviendra souvent à l'esprit cette belle image du 9 juin 2018, quand Aimé Jacquet avait été invité à donner le coup d'envoi, à Lyon, de France-États-Unis, dernier match de préparation avant notre départ pour la Russie, le lendemain. Aimé quittait le terrain sous des applaudissements nourris lorsqu'il se trouva face à Didier Deschamps qui avait, lui, quitté son banc pour venir à sa rencontre. L'étreinte des deux hommes, longue, appuyée, m'avait ému. On y devinait un immense respect mutuel, une affection profonde, aussi, lié à un vécu commun inoubliable et à des valeurs fortes, partagées, sur le football et l'équipe de France. Pas de longs discours. Juste une phrase du sélectionneur de 1998 à son valeureux capitaine devenu, à son tour, sélectionneur : « Tu vas nous ramener la Coupe du Monde ! »

Le passage de témoin venait d'avoir lieu. Un pont avait été jeté entre celui qui nous avait menés à la victoire en 1998, et celui qui allait nous y conduire vingt ans plus tard.

La campagne de Russie

On l'a toujours vérifié, le choix d'un bon camp de base, sur une Coupe du monde ou un Euro, est primordial. Dire qu'il est essentiel et conditionne tout est peut-être exagéré, et encore ce n'est pas sûr. Contrairement à ce que disait le général de Gaulle, l'intendance ne doit pas suivre, sur une Coupe du monde elle doit précéder. Au moment où l'avion de la délégation française se pose sur l'aéroport de son point d'entrée dans le pays organisateur, tout doit être prêt au camp de base.

Il faut que les joueurs, au premier contact, au premier coup d'œil, aient une réaction positive et se disent : « Ah oui, c'est bien, c'est sympa on va être bien ici ». Toute autre appréciation engagerait déjà l'opération à venir sur des bases incertaines, donc néfastes et contraires à une performance optimisée. Le camp de base, c'est un lieu de vie. C'est là que des joueurs de très haut niveau, à la mécanique de fonctionnement aussi fragile que celle d'une Formule 1, vont passer le plus clair de leur temps, c'est un lieu dont ils partent pour chaque match et qu'ils doivent avoir envie de regagner au plus vite. Pour y retrouver un cadre sympa, des visages connus, des repères évidents. Comme à la maison.

Plus de deux ans avant la compétition, et alors que la phase de qualification n'a même pas débuté, toutes les associations nationales ont reçu de la FIFA un catalogue où étaient recensés, photos et descriptifs à l'appui, soixante-cinq sites sélectionnés par l'organisateur russe pour être de possibles camps de base. Mais ce n'est qu'au mois d'octobre, Euro oblige, que la première escouade fédérale se mit en quête de notre « maison » en Russie. Elle est composée de Philippe Brocherieux, le très méticuleux responsable administratif et logistique de l'équipe de France, qui avait intégré notre staff après la Coupe du monde 2014 déjà riche d'une solide expérience auprès des sélections de jeunes depuis 2006. D'Émilie Doms, brillante attachée à la direction générale de la FFF, qui présentait cet avantage incomparable de parler couramment le russe, ayant grandi à Saint-Pétersbourg.

Nous avons habilement joué de cet atout pendant deux ans, notre stratagème favori étant de ne pas révéler à nos interlocuteurs locaux qu'elle parlait couramment leur langue. Elle ne manquait donc rien de leurs commentaires et de leurs apartés et, le soir venu, au moment du débriefing de la journée, elle nous livrait les réflexions secrètes de la partie adverse ! Et le troisième homme, l'incontournable, l'indispensable Mohamed Sanhadji, Momo, notre dévoué commandant de la police nationale, officier de sécurité et de liaison de la sélection depuis 2006 et dont on ne dira jamais assez le rôle pivot qu'il occupe dans la vie du groupe. Premier levé, dernier couché, il rappelle à tous, et trois fois plutôt qu'une, que nous sommes tous « au service de la République ! » Le patriotisme réaffirmé des Bleus au sortir du cauchemar de Knysna, c'était lui.

Pour cette première exploration en Russie, à la recherche du camp de base idéal, les consignes de Didier Deschamps sont à la fois simples et contraignantes : un endroit calme, bien protégé, conditions de vie et de confort habituelles, dans le haut de la gamme hôtelière, mais sans luxe ni tralala, et surtout des temps de trajet raisonnables pour tous nos déplacements :

– pas beaucoup plus de deux heures de vol pour gagner le lieu des matchs ;

– pas plus de 20-30 minutes de trajet entre le camp de base et l'aéroport de départ et de retour ;

– pas plus de 10-15 minutes entre le camp de base et le terrain d'entraînement ;

– pas plus de 10-15 minutes entre le camp de base et le centre des médias.

Sur les soixante-cinq sites proposés par la FIFA, cinquante-sept furent éliminés avant même le départ pour Moscou, soit parce que mal situés, soit parce qu'ils ne répondaient pratiquement à aucun des critères énoncés. Et très vite, après une première visite des huit sites possibles restants, ce constat, angoissant : aucun ne convenait. Comme il fallait bien sortir de cette impasse, Brocherieux va prendre son courage à deux mains et appeler le patron : « Voilà où on en est, coach : aucun des huit sites visités ne répond à toutes vos exigences ; il y en a un qui s'en approche beaucoup, bien situé du côté d'Istra, confortable mais il est à une heure de bus de l'aéroport. » Silence au bout du fil. Et après quelques échanges explicatifs, le verdict qui tombe : « OK, on prend. »

Effet « waouh »

Cette étape essentielle franchie avec succès, il restait à faire de cet hôtel confortable mais terriblement « soviétique » – grand espace froid, décoration austère aux tonalités tristes – un lieu de vie séduisant et agréable pour nos petits Français. Mais on ne nourrissait pas trop d'inquiétude sur ce chapitre-là, le prestataire fédéral en la matière, l'agence Keneo, ayant déjà largement fait ses preuves aussi bien au Brésil pour la Coupe du monde 2014, au camp de base de Riberao Preto, que pour l'Euro 2016 où ils avaient donné à Clairefontaine un coup de jeune particulièrement réussi.

Ce fut l'objet des nombreux voyages ou points d'étape réalisés pendant deux ans par petits groupes de trois, six ou huit personnes, de faire en sorte que l'hôtel que nous avions choisi devienne ce que nous voulions qu'il soit. Aidés en cela par Tsar Voyages, une agence de Moscou dirigée par un Français, qui fut, à la perfection, notre œil et notre bras armé en Russie pour les nombreux aménagements demandés, tant au camp de base qu'au centre des médias. Le résultat fut tout simplement splendide. Du bleu, blanc, rouge, en veux-tu en voilà, extérieur comme intérieur, canapés et chaises qui revivaient sous des housses pimpantes, triste et long couloir entre accueil et ascenseur métamorphosé par de splendides fresques représentant les vingt-trois joueurs, visages gros plan et en action, comme sur la porte des chambres. Effet « waouh » garanti.

En fait de gros travaux, il y eut surtout cette véranda édifiée à l'aplomb de la piscine intérieure où les kinés purent établir leur quartier général à la satisfaction de tous. Et ce demi-terrain gazonné, construit sur la gauche de l'entrée du domaine, tout à côté du poste de gardiennage. Plus l'aménagement du centre des médias au New Jerusalem d'Istra.

Le Hilton Garden Hill s'étendait tout en longueur, sur trois étages, le staff à une extrémité, les joueurs à l'autre, tout près d'un petit étang et de sa plage, d'un terrain de pétanque et d'un espace barbecue bien aménagé, où l'on passera quelques soirées très sympathiques, sauf quand la pluie nous contraignit à nous rabattre à l'intérieur avec nos côtelettes, nos saucisses, nos steaks et nos pommes de terre au four.

L'intérieur du bâtiment avait été aménagé de façon particulièrement fonctionnelle. Quand on quittait l'accueil – ce comptoir que vous avez vu sur tant de documents et sur lequel les joueurs grimpaient allègrement au retour de chaque match pour chanter, gesticuler, et exprimer leur joie – pour aller vers les ascenseurs, on trouvait, tout de suite à droite, un local où chaque joueur avait un casier à son nom et dans lequel il retrouvait les affaires qu'il avait mises au lavage. Chaque vêtement avait été siglé aux initiales de son propriétaire, facilitant l'identification et la répartition dans les casiers. À mi-chemin, un secteur détente où l'on trouvait une table de ping-pong et un panier de basket. Au terme de concours bruyants et chahutés, c'était à qui ferait rentrer un maximum de balles dans le panier en quatre-vingt-dix secondes. Puis une grande salle avec des consoles de jeux et des sièges relax.

Dans ce long couloir un peu pentu qui menait aux ascenseurs, et si bien décoré, les joueurs trouvaient aussi, sur des tables disposées de chaque côté, tous les équipements nécessaires pour l'entraînement, ainsi que leurs chaussures. C'est donc dans un cheminement naturel et bien pensé, que les joueurs, quittant leur chambre et descendant pour rejoindre le bus, trouvaient sur leur passage, facilement, et à portée de main, tout ce dont ils avaient besoin.

Sitôt passée l'entrée, sur la droite, un immense panneau drapé de bleu attirait tout de suite l'attention. Il allait se révéler être un point de rendez-vous très fréquenté et un lieu de discussions souvent passionnées. Pourquoi ? Parce que, sur cet imposant panneau, se trouvait le calendrier de la Coupe du monde, groupe par groupe, match par match. Des espaces avaient été réservés pour le compléter au jour le jour avec résultats et classement, au fil des matchs. Chacun, au retour des entraînements ou des matchs, y allait de ses commentaires et de ses pronostics. La bonne foi n'a pas toujours été à l'honneur quand il s'agissait de confronter les pronostics et la réalité des scores...

Et, derrière ce panneau, la salle à manger, vaste elle aussi, bien décorée, où trois tables étaient dressées. Celle des vingt-trois joueurs, imposante, rectangulaire, neuf de chaque côté trois à un bout, deux à l'autre. À quelques mètres, mais suffisamment éloignée pour que les joueurs aient leur intimité et que leurs conversations restent entre eux, une table ronde dont Noël Le Graët et Didier Deschamps, immuablement côte à côte, étaient les « leaders ». On y trouvait à la gauche du sélectionneur Guy Stéphan, Grégory Dupont, Franck Le Gall, le chef de presse, Momo Sanhadji, Philippe Brocherieux, Franck Raviot et, souvent, Florence Hardouin, la DG de la Fédération, à la droite du président. Cette disposition présentait l'avantage de pouvoir aborder, si nécessaire, voire en urgence, des questions de travail en présence des opérationnels de tous les secteurs clés : outre les décideurs, le médical, la logistique, la sécurité et la presse.

Une troisième table rectangulaire, que l'on va dire présidée par Albert Gemmrich, délégué du Comité exécutif auprès des Bleus, et qui accueillait entre douze et seize personnes suivant les circonstances. Systématiquement tous les autres membres du staff, Jean-Yves Vandewalle l'ostéo, les quatre kinés, Christophe Geoffroy, Alexandre Germain, Guillaume Vassout et Denis Morcel, les deux analystes vidéo Thierry Marszalek et Éric Dubray, notre photographe et caméraman Guillaume Bigot, le représentant de Nike Nicolas Piry et les deux intendants, Bachir Nehar et Arnaud David. Le chef, Xavier Rousseau, était aux fourneaux ou au service des pâtes accommodées aux goûts de chacun, toujours très fréquenté, et Raphaël Dos Reis supervisait activement le service en salle. À cette table prenaient place aussi les observateurs lors de leur passage, Sylvain Ripoll, Jean-Claude Giuntini, Lionel Rouxel et Laurent Chatrefoux.

25 tonnes et 4 semi-remorques

Quatre semi-remorques avaient été nécessaires pour transporter 25 tonnes de matériel sur 2 950 kilomètres entre Clairefontaine et Moscou, en passant par l'Allemagne, la Pologne et la Biélorussie, tout cela assorti d'une paperasserie volumineuse. Christophe Bel, responsable équipementier et exploitation du centre de Clairefontaine, était chargé de cette gigantesque opération. Plusieurs semaines de préparation et de conditionnement, pour que tout soit nickel au moment d'entamer un voyage de sept jours. Il faut savoir que, dans chaque camion, chaque colis devait avoir une place bien précise, et que ledit colis faisait l'objet d'un descriptif minutieux avec dimension, poids global, mais aussi dimensions et poids de chaque pièce à l'intérieur du colis ! C'est ainsi que pour les deux mille guides destinés aux médias que j'emmenais en Russie pour la presse française et étrangère, il a fallu indiquer que chaque livret faisait 21 × 15 centimètres, pesait 145 grammes, les livrets conditionnés par paquets de vingt. Et tout à l'avenant.

Que trouvait-on dans nos quatre camions, en plus de mes guides ?

D'abord les appareils pour notre salle de musculation, qui occupaient à eux seuls un véhicule et demi. Les équipements Nike pour un demi-camion : cinq cents maillots de match, cent cinquante maillots d'entraînement, des survêtements de présentation et d'entraînement, avec pub pour le quotidien, sans pubs pour les veilles et jours de match dans les stades de la compétition, où seules les pubs FIFA avaient droit de cité. Des chaussettes, des shorts, des parkas, des T-shirts, des sweats, des coupe-vent, des tennis, runnings, des crampons, et on en passe. Ajoutons les tables de massage, la malle des médicaments d'usage courant, les cantines des kinés, et tout le reste, le matériel vidéo, des imprimantes, du papier, quarante téléviseurs, des vélos, les cafetières et leurs dosettes pour un mois, des gadgets, les couteaux du chef, quelques denrées alimentaires comme des céréales… et on en oublie certainement !

Hugo Lloris et Guy Stéphan au rapport

Je ne suis ni joueur ni technicien, je ne vais pas par principe dans les endroits où mes fonctions ne m'appellent pas, mais où il se passe pourtant beaucoup de choses très intéressantes. Aussi, pour éclairer de façon pertinente les sept matchs qui devaient nous mener au titre de champions du monde, j'ai sollicité le témoignage de deux grands acteurs au cœur de tous ces instants clé : le capitaine de l'équipe de France, Hugo Lloris, et l'adjoint du sélectionneur, Guy Stéphan. Ils m'ont fait l'amitié, un an après l'événement, de revisiter pour vous ces sept séquences devenues cultes.

Premier tour. France-Australie : 2-1

H. L. : On aborde cette Coupe du monde avec une énorme envie de bien faire, mais aussi une certaine appréhension. Notre équipe est jeune et risque de manquer d'expérience à ce très haut niveau. Je sais aussi que les équipes que l'on dit favorites sont rarement à l'aise au premier tour contre des formations réputées plus faibles, mais qui jettent toutes leurs forces dans la bataille dès le premier match. On trouve en face de nous des Australiens très athlétiques, très accrocheurs, bons dans les duels et qui vont nous bouger. On essaie de compenser par beaucoup de générosité, mais on ne fait pas les efforts tous ensemble, pas tous au bon moment. La victoire finit par être au rendez-vous avec un CSC [but contre son camp] australien à neuf minutes de la fin. On apprécie beaucoup les trois points, moins la manière. On n'est pas content de nous. On sait tous qu'il va falloir faire beaucoup plus et beaucoup mieux si on veut réussir notre Coupe du monde. Le coach aussi qui nous passe un petit savon le lendemain, et qui a bien raison de vouloir resserrer les boulons. On lui demandera, à la fin de son intervention, de nous laisser entre nous. Pendant une demi-heure, on se dira tout… ce qu'on avait à se dire.

G. S. : Devant nous, une Australie rugueuse, athlétique, un bloc bas. On joue à une heure très inhabituelle pour nous, et sept de nos joueurs n'ont jamais disputé un match de Coupe du monde. Match engagé, longtemps incertain, mais gagné... Trois points au compteur, c'est l'essentiel. Maintenant, si on se penche sur le contenu, il y a à dire. Dans l'avion qui nous ramène à Moscou, Greg Dupont et Thierry Marszalek ont communiqué à Didier les premières statistiques, et elles ne sont pas en faveur des joueurs français. Dans la répétition des courses, dans les replis défensifs, c'est très insuffisant. Le lendemain, dans une réunion qui fera date, Didier, sans ménagement, met les joueurs en face des réalités : les Australiens ont parcouru un nombre de kilomètres dix pour cent supérieur au nôtre ; c'est comme si on avait joué à onze contre douze.

Premier tour. France-Pérou : 1-0

H. L. : Premier choc, le décor. Un public presque cent pour cent péruvien, dans des tribunes qui débordent de l'enceinte du stade, encore jamais vu ça ! Un public pas franchement hostile, mais chaud bouillant, magnifique par sa constance et sa ferveur à encourager les siens. C'est comme si on avait joué à Lima ! L'équipe péruvienne est aussi accrocheuse que l'Australie, mais avec un plus gros potentiel technique. Franchement, elle est bonne. Je ne serai pas surpris quand elle atteindra la finale de la Copa America en 2019. La victoire est courte comme au premier match, mais on sort du terrain beaucoup plus rassurés et confiants pour la suite. Le bloc équipe est bien là, les efforts ont été mieux coordonnés. On avance...

G. S. : Tirant les enseignements du premier match, Didier a fait sortir Dembélé et Tolisso, et réintégré Giroud et Matuidi. On ne le sait pas encore, mais on a trouvé l'équipe qui ira au bout. Le match amical, perdu 2-3 en mars contre la Colombie, nous a été utile. Le 4-2-3-1 mis en place fonctionne bien devant ces petits gabarits vifs et rapides dans les transmissions. On souffre parfois, mais on met aussi à notre actif d'excellentes phases de jeu. La partie est serrée, mais on est solide, on voit qu'on peut faire mal à l'adversaire. On sort de ce match plus costauds.

Premier tour. France-Danemark : 0-0

H. L. : Pas le match du siècle, c'est sûr. Mais il fallait assurer la première place et un nul convenait à tout le monde... Pour bien jouer au football, il faut être deux. À partir du moment où les Danois ne voulaient prendre aucun risque, ce n'était pas non plus à nous de partir à l'aventure avec une équipe largement remaniée. On ne va pas nous reprocher ce 0-0 qui nous permettait d'atteindre l'objectif visé, quand même !

G. S. : On savait qu'en finissant premiers du groupe, on aurait un jour de récupération de plus que notre adversaire en huitièmes de finale. Pas négligeable. Et un nul suffisait. Didier avait répété plusieurs fois aux joueurs qu'on aurait besoin de tout le monde, et que tout le monde devait se sentir concerné. Il a mis ses actes en conformité avec ses paroles et il a procédé à six changements. C'est important pour un entraîneur de faire ce qu'il dit... Avec ces modifications, les complémentarités étaient moindres, mais on n'a rien cédé et l'objectif a été atteint. On n'allait pas s'éterniser sur le contenu de ce match, très particulier, alors que nous étions premiers, qualifiés... et que nos épouses arrivaient ! En rentrant à Istra, pendant le repas, j'ai pu voir la seconde mi-temps de Nigéria-Argentine. À cinq minutes de la fin, notre adversaire en huitièmes était encore le Nigéria. Moi, je souhaitais l'Argentine car je savais que l'équipe de France était forte contre les forts. Et ce fut l'Argentine à la 86e !

Huitième de finale. France-Argentine : 4-3

H. L. : Une autre compétition commence. Et une autre équipe de France apparaît. Pas tant sur le terrain, où on est désormais bien en place, sachant très bien où on veut aller, que dans la vie du groupe. Je me sens épaulé comme jamais dans mon rôle de capitaine. La parole s'est libérée au sein du groupe, des personnalités se révèlent, spontanément, naturellement. Ce n'est pas tout de prendre la parole dans le vestiaire. Si on n'est pas bon sur le terrain, on n'est pas crédible. Et là, des joueurs qu'on n'entendait pas, ou peu, se dressent en vrais leaders, sincères, légitimes. Et pas seulement Paul, qui nous répète qu'il veut continuer à manger des pâtes à Istra... Les réunions tactiques de veille de match avec les seuls onze titulaires, que le coach a instaurées, et ce qu'on se dit entre nous, les yeux dans les yeux, quand Didier et son staff technique ont quitté la pièce, ne sont pas pour rien dans cette très positive évolution, c'est une évidence. Et pas étrangères, donc, au match énorme qu'on réalise contre l'Argentine, un de ces matchs qui vous marquent, qui marquent aussi l'histoire. Un match de folie avec un scénario de folie, Kylian et son sprint dingue qui va le révéler au monde entier, Pavard et son but venu de nulle part, ou plutôt si, d'un centre du latéral gauche pour une reprise de volée du latéral droit ! En sortant d'un tel match, comment ne pas se sentir plus solides que jamais, comment ne pas se dire, même si on garde bien de le dire, que plus rien ne nous est impossible ?

G. S. : Je ne sens pas des joueurs stressés avant ce huitième de finale. Je sens des joueurs concernés. Lionel Messi a été au cœur de nos discussions tactiques. Plutôt qu'un marquage individuel, toujours aléatoire sur le numéro 10 argentin, Didier a opté pour un repositionnement de N'Golo Kanté, visant à couper la liaison Mascherano-Messi. On sait qu'une fois que Messi à la balle dans les pieds, il est très fort, parfois insaisissable. Donc, règle numéro un : ne pas laisser approvisionner le meneur de jeu des Argentins. Traiter le problème, avant qu'il ait le ballon. Ça donnera un match spectaculaire, à rebondissements, le seul du tournoi où on sera menés à la marque. Pas longtemps, neuf minutes entre la 48e et la 57e, jusqu'à ce but de Benjamin. Inoubliable. Comme Kylian, chronométré à 37 ou 38 km/h sur sa chevauchée qui amène le penalty et le premier but. Un match plein, maîtrisé, qui permet déjà de dire que la Coupe du monde n'est pas ratée. Beaucoup, beaucoup d'émotions, teintées de soulagement, qui expliquent, sans doute, dans le vestiaire, les larmes du président Le Graët que Didier prendra dans ses bras, une image qui m'a ému. Je sais surtout, qu'après avoir battu l'Argentine de Lionel Messi, comme ça, nos Bleus ne peuvent pas, ne vont pas en rester là.

Quart de finale. France-Uruguay : 2-0

H. L. : Le match piège par excellence. On les connaissait bien, ces Uruguayens, Grizou surtout. On savait qu'ils allaient essayer de nous faire déjouer, de nous faire sortir du match. Mais on n'est pas tombés dans le piège, on avait bien travaillé les coups de pied arrêtés, et ça a payé. C'était un peu le match du Pérou, mais puissance deux ou trois. Notre équipe avait gagné en sérénité, en maîtrise dans le jeu aussi. J'ai eu à m'employer, oui, mais je n'ai jamais eu le sentiment qu'on était en danger. On était dans le dernier carré, une émotion supplémentaire après beaucoup d'autres mais c'est dans ces moments-là qu'il faut rester vigilant. Je me méfie des émotions trop fortes qui sont rarement bonnes conseillères…

G. S. : La troisième équipe sud-américaine que l'on rencontre depuis le début du tournoi. Un jeu un peu comparable à celui de l'Atlético de Madrid qu'Antoine a donc pu nous disséquer parfaitement. Insistant sur les deux défenseurs centraux uruguayens, Diego Godin et José Jiménez, ses coéquipiers en club. C'est sans doute là que s'est construit, en quelque sorte, le but de Varane. Sur le coup franc, Griezmann arrête un moment sa course d'élan, et quand Varane arrive lancé pour reprendre de la tête et marquer, Godin et Jiménez sont sur le reculoir. Des petits trucs comme cela, très utiles, il y en aura beaucoup d'autres au cours de cette Coupe du monde. Qui démontrent, s'il était besoin, la nécessité d'une rigoureuse observation de nos adversaires, l'utilité des échanges entre joueurs, sur des coéquipiers de club qu'ils retrouvent en face d'eux en sélection. Et l'efficacité du travail des coups de pied arrêtés. Sur nos quatorze buts en Russie, six seront marqués sur coup de pied arrêté… Le double arrêt, magistral, d'Hugo sur ce match, ne doit pas laisser croire qu'on a obtenu une victoire heureuse. Avec 62 % de possession de balle, on a bien géré ce match, on n'a pas tremblé. Une nouvelle occasion, pour moi, de vérifier que ce groupe a une cohésion et une force mentale exceptionnelles. Des personnalités se sont affirmées qu'on n'attendait pas forcément en leaders. L'investissement de Blaise, suspendu pour ce match, mais omniprésent à l'échauffement, le comportement des remplaçants avant et pendant le match, ce sont des signes qui ne trompent pas. Des signes révélateurs d'une équipe qui, plus que jamais, veut « sa » Coupe du monde.

Demi-finale. France-Belgique : 1-0

H. L. : Pour moi, l'équipe la plus forte que nous ayons rencontrée. Beaucoup de respect et d'estime entre des joueurs qui se connaissent bien. Une équipe de Belgique trop peu considérée en règle générale, mais pas par nous. Elle était, cet été 2019, en tête du classement mondial FIFA et, quand on la rencontre, elle vient d'éliminer le Brésil en quarts de finale, avec un trio offensif redoutable De Bruyne-Hazard-Lukaku. On la sait très forte sur les coups de pied arrêtés… mais nous aussi on l'est. C'est d'ailleurs sur un coup franc superbement tiré, comme d'habitude, par Grizou, qu'Umtiti marquera le seul but du match. Un synchronisme parfait, travaillé à l'entraînement. Je sens, chez quelques-uns de mes coéquipiers, la tentation de vouloir fêter ostensiblement cette accession à la finale, par un petit regroupement significatif devant le public. Mais je freine leurs ardeurs. Pas encore, on n'a pas fini le boulot, pas là, pas maintenant. Ce genre de communion, si forte, entre nous, doit rester quelques jours encore dans le vestiaire. Entre nous, rien que pour nous.

G. S. : La Belgique, ce cher voisin belge rencontré tant et tant de fois… Un très gros collectif, de fortes individualités, un jeu rapide illustré par Hazard et De Bruyne. Ces Belges nous font mal. On est dominés, on ne réussit pas à repartir avec le ballon, on le perd trop vite. Mais si la Belgique a fait un bon match, si quelques-uns de ses joueurs ont eu la défaite amère et peu courtoise, il reste qu'on a tiré dix-neuf fois au but et eux, neuf. Qu'on a commis peu de fautes, six en quatre-vingt-dix minutes, eux seize. On a bien défendu, debout, et on a encore fait la différence sur coup de pied arrêté. Encore un coup franc tiré à la perfection par Griezmann, une entente millimétrée avec Umtiti au premier poteau. Une vraie complicité. Et Samuel, 1,82 mètre qui s'impose devant Fellaini, 1,94 mètre. Tout est dit.

Finale. France-Croatie : 4-2

H. L. : Dès le début de la matinée, on a senti Didier Deschamps serein, sûr de lui, comme habité par une force inébranlable. Ça s'est encore senti dans sa causerie… dont on n'entendait pourtant qu'un mot sur trois, parce qu'un marteau-piqueur venait souvent couvrir le son de sa voix ! Mais même un ou deux mots sur trois, ça suffisait, tant ces mots étaient forts et nous atteignaient. De l'émotion, mais pas trop, juste ce qu'il fallait. À cause de la cérémonie de clôture, on avait terminé notre préparation dans la salle d'échauffement à côté de notre vestiaire. On était là, tous les onze, rien que nous. Ça trottinait, ça sautait, ça s'étirait, on se croisait, on se recroisait, mais surtout chacun parlait, s'épanchait, disait ce qu'il avait sur le cœur. Sans s'arrêter de courir ou de bouger, une phrase, puis une autre, comme une confession collective. Sans déborder, sobrement, mais c'était tellement vrai, tellement profond ! Des moments uniques, d'une intensité rare sur le plan humain.

Du match, j'ai d'abord le souvenir de vingt premières minutes très difficiles. On mène 2-1 à la mi-temps, mais on se demande tous comment. On a montré trop de signes de faiblesses individuelles, on a été trop souvent malmenés par des Croates très bon techniquement et très généreux. À la mi-temps, j'ai secoué le cocotier, et je n'ai pas été le seul. Le coach, tous les joueurs, on a parfaitement conscience qu'on n'est pas vraiment rentrés dans cette finale, et que si on ne se ressaisit pas, on risque de passer à côté.

Sur l'ensemble du match, on a été d'une efficacité redoutable. De vrais tueurs, nous à qui l'on reprochait si souvent de ne pas l'être assez ! On a encore marqué deux buts sur deux demi-occasions, et je voyais bien que mon vis-à-vis, Subašić, blessé en quarts, n'était pas en possession de tous ses moyens. Les Croates, comme nos six autres adversaires avant, ont été victimes d'une équipe de France ambitieuse, soudée, disciplinée, qui n'a jamais rien lâché même quand elle était en difficulté. Une équipe de France qui n'a jamais laissé ses adversaires croire en leurs chances. Le secret de notre réussite, il est là.

G. S. : On avait eu cinq jours pour préparer ce match pas comme les autres. Une finale de Coupe du monde… Les Croates, quatre. L'inverse de ce qui s'était produit à la finale de l'Euro 2016 entre nous et les Portugais. Didier, avant qu'on ne quitte le vestiaire avait eu les mots justes : « Pensez à vous, pensez à votre famille, à vos amis. Vous allez faire un match après lequel vous ne serez jamais plus les mêmes. » On affrontait un adversaire qu'on savait de grande qualité, mais qui avait aussi trois prolongations dans les pattes… même si on ne l'a pas trop vu !

On a beaucoup dit que le score de 2-1 en notre faveur à la mi-temps était heureux. Peut-être, mais on ne m'empêchera pas de penser que le but de Mandžukić contre son camp est, quelque part, au moins en partie, provoqué par la crainte que cette équipe de France a inspirée à tous ses adversaires. De la même façon qu'on ne gagne jamais ses duels par hasard, cette manière qu'auront eue les Bleus, de bout en bout, de braver l'adversaire, les yeux dans les yeux, de lui faire sentir qu'ils n'avaient peur de rien, et qu'ils étaient venus en Russie pour gagner la Coupe du monde, eux et personne d'autre, cette attitude-là, signe extérieur d'une confiance énorme et solidaire, aura pesé très lourd et nous a menés au bout de nos rêves.

« Dans un état second »

Laissons encore un peu la parole au capitaine, Hugo Lloris, pour qu'il essaie de traduire ce qui peut se passer dans la tête d'un joueur qui porte le brassard, et qui entend l'arbitre siffler la fin d'une finale de Coupe du monde victorieuse :

« Didier Deschamps, capitaine en 1998, m'avait glissé, juste avant la montée sur le podium : "Prends ton temps, surtout prends ton temps ! Ces moments-là passent trop vite, goûte chaque seconde, ne te précipite pas pour soulever la Coupe, tu la prends, tu la regardes, tu la cajoles, tu t'assures que tous tes copains sont bien là et, alors, tu la lèves vers le ciel."

« Et c'est vrai que ça passe vite. Ça court dans tous les sens, on se saute dessus, on se jette dans les bras de tous ceux qu'on croise, il y en a peut-être qu'on embrasse deux fois ou trois fois, d'autres qu'on oublie sans le vouloir... Parce qu'on est un peu dans un état second. Comme si toutes les vannes, bien fermées depuis deux mois pour contrôler ses émotions, rester concentrés, ne pas déborder, s'ouvraient tout d'un coup jusqu'à te submerger. Des moments de bonheur, des moments de folie où défilent dans ta tête, à une allure folle, tout ton trajet, toute ta carrière, toute ta vie. Tu mélanges un peu tout, mais tu repenses à tes éducateurs quand tu étais jeune, aux moments difficiles, aux galères de 2008 et de 2010, et là, maintenant, dix ans après, l'aboutissement de tant d'efforts, comme une libération.

« Des sensations vraiment très fortes, surtout après la finale de l'Euro 2016 qu'on avait laissée filer pour si peu, se demandant si une autre occasion se représenterait un jour d'inscrire notre nom à un palmarès. Parce que les joueurs de haut niveau, ils vivent pour ça, pour les titres. Tout le reste s'oublie, pas les palmarès. Et là, ce 15 juillet 2018, c'était fait. En face de "Coupe du monde 2018", il y aurait marqué : "France". Pour toujours. Et c'était nous ! Pas de fierté exagérée, pas d'orgueil déplacé, presque de l'incrédulité, au contraire. Mais nous étions bien champions du monde ! »

À ce moment de notre long échange de l'été 2019, l'idée me vient de poser à Hugo une dernière question : pourquoi et comment devient-on champion du monde ? Mais aussi celle-ci, plus perverse : pourquoi et comment auriez-vous pu ne pas être champions du monde à Moscou ?

À la première question, Hugo répondit spontanément dans un grand éclat de rire : « Parce qu'on était les meilleurs ! » Avant de se donner un temps de réflexion et de développer : « Plusieurs conditions doivent être réunies pour qu'une équipe soit performante en phase finale d'une compétition. Déjà, performante au premier tour, car aller au bout c'est encore une autre dimension. Pour commencer, un groupe homogène où les talents vont s'additionner et pas se contrarier pour des problèmes d'ego. Ça, c'est, en premier lieu, le problème du sélectionneur quand il fait sa liste. Et tout le monde a compris maintenant, je crois, qu'une liste, c'est tout sauf une addition mécanique des supposés meilleurs à chaque poste.

« Si cette première condition, essentielle, est remplie, il reste à faire bien vivre ce groupe. C'est encore le problème du sélectionneur, mais ça devient aussi celui des joueurs. Par leur capacité, ou non, à se rendre disponibles, attentifs à tout ce qui va leur être dit par le coach. Par leur capacité aussi à l'intégrer vraiment dans une autre vie qui est celle des vingt-trois, rien que des vingt-trois.

« Par ses choix, sa philosophie, sa manière de se comporter avec son groupe comme avec les individualités qui composent le groupe, il est clair que Didier Deschamps possède plus qu'un réel savoir-faire, un véritable don. Il sait toujours, comme avec un sixième sens, ce qu'il faut faire ou dire, s'il doit parler haut et fort ou suggérer, s'il faut sortir la carotte ou le bâton.

« Dans l'épisode de l'extincteur, s'il arrive vers notre groupe et qu'il nous pourrit, il peut casser quelque chose dans notre relation à lui. Il le sent, il le devine, et il va se contenter d'un "Allez, bonne nuit à tous, on verra ça demain." Formidable !

« On ne peut le prendre en défaut sur rien, tant il est attentif à tout et à tous. Sur cette base très solide, à nous de faire notre boulot et surtout de ne pas faire semblant. L'investissement de tous, vrai, total, sans arrière-pensée, est indispensable si on veut bâtir un bloc équipe vraiment solide et solidaire. Où chacun est prêt à se défoncer pour le copain en difficulté, à faire les efforts ensemble.

« Savoir créer un climat où personne ne se sent exclu, surtout pas ceux qui sont souvent sur le banc et dont l'adhésion est indispensable pour qu'on se sente tous bien. Un collectif marche à la confiance et cette confiance, tout le monde doit la partager à cent pour cent. Tout ce qu'on vient d'évoquer est fragile et peut partir en vrille pour trois fois rien. À tous d'y veiller, et pas seulement au capitaine. Ma grande, ma belle satisfaction, sur cette Coupe du monde, a été de ressentir que je n'étais plus le seul dépositaire d'une quelconque mission de représentation ou d'entremise. Avoir vu Paul, Raphaël, Blaise et d'autres se comporter comme de vrais leaders, spontanément, naturellement, ça a été formidable. Et très positif pour le groupe.

« Si on ne l'a pas vécu, à ce niveau-là, on ne soupçonne pas combien une vie de groupe, sur plusieurs semaines, est fragile et nécessite un échange permanent, des ajustements tous les jours. On est dans l'à peine perceptible, et il faut savoir deviner, anticiper, avant que le problème ne surgisse et ne vienne menacer l'équilibre. On a tous su le faire, chacun y a pris sa part, pas seulement celui qui avait le brassard. »

Et à « Pourquoi aurait-on pu ne pas être champions du monde ? », la réponse va être très simple : « En creux, les raisons d'un possible échec sont dans le non-respect de tous les critères que je viens d'évoquer, et qui ont permis qu'on soit champions du monde ! Si la liste n'avait pas été ce qu'elle était, si le coach n'avait pas eu le doigté si fin pour gérer les vingt-trois et les onze, si les remplaçants avaient décroché, si les egos avaient pris le dessus, si on ne s'était pas inventé nos petites réunions, si, si, si… on n'aurait jamais été chercher la deuxième étoile. »

Chantons sous la pluie

Nous avons tous encore en tête ces scènes du 15 juillet 2018, alors qu'il devait être aux alentours de 19 heures en France. Et que le ciel de Moscou, au terme d'un après-midi lourd et orageux, allait déverser des trombes d'eau sur les joueurs, les staffs, les officiels et les photographes. Pas un petit crachin normand qu'on sent à peine, non, un orage presque tropical, des gouttes énormes, transperçantes, qui eurent vite raison des maillots et des costumes. Seul Vladimir Poutine, le président russe, eut droit, dès les premières gouttes, à un parapluie jailli des mains de sa garde rapprochée.

Pour le camp français, ce sont des moments exceptionnels de grandes glissades à plat ventre sur une pelouse transformée en piscine, photos à gogo pour des photographes ravis, par petits groupes ou avec la famille vite descendue des tribunes pour retrouver ses héros, et partager avec eux ces moments hors sol. Ruben Varane, Sacha Mandanda, Jade Giroud, Anna-Rose et Giuliana Lloris, Myliane, Naëlle et Eden Matuidi, Mia Griezmann ont ainsi rejoint leur papa champion pour des photos qui figurent déjà, certainement, en bonne place dans les albums de famille, ou sur quelque mur de la maison.

Mais quand tout le monde, libéré des contraintes du protocole, se laisse aller à un grand et sympathique n'importe quoi, un soir de finale de Coupe du monde, le plus dur commence pour les chefs de presse qui ont devant eux quatre-vingt-dix minutes d'interviews à gérer, avec des centaines de journalistes exigeants et impatients.

D'abord se changer. Quitter cette veste qui devait peser au moins dix kilos, et se rendre à peu près présentable pour les différentes séquences du protocole médias qui allaient se succéder. Pas de costume de rechange évidemment, et plus grand-chose dans les malles d'équipement dans le vestiaire… Je finis par trouver une veste de survêtement pas vraiment à ma taille, mais qui ferait l'affaire jusqu'au retour à l'hôtel.

Ensuite, calmer l'impatience des radios françaises, de TF1 et de beIN Sports qui avaient des positions d'interview flash à proximité de notre vestiaire, et qui avaient hâte de recueillir les premières déclarations des nouveaux champions du monde. Qui, toujours sur la pelouse, s'en moquaient royalement, et n'étaient surtout pas pressés de rentrer. Trempés des pieds à la tête, parfois sans maillots et sans short, ils continuaient de crier leur bonheur à des tribunes qui se vidaient très lentement.

Un vestiaire en folie

Nos champions sont à peine rentrés au vestiaire que je vois arriver, tout sourire, et marchant de front, une sacrée brochette. Le président Macron, le président russe Vladimir Poutine, la présidente croate, Kolinda Grabar-Kitarovic et le président de la FIFA, Gianni Infantino. Leur accueil va de soi, mais pas celui de l'immense cortège qui les suit, composé de caméramen, de photographes, de ministres, d'officiels vrais ou faux. Il y a surtout toute la garde rapprochée de Poutine, emmenée par un immense garde du corps qui dépasse largement les deux mètres et doit taquiner les cent cinquante kilos.

Finalement, on s'en sort bien en laissant entrer, derrière les quatre personnalités, le si imposant garde du corps, un photographe et un caméraman estampillés Kremlin, avant de refermer précipitamment la porte du vestiaire devant tous les autres prétendants à l'entrée. La porte a beaucoup souffert, qui recevra longtemps de nombreux et vigoureux coups de poing, sans nous émouvoir pour autant.

À l'intérieur, c'est le grand déchaînement. Pogba, Dembélé, Mendy, Kimpembé, debout sur la grande table centrale, assurent le show. Ils demandent leur prénom aux quatre présidents, et improvisent des paroles pour chacun, sur l'air qui leur passe par la tête. Je ne pense pas qu'en France, en Croatie et encore moins en Russie, loin, très loin de tout protocole, un président ait été ainsi tutoyé, presque chahuté, mais dans une telle bonne humeur, avec un tel naturel, que personne n'aura seulement l'idée de s'en offusquer, encore moins de lancer un appel au calme. J'ai même cru deviner un sourire sur le visage de Poutine, c'est dire… Quelques joueurs s'autoriseront aussi des selfies, dans le plus simple appareil… mais avec la Coupe du monde en guise de cache sexe, pour que le document puisse être mis en ligne sur les réseaux sociaux ! Et je n'oublierai pas de demander à Emmanuel Macron, avant qu'il ne nous quitte, de faire une photo avec lui et la Coupe, pour la placer, précieusement, à côté de celle que j'avais faite à l'Élysée avec Jacques Chirac en 1998.

L'heure que l'on passera encore au stade Loujniki après cet intermède quadri-présidentiel sera plus conventionnelle, même si elle sera encore émaillée de quelques facéties. Par exemple, quand les joueurs français débarqueront en pleine conférence de presse de Didier Deschamps avec bouteilles d'eau, de bière ou de champagne, pour asperger copieusement leur sélectionneur chéri, qui devra changer de tenue pour la troisième fois de la soirée. Pour ma part, je ne pourrai pas ne pas tenir la promesse faite bien imprudemment à un journaliste de beIN Sport, de chanter une chanson à son micro si on était champions du monde. J'espérais m'en tirer avec un petit couplet de Dassin ou de Lama, encore dans mes cordes vocales, mais ce roublard de Luis Fernandez, en plateau à Paris, n'avait pas oublié le Mexique 1986, quand je me lançais volontiers dans *Le Chanteur de Mexico*. Et qui ne se priva pas de glisser dans l'oreillette de Clément : « Demande-lui *Mexico* ! »

Au bord des larmes

Il ne nous restait plus qu'à rentrer à notre cher camp de base. Un trajet stade-Istra tout sauf triste, avec des joueurs déchaînés, peut-être encore plus que dans le vestiaire, parce que seuls, ou presque, entre eux, dans l'espace confiné d'un autocar. La Coupe passait de main en main, embrassée, caressée, brandie à deux, quatre ou six mains, et dans le délire ambiant j'ai craint plus d'une fois voir les vitres de notre bus voler en éclats sous les coups de pieds répétés des tout nouveaux champions du monde.

Au Hilton Garden Hill, l'accueil du personnel, toujours fidèle au rendez-vous et quasiment en transe, surpassa tout ce que nous avions connu jusque-là et qui était déjà chaleureux et émouvant. Les frères Pogba avaient installé la sono qui crachait ses décibels entêtants, quand Florian Thauvin, entré le premier dans l'hôtel avec la Coupe, se précipita dans les bras de ses parents, réunis pour la première fois depuis leur séparation, dix bonnes années plus tôt.

Avec familles et amis, le reste de la soirée – que dis-je de la nuit ! – ne fut que bonheur et plaisir partagés dans une douce euphorie avec un moment particulièrement fort. Quand Didier Deschamps, en toute discrétion, entreprit la tournée des tables pour remettre aux membres de son staff, auxquels le protocole avait interdit l'accès au podium sur la pelouse, la belle médaille d'or au bout de son large ruban bleu. Pour moi, sans conteste, le moment le plus émouvant de cette très belle soirée. Je savais que c'était la dernière, et quand Dédé, après m'avoir passé la médaille autour du cou, m'embrassa, la gorge était bien serrée et les larmes pas loin. En plus, Élisabeth était à mes côtés, mes enfants Nicolas et Émilie aussi. Si le bonheur doit avoir une image, elle doit ressembler beaucoup à ce touchant tableau de famille. Je demandai évidemment à Guillaume Bigot, notre photographe, compagnon de route tellement apprécié, discret et talentueux, de l'immortaliser. Pour la deuxième fois de ma vie, j'avais l'incroyable privilège de recevoir une médaille de champion du monde. Pour le gamin supporter du Stade de Reims et des Bleus de 1958, c'était, à Moscou en 2018, un aboutissement inimaginable ! Un rêve de gosse complètement fou.

Le retour des héros

La nuit à Istra a été longue, très longue. Pour quelques-uns qui dansent encore au petit matin tendrement blottis contre un… arbre, il n'y a pas eu de nuit du tout. Pas le temps non plus, à l'heure du départ, de s'éterniser en accolades ou en embrassades. Il y a déjà une heure de retard sur l'horaire initialement prévu, et il faut absolument rester dans les clous du programme officiel arrêté à Paris, et dont l'étape finale est le palais de l'Élysée aux environ de 20 heures.

Pour que tout soit clair, redisons qu'à partir de ce moment-là, l'équipe de France et son long cortège ne maîtrisent plus rien et vont suivre, sans murmures ni discussions, ce que l'on appelle en télé un « conducteur », élaboré à Paris par une cellule composée de représentants de la FFF, de la mairie de Paris, de la préfecture de police et de l'Élysée.

À Roissy, l'atterrissage a donné lieu au rituel des grandes occasions. Le commandant de bord a sorti un petit drapeau bleu, blanc, rouge qu'il a planté à l'extérieur du cockpit, et c'est sous les jets d'eau croisés des lances des véhicules de sécurité que l'avion gagne son parking. Les joueurs et le staff rejoignent une estrade installée non loin pour les photos, avant de se diriger par un itinéraire tortueux vers les salons où notre habilleur officiel, Smalto, a installé un vestiaire provisoire pour que tout le monde puisse revêtir la belle tenue officielle, costume bleu marine, chemise bleu ciel, sans cravate, et chaussures noires. Quelques retouches hâtives sont nécessaires pour sauver les apparences, et on en connaît, mais on ne donnera pas de nom, qui se sont présentés à l'Élysée avec quelques épingles invisibles en bas du pantalon en guise d'ourlet, mais le professionnalisme et le dévouement du staff de Smalto feront des merveilles, et personne ne remarquera que le costume de celui-ci appartient en fait à celui-là, à peine retouché !

Le parcours entre Roissy et l'Étoile est surréaliste. La route nous est ouverte, comme d'habitude, par une escorte de motards de la police nationale, mais, très vite, le bel ordonnancement mis en place au départ va être perturbé par des conducteurs de deux-roues, motos, scooters, mobylettes qui, au prix de risques insensés, ne vont cesser de se rapprocher du bus des Bleus.

Au premier rang du bus, derrière le chauffeur deux hommes, oreillettes vissées à l'oreille ne cessent de répéter « On ne ralentit pas ! On ne ralentit pas ! » À l'extérieur, sur les voies de circulation, sur les ponts enjambant l'autoroute, sur les bretelles de sortie, tous noirs de monde, c'est aussi de la folie. Dans le sens contraire à celui de notre progression, la circulation est à l'arrêt. Des centaines d'automobilistes, sortis de leur véhicule, se sont hissés sur le petit muret ou sur les glissières en métal séparant les voies, et hurlent leur joie à grand renfort de gestes et d'équilibres précaires qui nous feront craindre l'accident plus d'une fois. Il en sera ainsi jusqu'à notre arrivée en haut de l'avenue de Friedland, où nous quittons le car de Roissy pour monter à bord du bus à impériale. Nous rejoignent alors les épouses de Didier Deschamps, de Guy Stéphan et de Franck Raviot avec ses deux filles, qui feront le trajet Étoile-Élysée avec nous.

Une véritable onde de choc secoue l'étage supérieur de notre bus, lorsque nous débouchons enfin tout en haut des Champs-Élysées. La vision de ces dizaines de milliers de supporters agglutinés, chauffés depuis trois ou quatre heures par un ardent soleil, leurs drapeaux, leurs cris, les fumigènes qu'ils allument et qui nimbent la plus belle avenue du monde d'un halo multicolore… qui doit d'ailleurs les priver d'une partie du spectacle, tout cela crée une atmosphère extraordinaire, entre émerveillement et incrédulité. Et lorsque la patrouille de France débouche de la Défense pour survoler notre convoi en direction de la Concorde, semant dans le ciel parisien son panache de fumée bleu, blanc, rouge, c'est le coup de grâce. On lève la tête, on distingue à la fois tout et rien, on baigne dans un concert assourdissant de sonorités graves et aiguës à peine identifiables.

Kylian Mbappé m'a rejoint à la balustrade du bus, et nous ferons toute la descente des Champs, tenant chacun à une extrémité pour la montrer au public, la toute nouvelle écharpe « Champions du monde » avec les deux étoiles. Lorsque notre bus tourne à gauche au rond-point des Champs-Élysées, je ne prends pas conscience, sur le coup, que tout cela s'est passé très vite, et que ce moment exceptionnel de communion avec les supporters a duré même pas un quart d'heure. Comparé aux trois heures vécues au même endroit en 1998 ça faisait peu, très peu… Pogba ne croit pas non plus que ça va s'arrêter là, et il interpelle le sélectionneur : « Coach, c'est pas déjà fini ? On va faire un deuxième passage ? » Didier, aussi perplexe que nous tous, ne peut que répondre : « Je ne sais pas, Paul, ce n'est pas nous qui décidons, on suit le mouvement. » Mais non, c'est bien terminé, et après un bref arrêt régulateur rue du Faubourg-Saint-Honoré, il ne doit pas être loin de 20 heures quand notre bus s'arrête enfin devant l'entrée du palais de l'Élysée.

Dans le bureau du président

Le tapis rouge est déployé, comme pour un dîner d'État, l'orchestre de la garde républicaine, impeccablement aligné sur le côté droit de la cour, nous gratifie de ses airs les plus entraînants de son répertoire. Je ne suis pas sûr de ne pas avoir entendu le *I Will Survive* de 1998... Comme à la sortie de l'avion, le trio Le Graët-Deschamps-Lloris ouvre la marche, le capitaine des Bleus tenant la Coupe.

Pas le temps d'admirer ce cadre solennel, une découverte pour beaucoup, un peu impressionnés quand même, que voici venir Emmanuel et Brigitte Macron. Selon tempéraments et affinités, bises et accolades pour les uns, étreintes, tapes dans le dos pour les autres, poignées de main pour les plus réservés. Et nous voici gravissant les marches du célèbre perron, « sauf que là, c'est nous ! » me fait remarquer Adil Rami, avant d'être embarqué dans une vibrante *Marseillaise.* Quelques salons à traverser, et l'on se retrouve sur la terrasse de la façade arrière du Château, sous les ovations d'un millier de jeunes invités par le président.

Après le show de Pogba micro en main, et quelques paroles bien senties du président à ses invités, voici venue l'heure du champagne et des petits fours, des autographes et des selfies surtout. Pour les obtenir, tous, et non des moindres, ne feront pas preuve de beaucoup de patience et de courtoisie, bousculant allègrement ceux qui se trouvaient sur leur route.

Pendant ce temps-là, les appels se multiplient pour me demander à quelle heure les joueurs se montreront au balcon du Crillon ! Là aussi, soyons clairs. Le nom du Crillon a bien été évoqué dans les premières discussions d'après-demi-finale dans la cellule évoquée plus haut comme lieu possible de présentation du trophée au public. Comme pour les vainqueurs de l'Euro 2000, comme pour les finalistes de la Coupe du monde 2006. Mais évoqué seulement, et très vite et définitivement abandonné : trop compliqué en matière de sécurité et de maintien de l'ordre. Option retenue, la descente des Champs-Élysées comme en 1998, mais avec un autre dispositif. L'hôtel Crillon, place de la Concorde fut néanmoins retenu pour deux opérations très précises : comme lieu de ralliement après les cérémonies de l'Élysée, pour que l'on puisse se changer avant que chacun ne parte vers sa destinée vacancière. Et comme lieu d'hébergement, la nuit du 16 au 17 pour quelques joueurs et membres du staff. Rien de plus, absolument rien de plus.

Une fois ces dispositions adoptées, nettes et sans équivoque, quelle analyse en a été faite à l'état-major du Crillon ? Quelle communication fut mise en place pour tenter de valoriser ce non-événement ? Mystère. En tous cas, la rumeur naquit et enfla, tout au long de la journée, que les Bleus présenteraient la Coupe du monde aux balcons du Crillon en début de soirée. J'eus beau démentir, assurer, qu'il n'était pas question de présentation, mes interlocuteurs restaient persuadés qu'on essayait de leur cacher quelque chose, et se gardaient bien de démentir formellement et donc de dissuader les supporters de se masser place de la Concorde. Nombre de médias investirent les lieux, et TF1 monta même un mini-studio pour interviewer les héros du jour.

Dégât collatéral, outre une attente déçue pour des milliers de Parisiens mal informés : les camions avec nos bagages, devant l'engorgement des lieux, abandonnèrent l'idée d'arriver au Crillon, et se délestèrent de leur chargement dans la cour de l'hôtel de Marigny où on le récupérera à la nuit tombante, dans une cour pavée poussiéreuse et pas éclairée.

Vers 20 h 45, les vingt-trois joueurs et le staff technique furent priés de se regrouper dans le hall d'accueil de l'Élysée, pour être conduits dans le bureau présidentiel où Emmanuel Macron souhaitait faire une dernière photo avec eux. Pour les autres, direction l'hôtel de Marigny, de l'autre côté de l'avenue, une résidence où la République loge parfois ses visiteurs de marque. Le regroupement des joueurs n'est pas facile. Chacun est parti de son côté, avec sa famille, avec ses amis. Le photographe officiel de la FFF ne peut évidemment pas manquer la scène du bureau présidentiel et se présente donc à l'étage devant le saint des saints dont l'accès lui est alors interdit par un grand costaud, qui ressemble trait pour trait à… Alexandre Benalla. Il ne restera pas longtemps à la porte, heureusement. L'ambiance est débridée dans ce haut lieu de la République. Benjamin Mendy, qui ne recule jamais devant rien, demande au président s'il peut s'asseoir à son bureau. Un meuble dépouillé, pratiquement vierge de tout dossier ou document, tout le contraire du bureau de François Hollande que nous avions pu visiter au lendemain de la finale de l'Euro 2016, et qui disparaissait sous des piles et des piles de dossiers…

Dans un joyeux désordre, et sous l'œil amusé de Teddy Riner, fauteuils et chaises sont trimbalés pour former un semblant de cercle, le président de la République avec Deschamps à sa droite, Mbappé, Griezmann et Rami en face de lui. Dernières évocations de l'aventure qui touche à sa fin, questions rituelles sur les destinations de vacances, ou les possibles transferts de l'été, et c'est le fameux selfie réalisé par le président lui-même qui ne tardera pas à être mis en ligne par l'Élysée. Discrète, dans un coin de la pièce, Brigitte Macron observe d'un œil amusé tout ce tohu-bohu, très inhabituel en ces lieux.

Il est 5 heures, Paris s'éveille…

Petit à petit, les effectifs diminuent, la ronde des taxis est incessante avenue de Marigny, les valises, laborieusement identifiées et récupérées dans la cour où la nuit est tombée, s'entassent dans les coffres. Les adieux sont bâclés, hélas, comme souvent lorsque les choses ne se passent pas comme prévu. J'ai juste le temps d'entendre un Kylian Mbappé fatigué, épuisé, lancer à son père : « Papa, on s'en va… J'en peux plus, on rentre à la maison ! » Le temps, aussi, de recueillir, étonné, cette ultime confidence de N'Golo Kanté, à qui je viens de souhaiter « the best » pour la prochaine saison : « Tu sais, Philippe, cette chanson sur moi que tout le monde reprend en chœur dans le bus ou dans le vestiaire, elle est sympa, bien sûr, mais ça me gêne qu'on me fasse passer pour un tricheur. Je ne suis pas un tricheur ! Simplement, ce jeu de cartes auquel on joue tout le temps, je ne l'ai pas appris avec les mêmes règles que les autres. Alors, au début, je n'ai pas joué les bonnes cartes au bon moment et ils m'ont accusé de tricher. »

Et c'est fini. Ou presque. Malgré la réticence de Didier et de beaucoup d'autres à parler de l'après-finale avant la finale, l'intendance FFF avait anticipé, et fait en sorte, discrètement, qu'une telle journée ne se termine pas anonymement et dans l'indifférence. Les joueurs avaient prévenu dès lundi matin : « Ne prévoyez rien pour nous ! C'est l'anniversaire de Benjamin Mendy, on va se retrouver et fêter ça entre potes. » Mais pour le staff, un peu élargi à quelques cadres de la Fédération, le dernier rendez-vous avait été fixé vers 23 heures au pavillon Gabriel. À 3 heures du matin bien passées, Didier, Guy et même Olivier Giroud qui nous avait rejoints se déhanchaient encore sur la piste de danse improvisée, encouragés par les applaudissements des moins vaillants. Pour ma part, je m'étais lancé dans une très intéressante conversation sur le vin avec Hugo Lloris...

Le mot « fin » pouvait s'inscrire en beauté, alors que le jour se levait sur Paris.

La marque KM

Personne n'oubliera de cette belle épopée russe, l'émergence d'un authentique talent, d'un joueur dont on perçoit tout de suite qu'il est en train de s'inscrire dans la lignée des très grands. Kylian Mbappé a été élu par la FIFA meilleur jeune de cette Coupe du monde, adoubé par le roi Pelé lui-même, et s'est révélé et imposé au monde du foot, par ses accélérations fulgurantes, ses gestes d'attaquant de race, et l'enchaînement de ses buts.

Ce qu'il y a peut-être de plus fascinant dans la trajectoire de ce surdoué du ballon, c'est la précocité, pas seulement de son talent, mais de ses certitudes qu'il arriverait vite au plus haut niveau. Pas de la suffisance, pas de la présomption, non, seulement une foi inébranlable en ses capacités, dans le plaisir qu'il prend à jouer et à gagner, l'un n'allant pas sans l'autre. Il n'avait pas 14 ans qu'il affirmait à ses parents, les yeux dans les yeux : « Je vais être footballeur professionnel, je veux gagner des titres, beaucoup de titres, même la Coupe du monde et le Ballon d'or ! » C'est cette ambition, cette conviction intime, qui guide ses pas depuis toujours. Gamin, il avait dans sa chambre le poster de Messi, et quand il se retrouve face à lui à l'occasion du huitième de finale France-Argentine, loin d'être impressionné, il lui demande sans hésiter son maillot à la mi-temps. Une fois le match terminé, il enverra la photo du trophée à son père, avec ce commentaire jubilatoire : « Papa, je l'ai eu ! »

Cette passion du football, cette soif de victoires et de titres, il leur subordonne tout dans une existence où tout est réglé, rigoureusement, sans concessions, pour des performances optimisées. Et quand les choses n'avancent pas comme il le voudrait, ou aussi vite qu'il le souhaiterait, il n'hésite pas à le dire, comme lors de la soirée de gala de l'UNFP, la saison dernière, où il sidère l'assemblée et les journalistes présents, en laissant entendre que, s'il est ravi de tout ce qui lui arrive de positif avec le PSG, il n'exclue absolument pas d'aller voir ailleurs si sa carrière doit s'en trouver mieux ! Son père, mis dans la confidence quelques minutes avant ce coup d'éclat, avait tout fait pour le dissuader de dégoupiller sa grenade. Peine perdue…

Rien ne doit se mettre en travers de cette route qui magnifie le jeu et son plaisir de jouer, seuls à même de lui permettre d'étancher sa soif de succès. Il va mûrir et évoluer, c'est obligé, les aléas de la vie et des jalousies ne l'épargneront pas plus que les autres, et il faudra voir comment le bonhomme réagit. Mais pour l'heure, son parcours est un sans-faute, et il est intéressant d'essayer de voir ce qui se cache derrière cette réussite qui en fascine plus d'un. Un talent hors norme, c'est évident, n'en parlons plus, soutenu par un travail et un sérieux jamais négligés, mais aussi grâce à un encadrement qui a veillé sur tout, scrupuleusement.

Et c'est au moins aussi important que le talent. Ses parents, déjà, vigilants, sages et avisés. Qui n'ont jamais rien voulu brusquer, qui se sont seulement attachés à guider les pas du fiston au mieux de ce qu'ils pensaient être son intérêt du moment, intérêt purement sportif au-delà de toute autre considération. Parce qu'ils sont eux-mêmes sportifs dans l'âme et dans la pratique. La mère de Kylian, Fayza, a pratiqué le hand à un haut niveau, et le père Wilfried, footeux de chez footeux, a été, avant de s'installer à Paris, un éducateur passionné et très apprécié dans le 93, à Bondy, le club où KM a débuté.

Des parents sportifs, donc, lucides, à qui on ne la raconte pas, et qui savent bien tous les pièges à éviter dès que les requins commencent à tourner autour d'un gamin de 14 ans et de son talent fou. L'éducation du gamin, sur des valeurs fortes, le suivi de sa carrière sportive, ils en font leur affaire. Pour le reste ils vont avoir la très bonne idée de s'en remettre aux sachants. Kylian n'a pas 18 ans quand ses parents confient toute la partie non sportive de son activité à un cabinet d'avocat parisien qui va, très professionnellement, s'attacher à cadrer, organiser et verrouiller tout ce qui touche aux contrats, à la publicité, à l'image, à l'investissement.

La marque KM à peine lancée est déjà régulée, ciblée, et fait l'objet d'un « guide de présentation de l'athlète » remis à toute personne ayant à traiter directement ou indirectement de l'image du jeune prodige. Dans un document de deux pages, concis, précis, tout est stipulé sur l'art et la manière de mettre en scène Kylian, sa jeune ambition et ses convictions.

Au chapitre « Valeurs » on peut lire : « Les valeurs que Kylian ressent et veut incarner aujourd'hui sont les suivantes. Respect (humilité, respect des personnes et des règles). Bienveillance (empathie, écoute, attention aux autres), Plaisir (plaisir de faire et de partager un spectacle (son côté artiste)). Spontanéité et jeunesse ». Ajoutant « l'humour, l'esprit de compétition et l'élégance » aux valeurs à mettre en avant, il est précisé, à l'inverse, que « l'élitisme, l'arrogance, et une perfection lisse » sont des termes à proscrire, car ne cadrant pas du tout avec la réalité du personnage.

Les relations avec les médias sont aussi abordées pour préciser que les réseaux sociaux seront utilisés pour « commenter l'actualité ou se mettre en scène auprès de son public », et, surtout, que toute demande d'interview qui ne passerait pas par tel, tel ou tel canal sera systématiquement ignorée. Enfin au chapitre des partenariats, des directives très précises sont données : « Décor : dans un contexte sportif de préférence, avec une référence au football ou au sport. Style : coloré, dynamique, vif. Mise en scène : ambiance sport facultative. Impression de vitesse quand Kylian est en action. Calme et sérénité le reste du temps. Kylian ne doit pas être représenté comme étant "au-dessus", dans une position d'arrogance. Jeux d'acteurs : premier degré de préférence. L'humour et l'autodérision peuvent venir donner de la proximité et de l'empathie au message. Ambiance : musique ou voix off, de préférence au dialogue d'acteurs. »

Ce document qui trouvera ses détracteurs, n'en doutons pas, pour crier à la fabrication et au manque de naturel, m'apparaît, au contraire, comme un témoignage du sérieux avec lequel, dès le départ tout a été mis en place pour permettre au jeune Kylian de ne penser qu'au football et de s'y consacrer à cent pour cent. Rédigé par des professionnels compétents, il dit clairement les choses et ne laisse pas les événements s'improviser dans un flou forcément préjudiciable et négatif en termes d'image. Il est positif, aussi, parce que loin d'avoir voulu fabriquer artificiellement je ne sais quel gendre idéal ou produit vendeur, il correspond vraiment au personnage. La simplicité, surtout pas feinte, l'ambition affichée, réelle, le respect, comme le plaisir à prendre et à donner sont bien dans l'ADN de Kylian. Et, qu'on se le dise, sous des airs parfois insouciants, le jeune Mbappé ne laisse personne décider pour lui. Des grandes options aux petits détails, il veut savoir de quoi il s'agit, où on en est, quel est l'objectif recherché et à quelles conditions. Il analyse vite, il réfléchit vite et il décide vite. Puis il s'en retourne jouer au foot, vite, très vite, très, très vite.

ÉPILOGUE

ET MAINTENANT ?
(2018-2020)

Kylian Mbappé, son football de feu, son grand sourire, aura été en 2018 le dernier héros de ma bande dessinée foot personnelle, inaugurée soixante ans plus tôt avec un autre de mes héros, Raymond Kopa. Soixante ans, pas seulement d'observation et d'analyse du football comme journaliste à *L'Équipe* puis comme chef de presse de l'équipe de France, mais riches, surtout, de rencontres, de relations nouées et d'émotions partagées.

Avec les 253 joueurs que j'ai vus revêtir le maillot bleu en trente ans et 337 matchs au cœur du staff, dans 76 pays, avec les 9 sélectionneurs qui m'ont honoré de leur confiance, les 6 présidents de la Fédération qui se sont succédé de 1983 à 2018, mes équipiers des staffs, avec qui on formait une autre « équipe de France », soudée, joyeuse et solidaire, sans oublier les camarades de ma première vie à *L'Équipe*, Faubourg-Montmartre.

Mais derrière cette vitrine toujours sous les projecteurs de l'actualité, il y a l'autre réalité du football, trop souvent à l'ombre, sans laquelle il n'y aurait pourtant pas de vitrine, pas d'élite, pas de millions pour les mercatos de folie, pas de milliards pour des droits télé toujours à la hausse.

Ce football, malencontreusement dit « d'en bas », qui n'est surtout pas l'ennemi du football « d'en haut », même si on tente de les opposer trop souvent bêtement. Leur complémentarité, naturelle et indissociable, est la base, le socle indispensable de la discipline. Ils constituent, à eux deux, cette magnifique pyramide appelée football. La première activité sportive du pays, avec 2 200 000 licenciés loin, très loin devant le tennis, l'équitation, le judo et le basket.

C'est à dessein que je veux terminer ce récit où l'on a beaucoup parlé de joueurs stars par ce coup de projecteur, qui est aussi un coup de chapeau, au football « de masse ». Monde de passionnés, monde passionnant, où il y a de la place pour chacun d'où qu'il vienne, quels que soient la couleur de sa peau, sa religion ou son milieu social.

On nous a survendu le phénomène black-blanc-beur de 1998 qui n'a été, hélas, qu'une belle illusion, incapable de survivre à deux ou trois rassemblements de masse effectivement impressionnants et réconfortants, où se mêlaient drapeaux français et étrangers, dans une fraternité de l'instant. Quelques-uns, naïfs ou intéressés, ont voulu faire croire que la victoire d'une équipe de France diverse et métissée allait pouvoir aider à résoudre des problèmes sociétaux lourds, plongeant leurs racines dans une Histoire récente et sensible. Que là où tant de plans et d'initiatives adossés aux énormes moyens de l'État avaient échoué à faire avancer les choses de façon significative, le football, par un coup de baguette magique et la grâce de vingt-deux champions du monde, allait régler les problèmes.

Les travailleurs de l'ombre

Ne parons pas le football de vertus surnaturelles ou miraculeuses qu'il n'a évidemment pas, mais n'occultons surtout pas le rôle social et sociétal qu'il joue activement et pleinement. Avec ses 400 000 bénévoles qui épaulent au quotidien les 258 000 dirigeants élus des clubs, des districts et des ligues, prenant sur leurs loisirs, leurs congés, leur vie de famille, pour encadrer et éduquer des jeunes qui représentent la moitié des effectifs fédéraux. Avec les 30 000 matchs disputés en France chaque week-end, soit un million par an, dont 98,2 % se déroulent sans aucun incident, et ce n'est pas la faute du foot si on ne parle que des 1,8 % restants et de leurs dérapages souvent mineurs.

Un football de masse qui évolue et vit avec son temps, qui propose le foot à trois ou à cinq pour les tout-petits, puis à huit, mais aussi le beach-soccer, le foot de plage ou sur le sable, le footy-volley, le footnet ou tennis ballon, le golf-foot. Qui a su prendre en marche le train du foot à cinq, cet *urban soccer* qui plaît tant aux gamins mais aussi aux adultes des villes, qui rechignent, de plus en plus, aux entraînements et aux matchs à heures fixes, quand ce n'est pas à la compétition.

Ce football si fort, si riche, qui est la fierté d'une Fédération qui refuse toute discrimination, qui multiplie les initiatives pour la santé et l'environnement, et qui se montre digne des pionniers français du début et du milieu du XXe siècle, qui ont, par leurs capacités visionnaires, offert au football national et international ses plus belles et ses plus grandes compétitions.

J'ai évoqué longuement les pôles de préformation fédéraux et les centres de formation des clubs pros, qui ont été la clé et la chance de la modernisation de notre football dans les années 1970-1980. La France peut se prévaloir, en la matière, d'un savoir-faire mondialement reconnu que l'on doit à une direction technique nationale mise sur pied par Georges Boulogne, une DTN trop peu considérée dont on ne parle plus assez, alors qu'elle continue d'être, avec ses cadres techniques régionaux, un pilier majeur de l'activité fédérale. C'est pourquoi j'ai une pensée, aussi, pour les 36 000 éducateurs diplômés, et ceux, nombreux, qui les assistent sans diplôme, investis d'une mission éducative lourde dans une époque où les valeurs et les repères se perdent, pour encadrer et former les Mbappé de demain. Demandez à Kylian, à Antoine, à Paul, à Hugo, à Blaise et à tous les autres champions du monde 2018 le nom de leurs premiers éducateurs. Ils ne l'ont pas oublié, et ils ne l'oublieront jamais. Même si ce n'est pas tous les jours facile par les temps qui courent, ces éducateurs et leurs dirigeants ne cessent de mettre en avant et de faire respecter les vertus et les valeurs du football, le respect, la tolérance, la solidarité, le partage et l'acceptation des différences.

Ce football-là, ce football-école de vie, n'a pas d'âge, pas d'époque, pas de mode, il est de tous les âges, de toutes les époques. Quand, au hasard de mes pérégrinations familiales, du côté de Jullouville (Manche), de Soulomès (Lot), de Dinan et de Quessoy (Côtes-d'Armor), il m'arrive de m'arrêter au bord d'un terrain pour me régaler d'un entraînement ou d'un petit match de troisième niveau régional, ce sont toujours les mêmes mots, les mêmes gestes, les mêmes attitudes. Seules les tenues et le ballon ont changé entre 1958 et 2018.

Si ma passion pour le foot ne s'est jamais démentie, si je manque rarement un match à la télé, je ne vais plus très souvent, je l'avoue, dans les stades de ligue 1. Je ne goûte pas le dispositif policier, presque militaire parfois, qui entoure trop de stades. Voir un président de club arriver en tribune escorté de gardes du corps, je n'aime pas. Écouter des bateleurs de foire s'égosiller au micro pour nous demander de « faire du bruit », ou supporter les décibels d'une sono déchaînée, je n'aime pas trop non plus. Ces supporters torse nu été comme hiver, leurs fumigènes, leurs banderoles douteuses, leurs revendications, le rôle qu'ils veulent se donner dans la vie et la gestion du club, trop de choses m'échappent.

Si je sais les mérites de tous ces dirigeants de clubs professionnels aux nombreuses nuits blanches, qui essaient de maintenir le navire de leur équipe à flot, dans un univers concurrentiel de plus en plus agité, si je ne méconnais pas la nécessité d'un professionnalisme qui génère plus de trente mille emplois et qui s'avère un acteur économique appréciable et respectable avec ses deux milliards annuels d'impôts et de charges, trop de ce qui entoure aujourd'hui le football dit de haut niveau, ses coulisses trop sombres, ses transactions intercontinentales à étages multiples et à paradis fiscaux, ses agents décomplexés et intrusifs, tous ces intermédiaires-requins par l'odeur de l'argent alléchés, tout cela ne me convient pas et ne me correspond pas. Je me félicite même de n'être pas journaliste au vingt et unième siècle, moi qui ai tant aimé l'être au vingtième, et de n'avoir pas à naviguer, trop souvent, comme un détective privé ou un espion, entre clans, chapelles, et hypocrisies, compromis et renvois d'ascenseur. Croyez-le ou pas, mais je vous assure que pendant les trente saisons passées en équipe de France, je n'ai jamais ressenti toutes ces pesanteurs qui escortent aujourd'hui le football professionnel. Peut-être parce que, comme le dit Deschamps, elle est au-dessus de tout.

Ici va se terminer cette traversée de soixante ans de football, les yeux rivés sur le vert des terrains et le bleu du maillot de l'équipe nationale.

Le vert de tous les terrains de foot du monde, pour le jeu qui s'y pratique, pour tout ce que des garçons et des filles sont capables d'y faire avec un ballon, pour en maîtriser ses effets et ses rebonds, pour l'infini des combinaisons de jeu qui s'offrent à eux, dans des improvisations jamais les mêmes.

Le bleu du maillot de l'équipe de France, parce que c'est l'équipe de la France, qu'elle réunit les meilleurs, que rien de ce qui lui arrive ne laisse indifférent. Et qu'elle est la représentante et l'ambassadrice sur la scène internationale d'un sport qui m'a pris aux tripes à l'adolescence. Et la petite boule dans le ventre, les jours de match international, je l'ai toujours, même dans mon fauteuil devant la télé.

Pour célébrer le mariage de ce vert et de ce bleu, mes derniers mots, des mots d'union et de gratitude, car j'ai été un sacré privilégié de pouvoir vivre tout cela, iront, symboliquement, à des personnages qui se trouvent aux deux extrémités de notre pyramide du football.

Au sommet, Aimé Jacquet et Didier Deschamps, aux talents et aux qualités déjà vantées, si différents mais tellement proches, les pères de nos deux étoiles. Et à la base, Pierre Petit (Creuse), Raymond Miquel (Lot-et-Garonne), Renée Schwartz (Landes), Madani Ferhati (Rouen Sapins FC), Bernadette Le Bidel (Belle-Île-en-Mer). Et tant d'autres. Ces noms ne vous disent certainement rien et c'est logique. Ce sont ceux de quelques-uns de ces travailleurs de l'ombre, jamais à l'honneur, et dont la notoriété n'a jamais franchi les limites de leur département. Mais qui ont dédié leur vie au football et aux autres, dans un club, dans un district, dans une ligue. Jamais fatigués, jamais découragés, toujours disponibles, toujours prêts à servir. Pour que vive le football.

Sans eux, tout simplement, il n'y aurait pas de football.

REMERCIEMENTS

Merci d'abord à Lise Boëll et à son « ombre », Estelle Cerutti (Albin Michel), qui m'ont, déjà, convaincu de me mettre à l'ouvrage alors que je n'en voyais pas forcément la nécessité. Depuis leur nid d'aigle de la rue Huyghens, elles ont guidé et accompagné toutes les étapes de la réalisation de ce livre. Notre complicité de plus de vingt ans est toujours aussi efficace et, surtout, plaisante.

Deux autres personnes m'ont apporté leur précieux concours et je veux leur dire ma gratitude. Patrick Lemoine, mon vieux camarade, ancien rédacteur en chef à *L'Équipe*, s'est avéré un documentaliste d'exception. Sa phénoménale mémoire, sa rigueur et sa curiosité dans l'investigation de soixante années de football m'ont permis de me concentrer sur l'évocation de mon vécu et l'écriture. Quel confort ! Quant à Jacques de Saint Victor, historien, écrivain et journaliste, il m'a fait très utilement profiter de sa grande expertise du récit, de sa mise en forme, comme de sa mise en valeur.

Merci à tous ceux qui, par leurs témoignages et le temps qu'ils ont bien voulu me consacrer pour des échanges toujours passionnants, ont donné à ce document toute sa dimension humaine et anecdotique : Georges Bereta, Philippe Bergeroo, Guillaume Bigot, Laurent Blanc, Max Bossis, Philippe Brocherieux, Jean-Pierre Cantin, Georges, Carnus, René Charrier, Grégory Coupet, Manu De Faria, Fleury Di Nallo, Jean Djorkaeff, Eric Dubray, Fernand Duchaussoy, Henri Émile, Jean-Pierre Escalettes, Roland Guillas, Bernard Lacombe, Jean-Louis Lamour, Mickaël Landreau, Hugo Lloris, Frederic Mankowski, Jean-Pierre Papin, Philippe Piat, Pierre Repellini, Alain Roche, Albert Rust, Guy Stéphan, Anthony

Varane, Maryan Wisniewski... et ceux que j'oublie peut-être. Mais je n'oublie pas Pauline qui m'a secondé efficacement pour lire, relire et corriger ce qu'elle appelait joliment « mon grimoire ».

Et même s'ils n'ont pas contribué ponctuellement à nourrir ce récit, mes remerciements vont aussi à tous ceux dont j'ai croisé la route au cours de mon long périple dans le monde du football. Connus ou anonymes, ils ont été aussi, à un moment ou à un autre, les acteurs de ce théâtre sur lequel le rideau vient de se baisser.

Enfin, je serai grandement coupable si je n'avais pas une très tendre et reconnaissante pensée pour mon épouse, Élisabeth, qui a non seulement supporté les fluctuations de mes humeurs liées à l'avancée des travaux, mais qui a, aussi, largement contribué à ceux-ci en se mettant sans rechigner au clavier de l'ordinateur, cet outil certainement fabuleux mais dont je ne maîtriserai décidément jamais toutes les finesses ! En solo ou en duo, elle a frappé, corrigé, coupé, remodelé, sans oublier de pallier les insuffisances d'un logiciel de dictée approximatif et fantaisiste, mais qui nous aura quand même valu quelques fous rires mémorables...

Table des matières

DEUXIÈME PARTIE
L'ENVOL DES BLEUS
(1985-1997)

TROISIÈME PARTIE
UNE COUPE DU MONDE ET UN EURO POUR L'HISTOIRE
(1998-2002)

QUATRIÈME PARTIE
LES MONTAGNES RUSSES
(2003-2010)

CINQUIÈME PARTIE
LA RECONQUÊTE
(2011-2018)

ÉPILOGUE
ET MAINTENANT ?
(2018-2020)

Composition : Nord Compo
Impression : CPI Bussière en décembre 2020
Éditions Albin Michel
22, rue Huyghens, 75014 Paris
www.albin-michel.fr
ISBN : 978-2-226-44338-0
N° d'édition : 23561/01 – N° d'impression : 2050137
Dépôt légal : janvier 2021
Imprimé en France